U0799394

澳門基金會
FUNDAÇÃO MACAU

本书由澳门基金会资助出版

法治监察研究

Research on Supervision in China's Rule of Law Building

郝建臻／著

法律出版社 | LAW PRESS

目　　录

引　言

2016 年 11 月 7 日，中共中央办公厅印发了《关于在北京市、山西省、浙江省开展国家监察体制改革试点方案》，部署在上述 3 省市进行设立监察委员会的试点改革工作。为将党的主张转变为国家意志，同时为改革提供制度依据，2016 年 12 月 25 日第十二届全国人大常委会通过了《关于在北京市、山西省、浙江省开展国家监察体制改革试点工作的决定》。随后，在不到 1 个月的时间内，三地的监察委员会迅速成立。在三地试点的基础上，中共中央办公厅于 2017 年 10 月下旬印发了《关于在全国各地推开国家监察体制改革试点方案》。2017 年 11 月 4 日，全国人大常委会作出《关于在全国各地推开国家监察体制改革试点工作的决定》，我国地方各级监察委员会随后相继成立。2018 年 3 月举行的第十三届全国人大第一次会议审议通过了《中华人民共和国监察法》，成立了国家监察委员会。自此，我国各级监察委员会全部组建完成。

监察委员会的设立是我国监察制度改革的重大举措，是我国加强廉洁政治建设的新的战略部署，是一项事关全局的重大政治体制改革措施，对我国社会主义宪制体制产生了深远影响。

我们党和国家历来高度重视党风廉政建设和反腐败工作，将其视为党密切联系群众、保持党的先进性和纯洁性、提高党的执政能力和水平的重要体现，是政府公共行政的生命线，是关系到党生死存亡、国家兴衰成败的重要方面。在各个历史时期，针对当时的突出问题和社会矛盾，党和国家都采取了积极的措施惩治腐败。尤其是党的十八大以来，党中央以“壮士断腕”“刮骨疗毒”的坚韧与果敢推进反腐败斗争，以“踏石留印”“抓铁有痕”的决心和勇气整肃党风政风，力度前所未有，充分彰显了以习近平同志为核心的党中央惩贪治腐、加强党风廉政建设的历史担当和高瞻远瞩。我们党和国家的反腐败斗争和廉政建设取得了重大的阶段性成果,到党的十九大时,“不敢腐的目标初步实现,不能腐的笼子越扎越牢,不想腐的堤坝正在构筑,反腐败斗争压倒性态势已经形成并巩固发展”。[①] 声势浩大的反腐败斗争顺党心、得民心,得到了全国上下的衷心拥护。

我国的党风廉政建设和反腐败斗争已经进入“深水区”,为了从根本上治理腐败问题,我们党和国家并没有满足于原来体制和机制的小修小补,而是转而依靠制度和体制的改革和创新。邓小平曾经说过,“制度问题更带有根本性、全局性、稳定性和长期性”。[②] 从制度和体制的改革入手,构建有利于干部清正、政府清廉、政治清明的政治环境和政治生态,构筑有助于维护国家长治久安的廉政防火墙,既是历史发展的必然,也是我们党和国家站在历史的高度所作出的主动选择。

本书从监察权的性质入手,对我国古代到近代、其他国家和地区的监察制度进行比较分析,对我们党和国家监察体制的演变作了梳理,分析了我国原监察体制和制度的问题所在,阐释了我国设立监察委员会的必要性和宪制基础,并因应我国全面建设法治国家的要求,对设立监察委员会的法制准备,监察委员会的组织和领导体制、职权行使,以及对监察委员会的监督制约等几个方面,进行了全面分析研究。

---

① 中国共产党第十九次全国代表大会报告。

② 冷溶、汪作玲主编:《邓小平年谱(1975～1997)》(上),中央文献出版社2004年版,第663页。

第一章　监察权的性质

党和国家领导人多次强调“监察委员会实质上是反腐败机构”。因此，在对监察权的性质进行探究之前，我们有必要先厘清腐败的概念。

第一节　关于腐败

一、腐败的概念

腐败(corruption)，按照《牛津法律大辞典》的解释，就是“指任何事物从最初的纯洁状态走向堕落，尤指以偏袒馈赠人或给其好处为代价而收受金钱或其他好处”。[①] 按照世界反贪机构“透明国际”[②]的解释，“一般认为，所谓‘腐败’就是为个人利益的增加而滥用权力”。“透明国际”根据腐败行为所涉金钱的多少和发生的部门不同，将腐败类型划分为大腐败、小腐败和政治腐败。所谓“大腐败”，指的是由政府高层实施的、扭曲政策和国家中心功能，使领导人以公共利益为代价而获取私利的行为。所谓“小腐败”，是指由中低层公务员在与普通民众交往中实施的日常权力滥用行为，比如他们妄图在譬如医院、学校、警察部门或其他机构获得商品或服务。“政治腐败”，指的是在资源分配中政策、规章和程序的操纵，这种操纵受到决策人的资助，他们利用自

---

① [英]戴维·M.沃克：《牛津法律大辞典》，李双元等译，法律出版社2003年版，第267页。

② “透明国际”(Transparency International)是一个以推动国际与各国反腐败为活动宗旨的非政府、非营利、国际性的民间组织。成立于1993年，总部设在德国柏林。

己的地位妄图延续自己的权力、地位和财富。①

上述两个定义,基本揭示了腐败的主要含义。我们通常所说的腐败,就是公职人员利用公共权力谋取私利的行为。它包括主体和行为两方面的要素。从主体上来说,腐败行为是由公职人员实施的,当然不同国家对"公职人员"的范围界定不同,且一般有狭义、广义区别,狭义仅指严格意义上的国家公务员,而广义上则泛指一切行使(包括授权或受委托)公共权力的人员。法国启蒙思想家孟德斯鸠(Charles-Louis de Secondat, Baron de La Brède et de Montesquieu, 1689 ~ 1755 年)对腐败行为的实施主体有着深刻的认识:"腐败往往不是由人民开始",②"一个政府,如果没有做不正义的事情的爪牙,便不致成为一个不正义的政府。但要这些爪牙不给自己捞一把是不可能的。因此,在专制的国家里,贪污便是当然的现象。在这种政体之下,贪污是一种普通的犯罪。"③

从行为上来说,腐败一定是将公共权力异化,将其作为谋取个人私利的手段,而使个人利益不法不当增加,此处的"个人利益",不仅包括公职人员自身利益,也包括其亲属、请托人或其他特定利害关系人利益,而这种利益的不法不当增加受益于公职人员地位和身份的影响。

腐败有其产生的原因,正确认识这些因素,是我们遏制和消除腐败的前提。

---

① How do you define corruption? Generally speaking as "the abuse of entrusted power for private gain". Corruption can be classified as grand, petty and political, depending on the amounts of money lost and the sector where it occurs. Grand corruption consists of acts committed at a high level of government that distort policies or the central functioning of the state, enabling leaders to benefit at the expense of the public good. Petty corruption refers to everyday abuse of entrusted power by low-and mid-level public officials in their interactions with ordinary citizens, who often are trying to access basic goods or services in places like hospitals, schools, police departments and other agencies. Political corruption is a manipulation of policies, institutions and rules of procedure in the allocation of resources and financing by political decision makers, who abuse their position to sustain their power, status and wealth. 载"透明国际"官方网站:https://www.transparency.org/,2019 年 5 月 8 日访问。

② [法]孟德斯鸠:《论法的精神》(上册),张雁深译,商务印书馆 1959 年版,第 29 页。

③ [法]孟德斯鸠:《论法的精神》(上册),张雁深译,商务印书馆 1959 年版,第 36 页。

二、腐败产生的原因

腐败产生的原因是多方面的，腐败是多方面共同作用的结果。

（一）政治基因——权力天然具有的膨胀性

权力（power），有广义和狭义之分。广义的权力泛指影响力和支配力，包括社会权力和国家权力；狭义的权力仅指国家权力，指统治阶级为实现其政治利益和统治秩序而依靠国家机器实施的强制力和社会支配力。按照社会契约的理论，在原始状态下，人们保有完全的自然权利，但为了共同应对包括自然灾害、外来威胁等在内的共同面临的问题，保障自身的安全，人们以契约的方式组成政府和国家，将自己的自然权利的一部分让渡出来，赋予给政府作为公共权力。“许多个个人以他自己的自主权利互相订立一种契约以产生政府；这是政府有权力由此产生的唯一方式，也是政府有权力赖以存在的唯一原则。”[①]而这种公共权力要想获得实施，必须具有强制性和约束力。“国家必须有一种普遍的强制性的力量，以便按照最有利于全体的方式来推动并安排各个部分。正如自然赋予了每个人以支配自己各部分肢体的绝对权力一样，社会公约也赋予了政治体支配它的各个成员的绝对权力。”[②]

国家权力是随着国家和政府的产生而产生的，“权力，也许是人类历史上仅次于性爱的起源最早的社会现象。”[③]权力具有天然的膨胀性。正如英国哲学家罗素（Bertrand Arthur William Russell，1872～1970年）指出的，“动物满足于生存和繁殖，人类则还要扩张”，在人类扩张的“无限的欲望中，居首位的是权力欲和荣誉欲”。[④] 当权力无限膨胀，超出人民的契约（宪法和法律的授权），便构成权力的滥用，而当这种滥用与个人的私利发生联系时，腐败便产生了。“权力导致腐败，绝对权力导致绝对腐败。”[⑤]

---

① ［美］托马斯·潘恩：《潘恩选集》，马清槐等译，商务印书馆1981年版，第145页。

② ［法］卢梭：《社会契约论》，何兆武译，商务印书馆1980年修订第2版，第41页。

③ ［美］约翰·肯尼思·加尔布雷思：《权力的分析》，陶远华、苏世军译，河北人民出版社1988年版，第140页。

④ ［英］伯特兰·阿瑟·威廉·罗素：《权力论：一个新的社会分析》，靳建国译，东方出版社1988年版，第3页。

⑤ ［英］阿克顿：《自由与权力》，侯健、范亚峰译，商务印书馆2001年版，第342页。

(二)制度根因——权力不受制约

“一切有权力的人都容易滥用权力,这是万古不易的一条经验。有权力的人们行使权力一直到遇有界限的地方才休止。”①毫无疑问,这里的“界限”就是制度设定的边界。腐败产生的根本原因在于制度界限的模糊和松弛。而制度问题可能发生在立法、执法乃至司法的各个环节。

首先是立法,如果立法落后和粗疏,不能够有效约束和限制权力的行使,抑或所立之法不具惩戒性,则腐败行为在所难免。“防止权力的腐败仅靠从政者的道德品质是非常危险的,也是靠不住的。解决权力异化的根本出路是建立完善的制度,将这种制度用法律给予规范化,借助法律的强制力来保障其实施。”

其次是执法和司法的不严格。再好的制度,如果得不到实际贯彻执行,也就不能对违法行为产生任何的实际阻吓力。法国思想家孟德斯鸠认为:“如果我们研究人类所以腐败的一切原因的话,我们便会看到,这是因为对犯罪不加处罚,而不是因为刑罚的宽和。”②美国建国思想家亚历山大·汉密尔顿(Alexander Hamilton,1757～1804 年)也曾言:“对法律观念来说,主要是必须附有制裁手段;换言之,不守法要处以刑罚或惩罚。如果不守法而不受处罚,貌似法律的决议或命令事实上只不过是劝告或建议而已。”③

最后,司法活动如果不能对腐败行为进行最后的惩治,则整个社会的腐败风气将无法遏制。因为在一个法治社会里,司法是社会公平正义的最后一道防线。如果司法公正公平,立法和行政活动的偏差,最终都可以通过司法活动予以判断和校正。正如英国文艺复兴时期哲学家弗朗西斯·培根(Francis Bacon,1561～1626 年)所言,“一次不公正的司法裁判比多次不法的行为后果严重得多,因为这些不法行为不过弄脏了水流,而不公正的裁判则

---

① [法]孟德斯鸠:《论法的精神》(下册),张雁深译,商务印书馆 1963 年版,第 154 页。

② [法]孟德斯鸠:《论法的精神》(上册),张雁深译,商务印书馆 1959 年版,第 105 页。

③ [美]汉密尔顿、杰伊、麦迪逊:《联邦党人文集》,程逢如、在汉、舒逊译,商务印书馆 1980 年版,第 316 页。

把水源污染了”。[1] 实际上，这也反映了反腐败的“破窗效应”——如果有人打破了一栋建筑上的一块玻璃，又没有及时修复，别人就可能受到某些暗示性纵容，去打碎更多的玻璃。

（三）经济诱因——人的自私性

古希腊哲学家亚里士多德（Aristotle，公元前384年～公元前322年）认为：“人类在本性上，也正是一个政治动物。”[2]其实，人除了天生是政治动物外，人也是经济动物，人会用经济的眼光和方式去分析和参与社会活动，如成本的核算。英国古典政治思想家亚当·斯密（Adam Smith，1723～1790年）在《国富论》中提出了著名的“理性经济人”的假设（hypothesis of rational man），意思是作为经济决策的主体都是完全理性的，不会感情用事，也不会盲从，而是精于判断和计算，所追求的目标都是以最小的成本实现自身利益的最大化。马克思对此的理解是：“所谓理性经济人，是指个人在一定约束条件下实现自己的效用最大化。”虽然后来，新制度经济学派主张经济学应该研究现实中的人，从人的实际出发来研究人，并且提出，人的行为是有限理性的，但无可否认，人都具有为自己谋取最大利益的机会主义行为倾向。

无论是古典政治经济学，还是新制度经济学，都一以贯之地承认和宣扬人的理性，只是程度不同而已。这就给我们一个启示，那就是，任何精神正常的人，在作出一定的行为时，都会经过基本的经济判断，也就是成本与收益的比较和衡量，只有当将要从事的活动的收益大于或基本大于成本时，人们才会作出一定的行为。腐败亦是如此，只有当从事腐败行为的收益明显大于可能会付出的代价时，公职人员才会铤而走险。而这个代价就包括被发现和被制裁的可能性与程度。“在实践中，这种腐败的可能性在多大程度上能变为现实……要看违法而能逍遥法外的难易程度以及违法所得的好处有多大。”[3]

实现个人利益的最大化，根源于人的自私本性。美国建国思想家汉密尔

---

① ［英］弗朗西斯·培根：《论司法》，载《培根论说文集》，水天同译，商务印书馆1983年版，第193页。

② ［古希腊］亚里士多德：《政治学》，吴寿彭译，商务印书馆1965年版，第7页。

③ ［美］塞缪尔·P. 亨廷顿：《变化社会中的政治秩序》，王冠华等译，三联书店1989年版，第57页。

顿说:"如果人都是天使,就不需要政府了。如果是天使统治人,就不需要对政府有任何外来的或内在的控制了。"[①]正是由于人的自私性,而这种自私又不能得到制度的有效压制,腐败便堂而皇之地出现了。

(四)文化成因——社会对腐败的容忍

文化对人的行为不具有硬性的约束,但却会影响人的世界观、价值观和道德观念的形成,而这些观念总在潜移默化之中指引或者影响人的行为。腐败有其产生的文化土壤——社会心理和氛围。在一个推崇清廉的社会文化氛围中,廉洁被认为是政府官员的基本职业伦理要求,而损公肥私、假公济私的腐败行为,为社会所不齿和唾弃,其实官员绝大多数是在意和珍惜自己的政治荣誉的,在崇尚廉洁的社会氛围下,腐败的冲动会受到道德和舆论的极大约束。而在一种习惯了腐败的社会环境中,不以腐败为耻,而将其视为正常,甚至以腐败为荣,官员受这种思想的影响,从事腐败活动往往心安理得,甚至认为天经地义,官员们以能够展示自己腐败的能力而沾沾自喜甚或有成就感。腐败的社会文化,显示一个社会对于腐败行为的道德堤坝被冲毁,对于腐败的产生、滋长和蔓延产生了重要的推波助澜的作用。

(五)历史宿因——腐败是一种历史现象

腐败是随着公权力的产生而产生的,而公权力是伴随着国家的产生而产生的,根据历史唯物主义的观点,国家是一种历史现象,腐败注定也是一种历史现象。未来随着生产力的不断发展,物质生活的极大丰富,阶级将最终消失,作为阶级统治工具的国家也将最终消亡,人类社会将以共同体的方式维持它的存续。既然国家将最终消亡,那么附着在国家肌体上的一些社会现象包括公权力的腐败现象也将最终消失。这是腐败发展的宿命。

腐败的历史性也表现在它的阶段性历史特征上。也就是说,在不同的历史阶段,腐败表现出不同的特点和形式。腐败的历史性在社会的转型时期表现得尤为明显,因为社会转型时期往往生产力发展迅速,社会生产关系面临深刻调整,社会价值体系和社会观念面临重大变革,旧有的制度跟不上社会

---

① [美]汉密尔顿、杰伊、麦迪逊:《联邦党人文集》,程逢如、在汉、舒逊译,商务印书馆 1980 年版,第 264 页。

发展的潮流，不能对公权力行使进行有效的制约，腐败的高发多发也就在所难免了。“腐败的泛滥是转型期不可避免的附属物，转型期国家发展带来的国家、市场、社会关系的内在变化决定了大规模腐败的出现。”①此正如美国当代政治学家亨廷顿（Samuel Phillips Huntington，1927～2008 年）在《变化中的政治秩序》一书中所指出的，“腐败程度与社会和经济迅速现代化有关，某个国家处于现代化剧烈进行的变革时期，其腐败现象会更为普遍”。②

三、腐败的危害

关于腐败的危害，《联合国反腐败公约》指出：“腐败对社会稳定与安全所造成的问题和构成的威胁的严重性，它破坏民主体制和价值观、道德观和正义并危害着可持续发展和法治”，“对这些国家的政治稳定和可持续发展构成威胁。”通过这一表述，基本可以看出腐败的危害体现在哪些方面，具体包括以下几个方面：

（一）亵渎权力公共属性，侵蚀民主原则

“一大群人相互订立信约、每人都对它的行为授权，以便使它能按其认为有利于大家的和平与共同防卫的方式运用全体的力量和手段的一个人格。”③现代民主政治下，公共权力来自人民的让渡和委托，这是社会契约论的基本观点。正是因为权力从本源上来说是公共的，行使公共权力必须要以授权人或委托人的利益行事，而不能将其转化为谋取私利的手段。英国哲学家洛克（John Locke，1632～1704 年）说：“政府的目的是为人民谋福利。”④美国建国思想家汉密尔顿认为：“一个好的政府应该做到两点：一、信守政权的宗旨，亦即人民的幸福；二、了解实现其宗旨之最佳途径。”⑤法国启蒙思想家卢梭

① 刘杰：《转型期的腐败治理——基于不同国家和地区经验的比较研究》，上海社会科学院出版社 2014 年版，第 1 页。

② ［美］塞缪尔·P. 亨廷顿：《变化社会中的政治秩序》，王冠华等译，三联书店 1989 年版，第 54 页。

③ ［英］霍布斯：《利维坦》，黎思复、黎廷弼译，杨昌裕校，商务印书馆 1964 年版，第 132 页。

④ ［英］洛克：《政府论》（下篇），叶启芳、瞿菊农译，商务印书馆 1985 年版，第 139 页。

⑤ ［美］汉密尔顿、杰伊、麦迪逊：《联邦党人文集》，程逢如、在汉、舒逊译，商务印书馆 1980 年版，第 316 页。

(Jean-Jacques Rousseau,1712~1778年)认为:“行政权力的受任者绝不是人民的主人,而只是人民的官吏。”①而腐败行为亵渎了权力的公共属性,将其向私有属性转变,这是对民主原则的侵蚀和颠覆。

(二)破坏社会行为规则,侵蚀法治原则

承上所述,现代政治以民主政治为主要形式或目标,而现代民主政治必然要求实现法律的治理。“政府所有的一切权力,既然只是为社会谋幸福,因而不应该是专断的和为一时高兴的,而是应该根据规定的和公布的法律来行使”。② 而“法律一经制定,任何人不能凭他自己的权威逃避法律的制裁;也不能以地位优越为借口,放任自己或任何下属胡作非为,而要求免受法律的制裁。公民社会中的任何人都是不能免受它的法律制裁的”。③ 腐败行为破坏了由法律制度业已确立的行为规则,以实现个人利益为目标,为人治打开缺口,侵蚀了法律至上、所有人遵守法律秩序、所有行为接受法律调整的法治原则,背离了法治的方向。

(三)破坏市场经济秩序,损害平等规则

卢梭认为,既然存在社会契约,那么签署契约的人民地位是平等的,“社会公约在公民之间确立了这样的一种平等,以致他们大家全都遵守同样的条件并且全都应该享有同样的权利”。④ 但社会契约论的理论假设并不能取代现实社会的不平等存在,所以才有了对于平等的不懈追求,现代法治国家无一不将平等权作为公民的基本权利予以保障。“平等权与自由权及财产权,是并列为法治国家所称的人民三大基本权利。”⑤市场经济是契约经济,平等是契约的基本精神,是市场经济的核心要求,所有的市场主体都应该平等地从事市场行为,参与市场竞争,任何的不平等和特权的存在都背离了市场经济的初衷。“平等是社会经济病症的一剂良药,是民主的补充。”腐败的存在,使公平竞争的环境被打破,一些市场主体通过权钱交易,获得更多的资源和

---

① [法]卢梭:《社会契约论》,何兆武译,商务印书馆1980年版,第132页。
② [英]洛克:《政府论》(下),翟菊农、叶启芳译,商务印书馆1982年版,第86页。
③ [英]洛克:《政府论》(下),翟菊农、叶启芳译,商务印书馆1982年版,第59页。
④ [法]卢梭:《社会契约论》,何兆武译,商务印书馆1980年修订第2版,第44页。
⑤ 陈新民:《德国公法学基础理论》,山东人民出版社2001年版,第670页。

优势,构成了不公平竞争,破坏了市场经济秩序和规则。

(四)破坏政治伦理道德,损害政府公信力

道德是维系一个社会正常运转的思想价值和伦理基础。“道德为社会成员间的信任提供了必要的基础,没有它,社会成员就不可能进行各种不同形式的合作,构成了他们共同体的共同生活。”①这是最低层次的社会道德。对于公职人员而言,因其受托行使公共权力,代表政府的形象,故应具有比社会道德水平更高的公共职业伦理道德,其核心便是勤勉、守法、廉洁。公职人员的行为在社会中具有示范意义和标杆作用,他们的行为方式影响着人民对公权力的感知,甚至对社会风气起着引领作用。他们对于公共职业伦理道德的以身作则、率先垂范,将在社会中产生重要的榜样效应。正如美国当代法学家罗纳德·德沃金(Ronald Myles Dworkin,1931~2013年)所言,“只有一个人看到他的政府和公共官员尊敬法律为道德权威的时候,即使这样做会给他们带来诸多不便,这个人才会在守法并不是他的利益所在的时候,也自愿地按法律标准行事。在所有承认理性的政治道德的社会里,权利是使法律成为法律的东西”。② 反之,如果官员贪污腐化,将在社会产生恶劣的消极影响。古罗马政治家、法律思想家马库斯·图利乌斯·西塞罗(Marcus Tullius Cicero,公元前106年~公元前43年)就曾经深刻揭示了官员腐败与社会风气的关系,他说:“品行恶劣的显要人士们从而会给国家造成更大的危害,因为他们不仅耽于腐败,而且还将其扩散于国家。他们危害不仅在于他们自己的堕落,而且还在于使他人堕落。他们的示范性质比他们的实际行动更加有害。”③

以上分析的是腐败的危害。当然,自古至今一直有学者对此提出不同的看法。在腐败对政治的影响方面,英国哲学家、经济学家、历史学家大卫·休

---

① [英]A. J. M. 米尔恩:《人的权利与人的多样性—人权哲学》,夏勇、张志铭译,中国大百科全书出版社1995年版,第10页。

② [美]罗纳德·德沃金:《认真对待权利》,信春鹰、吴玉章译,中国大百科全书出版社1998年版,第21页。

③ [古罗马]西塞罗:《论共和国·论法律》,王焕生译,中国政法大学出版社1997年版,第272页。

谟(David Hume,1711～1776年)就曾直言:"在王权方面被称作腐败的那种影响,是保持政体平衡的力量的一个必不可少的部分。"[①]我国当代也有学者认为,在封建社会中,默许存在一定程度的腐败是君主维护臣僚对自己忠诚的手段。在腐败对经济的影响方面,美国当代政治学家亨廷顿在其著作中指出"腐败会有助于刺激经济的发展"[②]"一定量的腐败不失为一种打通现代化道路的润滑剂"[③]"政府整肃腐败的一个结果就是给经济发展制造了更多的障碍"。[④] 但毋庸置疑,腐败或许在非民主政治和非法治经济中还有其"积极"的一面,但与现代的民主政治和公平透明的市场经济是格格不入的,任何对腐败的粉饰都掩盖不了其自私落后的本质。

第二节 监察权的概念及特点

监察,按照《现代汉语大辞典》的解释,意指:"监督各级国家机关和机关工作人员的工作并检举违法失职的机关或工作人员。"[⑤]而行使上述监察行为的权力便是监察权。

一、监察权本质上建基于"性本恶"的理论假设之上

监察权的设置,正如国家的政制设计一样,是建基于"性本恶"的理论假设之上的。古今中外概莫能外。

---

① [美]肯尼斯·W.汤普森编:《宪法的政治理论》,张志铭译,三联书店1997年版,第34页。

② [美]塞缪尔·P.亨廷顿:《变化社会中的政治秩序》,王冠华等译,三联书店1989年版,第63页。

③ [美]塞缪尔·P.亨廷顿:《变化社会中的政治秩序》,王冠华等译,三联书店1989年版,第64页。

④ [美]塞缪尔·P.亨廷顿:《变化社会中的政治秩序》,王冠华等译,三联书店1989年版,第64页。

⑤ 《现代汉语大辞典》(下),上海辞书出版社2009年版,第2647页。

在我国古代,孟子提出了“性本善”[①]的思想,而与之相对的是,同属儒家的荀子[②]和法家[③]都主张“性本恶”。为了制止人性之恶,荀子主张采用教化,而法家则主张以法治国,采用严刑峻法。无独有偶,古希腊哲学家柏拉图(Plato,公元前427年~公元前347年)在从早期著述的《理想国》主张“哲学王之治”中顿悟出来后,及至晚年也主张“性本恶”,他在《法律篇》中说:“人在达到完美境界时,是最优秀的动物,然而一旦离开了法律和正义,他就是最恶劣的动物。”[④]西方基督教的“原罪论”实际上也是对于人性本恶的宗教阐释。

美国建国思想家托马斯·杰弗逊(Thomas Jefferson,1743~1826年)认为:“世界上每一政府都表现出人类缺点的某种痕迹,及腐化和堕落的某种萌芽。任何一个政府,如果单纯委托给人民的统治者,它就一定要退化。因此,人民本身是政府的唯一可靠的保护者,为了使他们可靠,就必须在某种程度上增加他们的智慧。”[⑤]另一位美国建国思想家汉密尔顿也认为:“如果人都是天使,就不需要政府了。如果是天使统治人,就不需要对政府有任何外来的或内在的控制了。”[⑥]

新加坡开国总理李光耀(Lee Kuan Yew,1923~2015年),对于人性有一

---

① “水信无分于东西,无分于上下乎?人性之善也,犹水之就下也。人无有不善,水无有不下。今夫水,搏而跃之,可使过颡;激而行之,可使在山。是岂水之性哉?其势则然也。人之可使为不善,其性亦犹是也。”“乃若其情,则可以为善矣,乃所谓善也。若夫为不善,非才之罪也。恻隐之心,人皆有之;羞恶之心,人皆有之;恭敬之心,人皆有之;是非之心,人皆有之。恻隐之心,仁也;羞恶之心,义也;恭敬之心,礼也;是非之心,智也。仁义礼智,非由外铄我也,我固有之也,弗思耳矣。”参见《孟子·告子上》。

② “人之性恶,其善者伪也。今人之性,生而有好利焉,顺是,故争夺生而辞让亡焉;生而有疾恶焉,顺是,故残贼生而忠信亡焉;生而有耳目之欲,有好声色焉,顺是,故淫乱生而礼义文理亡焉。然则从人之性,顺人之情,必出于争夺,合于犯分乱理而归于暴。故必将有师法之化,礼义之道,然后出于辞让,合于文理,而归于治。用此观之,然则人之性恶明矣,其善其伪也。”参见《荀子·性恶·第二十三》。

③ “人为婴儿也,父母养之简,子长而怨。子盛壮成人,其供养薄,父母怒而诮之。子、父,至亲也,而或谯或怨者,皆挟相为而不周于为己也。”参见《韩非子·外储说左上》。

④ 转引自[美]乔治·霍兰·萨拜因:《政治学说史》(上册),盛葵阳、崔妙因译,商务印书馆1986年版,第127页。

⑤ [美]托马斯·杰弗逊:《杰斐逊文选》,王华译,商务印书馆1963年版,第78页。

⑥ [美]汉密尔顿、杰伊、麦迪逊:《联邦党人文集》,程逢如、在汉、舒逊译,商务印书馆1980年版,第264页。

针见血的见解，他说："人性本恶，必须加以限制，制止恶的一面。虽然这样说可能令人沮丧，但我仍然这样认为"，[①]"我们作为人民的受托人行使权力，对'信托责任'形成了长期的认知……如果当权者把人民赋予的权力视为个人特权，他们必然会中饱私囊、提拔家人、偏袒朋友，这样就侵蚀了现代国家的基本结构，就像支撑一座房屋的大梁遭到了白蚁的侵蚀一样。"[②]

正是基于对人性自私贪婪本性的认识，在国家出现的同时往往都对公权力建立了相应的监督制度。

二、监察权是不直接作用于社会的权力

古罗马政治家、法律思想家西塞罗非常重视官员的洁身自好，对官员的腐败深恶痛绝，为防止腐败，他提出在国家设置"监察官"，并且让监察官"在国家永远存在"，"监察官维护法律的纯洁，官员应向他们作履职报告，从而继续承担法律责任"。[③] 美国建国思想家汉密尔顿认为："在组织一个人统治人的政府时，最大困难在于必须首先使政府能管理被统治者，然后再使政府管理自身。"[④]监察权本身不是一种直接管理社会的权力，其不能直接作用于社会，它是一种监督"管理者"的权力。

"为了维护自由，政府是需要的，但为了将统治者控制在保护人权的宪法秩序范围以内，对其强有力的限制也是需要的。"监督权是通过监督"管理者"影响管理者的行为从而间接地对社会发生作用的。此处所谓的"管理者"既指从事行政活动、执行法律的行政管理者——他们是最主要的从事社会管理的群体；也包括立法管理者，他们通过行使立法权力，制定具有普遍约束力的行为规范，来达到管理社会的目的；还包括司法管理者，他们通过追究刑责和

---

① [美]格雷厄姆·艾利森、罗伯特·D. 布莱克威尔、阿里·温尼编：《李光耀论中国与世界》，蒋宗强译，中信出版社 2013 年版，第 154 页。

② [美]格雷厄姆·艾利森、罗伯特·D. 布莱克威尔、阿里·温尼编：《李光耀论中国与世界》，蒋宗强译，中信出版社 2013 年版，第 138 ~ 139 页。

③ [古罗马]西塞罗：《论共和国·论法律》，王焕生译，中国政法大学出版社 1997 年版，第 260 页。

④ [美]汉密尔顿、杰伊、麦迪逊：《联邦党人文集》，程逢如、在汉、舒逊译，商务印书馆 1980 年版，第 264 页。

裁判纠纷，来维护法律尊严和定分止争，达到维护社会秩序的目的。而监察权与上述三种权力在实施对象和作用机理上存在显著的不同。上述三种权力直接作用于社会，公民直接受这三种权力的规范和调整，而监察权则是基于“要防止滥用权力，就必须以权力约束权力”①的考虑，通过监督管理者来间接作用于社会的，公民不受其直接调整，却可以通过对政府“风清气正”的感知，间接感受到这种权力的存在。

三、监察权的行使以腐败行为为重要对象但不限于腐败

监察以腐败行为为监督重点，但不仅限于腐败行为，它的对象及于权力行使的全过程和全部内容，包括权力行使的合法性、正当性等，而这些与腐败并无必然的关系。在古代封建社会，监察的内容还包括各级官僚对于君王的忠诚，甚至会将其作为监察的重点。而现代社会，监察的范围也很广泛，除了廉政监察外，像我国还包括执法监察和效能监察，甚至还规定“监察机关按照国务院的规定，组织协调、检查指导政务公开工作和纠正损害群众利益的不正之风工作。”②是故，监察权的行使，以腐败行为为重要对象，但不局限于腐败。必须要全面认识监察的概念和对象，而不能将其局限于腐败。监察，从根本上来说，是通过监督提升执政的能力，廉洁力永远只是其中一个方面的内容。认为监察仅仅为了反腐的认识是褊狭的。

四、监察权的实施具有主动性和全过程性

监察权和司法权实际上都是对社会行为进行校正，对后果进行救济的权力，它们的目的都是想将社会关系恢复到正常的法律状态。它们之间的差异表现在：第一，面向的对象不同。监察权针对的是公权力机关及其工作人员，而司法权则面向权利受到损害的所有主体。第二，权力行使的主动性不同。监察权既可以主动实施，主动对权力行使的活动进行监察；也可以被动实施，

---

① ［英］佛里德利希·冯·哈耶克：《自由秩序原理》（上册），邓正来译，三联书店1997年版，第154页。

② 我国原《行政监察法》第18条的规定。

基于举报、控告等线索来源进行查处。而司法权只能被动行使，基于“不告不理”的原则对告诉进行处理，没有告诉，司法权不能主动介入社会纠纷。第三，权力行使的时间点不同。正因为监察权和司法权行使的主动性不同，两者行使的时间点也不一致。监察权可以在事前、事中、事后的任何时间行使。而司法权只可以在事后，即纠纷发生并告诉之后才能行使。所以说，司法救济往往是滞后的，它是在损害发生后的一种事后的救济，无法实现提前阻止和预防，故监察权的提前介入证明其具有独立存在的价值和意义。通过以上的比较可见，监察权的实施具有主动性和全过程性。

第三节　古代专制政体与现代民主政体下监察权性质的不同

一、古代专制政体下的监察权是为了维护君主专制

在古代的专制体制下，“朕即国家”，国家是君主的家天下，家国一体，君主拥有至高无上的权力，在这种政体下的监察，无论是西方国家的，还是中国的，都服从和服务于君主专制统治的需要，有其历史的局限性。古代监察根本上是为巩固君主专制权力和统治基础而设立的，是为君主一个人服务的，尽管客观上对于政治清明起到了一定的促进作用，但由于其维护专制统治的反动本质，其不可避免地沦落为政治斗争和清除异己的工具，甚至为大开杀戮提供了冠冕堂皇的理由，其与现代民主政治条件下监察权所倡导的“以民为本”“天下为公”的思想格格不入。

二、现代民主政体下的监察权是为了维护人民主权

现代民主政体下，由于主权权力的归属发生了革命性的改变，监察权的性质也发生了根本性的变化。现代监察是与人民主权紧密联系的，是由人民直接监察或由专门机构代人民实施监察，其最高目的是维护人民主权。法国思想家卢梭是人民主权的积极倡导者，他一直将人民的意志即“公意”作为主

权:“大家的意志就是至高无上的秩序或律令;而这一普遍的、人格化了的律令,就是我称为的主权者。由此可见,主权是不可分割的、不可转让的,而且他在本质上就等于共同体的全体成员之中。”[①]为了避免“人民只有在投票时才是主人,投票完毕便成权力的奴隶”[②]的状况,卢梭进一步指出,政府只不过是主权者的执行人,绝不是人民的主人,“什么是政府呢?政府就是在人民与主权者之间所建立的一个中间体,它的根本作用在于接受公意指导并使用它的权威,根据主权者的意图,按照大家同意的法律来决断公民的行为,协调他们之间的关系。”[③]“那完全是一种委托,一种任用;在那里,他们仅仅是主权者的官吏,是以主权者的名义在行使着主权者所托付给他们的权力,而且只要主权者高兴,它就可以限制、改变和收回这种权力”。[④] 在卢梭看来,基于公权力由人民授权和委托行使的理论,人民当然有权对公权力的运行及公职人员行为进行监督。

美国独立战争时期著名的政治思想家托马斯·杰弗逊非常重视“人民监督”,把“人民监督”看作人民参政行使权力的重要手段。他说:“当每一个人都参与他的区政府或较高级政府的监督工作,觉得自己不仅在一年一度进行选举的那一天而且每天都是事务管理的参与者;当这个州里没有一个人不是本州大大小小参政员的议员时,他们就会宁愿粉身碎骨,也不能让恺撒或拿破仑那样的人来夺取他们的权力。”[⑤]

法国大革命时期著名的政治家、思想家雅各宾派领袖罗伯斯庇尔(Maximilien François Marie Isidore de Robespierre,1758 ~ 1794 年)认为:“鉴于政府的腐化是由于逾越它的权限和脱离主权者而独立造成的,因此必须注意限制公职人员的权力和加强人民对公职人员的监督”,[⑥]“为使人民得以充分行使主权,应规定人民有充分监督公职人员不脱离主权者而独立的权力。

① [法]卢梭:《社会契约论》,何兆武译,商务印书馆 1980 年修订第 2 版,第 39 页。
② [法]卢梭:《社会契约论》,何兆武译,商务印书馆 1980 年修订第 2 版,第 125 页。
③ [法]卢梭:《社会契约论》,何兆武译,商务印书馆 1980 年修订第 2 版,第 76 页。
④ [法]卢梭:《社会契约论》,何兆武译,商务印书馆 1980 年修订第 2 版,第 77 页。
⑤ [美]托马斯·杰弗逊:《杰弗逊文选》,王华译,商务印书馆 1963 年版,第 57 页。
⑥ 转引自李龙主编:《西方法学名著提要》,江西人民出版社 1999 年版,第 257 页。

人民有权了解和评判代表自己行使权力的公职人员的行为是否辜负了人民信任”,①为此,他甚至提出“要设立唯一职责在于处理公职人员渎职行为的法庭”。②

① 转引自李龙主编:《西方法学名著提要》,江西人民出版社1999年版,第257~258页。
② 转引自李龙主编:《西方法学名著提要》,江西人民出版社1999年版,第258页。

第二章　中国古代的监察思想和制度

第一节　中国古代的监察思想

我国历史上一直重视对官员的选拔、考核和监察，并且将其视为君王的责任。墨子曰："听其言，迹其行，察其所能而慎予官。"①《周礼·天官冢宰·小宰》阐释了廉吏的含义："以听官府之大计，弊群吏之治：一曰廉善、二曰廉能、三曰廉敬、四曰廉正、五曰廉洁、六曰廉辨。"此处用评判官府的"六计"来判断群吏的政绩：一是是否廉洁并且善于办事，二是是否廉洁并且推行政令，三是是否廉洁并且谨慎勤劳，四是是否廉洁并且公正，五是是否廉洁并且守法，六是是否廉洁并且明辨是非。可以看出，在对官吏各方面综合能力和素质的考察中，廉洁贯穿始终，统帅其他，是最核心的素质。《资治通鉴》中曰："人君者，查美恶，辨是非，赏以劝善，罚以惩奸，所以为治也。"②唐太宗将监察视为自己的耳目，他说："朕既在九重，不能尽见天下事，故布之卿等，以为朕之耳目。"③明朝则提出"重耳目之寄，严纲纪之任"的监察思想，并以此来要求监察机关。

但古代的监察，由于并不与民主制度相结合，而是君王为维护自己的专制统治而设置的，本质上是为封建专制统治服务的。当然，这并不影响其在维护纲纪、促进廉洁政治、保护老百姓利益方面发挥的积极作用。

---

① 《墨子·尚贤中》。转引自《廉政格言警句》，中国方正出版社 2004 年版，第 115 页。

② 《资治通鉴·汉纪二十》。转引自《廉政格言警句》，中国方正出版社 2004 年版，第 93 页。

③ 《贞观政要》卷一《政体》。

第二节 中国古代的监察机构

我国古代的监察制度萌芽于先秦,形成于秦汉,发展于魏晋,在唐宋时逐渐成熟,到明清时期随着封建专制的加强达到高度完备的状态。分析其发展的历史脉络,我们不难发现,中国古代的监察制度实际上是同封建制度的发展一脉相承的,这也从一个侧面揭示了中国古代监察为封建统治服务的本质属性。为具体实施监察制度,历朝历代都建立了专门的监察机构。

早在战国时期,就已经有了御史制度的雏形。秦统一六国建立秦朝后,初步建立了较为系统的御史机构,在中央设直接听命于皇帝、负责纠察百官的御史大夫,而御史大夫之下设有御史丞、御史中丞、侍御史、监御史等,组成御史府。汉朝基本承袭秦朝的制度,在中央设置御史台(有时称为御史府、御史大夫寺、兰台或宪台)行使最高监察职能,监察官员以御史大夫为统领,其次是御史中丞,还有御史丞、侍御史、给事中、御史内史、监御史等。在京师设司隶校尉,其职权包括监督百官,甚至可以纠察丞相和弹劾三公。在地方,汉武帝时,将地方划分成 13 个监察区(州),监察长官为刺史,全面监察州内各郡官吏。汉代伊始,御史台的设置在历朝历代都固定下来,一直延续下去,一直到明朝时才被都察院取代。

中国古代的监察制度,在隋唐时逐步成熟。中国古代监察制度对世界监察制度的一个重要贡献——监察系统和言谏系统并立,就是在这个时期出现的,并对后世产生了深刻影响。隋朝时,官员监察系统设有“三台”——作为中央监察机构的御史台、作为监察地方官吏的司吏台和谒者台,还设有专门给皇帝指正过错的言谏官。这一模式在唐代得以发展和完善,正式形成了台谏分立、“一台三院”的体制。所谓台谏分立,指的是作为监察百官的御史台系统和负责给皇帝提意见的言谏系统的分立,各自行使职能。所谓“一台三院”,指的是在中央最高监察机关御史台下分设三院:台院、殿院、察院。台院是御史台的主要机构,设侍御史六人,负责“掌纠举百僚,推鞫狱讼”;殿院设殿中侍御史九人，“掌殿庭供奉之仪式”；察院设监察御史十五人，“分察百僚，巡按郡县，纠视刑狱，肃整朝仪”，[①]其中三人监察六部，十二人巡按州县，监察地方行政官员，有时也充任监军使。唐代的御史台是中央司法机关的一部分，而中央司法机关设大理寺、刑部和御史台。在地方政府的州一级设立作为监察区的“道”，其长官为节度使。

宋代监察体制最大的特点，是将御史台系统和言谏系统两套系统整合，实行台谏合一。监察御史的任命由唐代时宰相任命或举荐改为宋代时由皇帝亲自任命，这就在一定程度上提高了监察御史的地位和独立性。宋朝的监察体制，在中央层面形式上仍然维持“一台三院”体制，但突出提高了侍御史的地位，使台院基本上名存实亡，这为自唐代以来形成的三院体制逐渐合并并最终走向合一，奠定了基础。宋代的中央司法机关仍然沿袭唐代设置，大理寺、刑部和御史台，各司其职，但御史台的职权明显加大，不仅可行使弹劾权，还可行使侦办权。另外，宋代还设立了“通判”，号称“监州”，专门从事监察地方官员及其所属的部吏，其监察意见可直接上报皇帝，从而加强了地方监察的权威性和独立性。另外，宋代的统治者为了加强对监察官员的监督，还确立了监察官互察制度，以形成一定的内部制约，尽量避免“灯下黑”。

时至元代，将已经徒有虚名的台院干脆撤销，“一台三院”变为“一台两院”，台院的职能为察院所吸收，将殿院改名为殿中司，这样就形成了御史台下辖殿中司和察院的体制。元代中央设三省，即中书省、枢密院、尚书省，御史台地位极高，与三省平级并列。正如中央政府在地方设立行省一样，御史台也在地方设立了“行御史台”，作为地方临时监察机构，“行御史台”统辖地方各道监察机关。

明、清两代是我国封建社会总体走向衰退，但专制统治极端加强的时期。为适应专制统治的需要，明朝统治者将监察体制做了重大变革。在基本上保留了监察机关独立设置的前提下，废除了自汉代以来诸朝一直沿袭设置的御史台，改设都察院，或者说由元朝的“一台两院”进一步集中权力，改为都察院的一院制。这已经不单纯是机构名称的变化，而是监察体制、体系和职权的

---

① 《唐六典》卷一三《御史台》。

重大改变。都察院长官为左、右都御史，职掌纠劾百司，指导并督察各道；左、右都御史之下设监察御史一百余人，分别负责监察各省。这个时期形成了中央以都察院为主，以六科给事中日常监察六部为辅，地方以十三道监察御史专执地方监察的机构和职能体系。但六科和十三道均不属于都察院系统。为防止长期任职可能带来的利益收买，还设立一些带有临时巡视性质的监察机构，像我们较为熟知的一些官职如巡按、巡抚和总督等，最初都是接受皇帝派遣巡视地方、考察官史、查处不法的官员。清代则沿用了明代“都察院＋六科＋十三道”的监察体系，但为了统一指挥和加大监督力度，将科、道正式划归都察院管辖，从而使监察体制走向统一。

第三节　中国古代的监察制度

中国古代不仅形成了在当时较为先进的监察思想，建立了较为独立的监察机构，还构建了较为严密的监察制度。这些监察制度为监察机构提供了权力来源，并为其职权行使提供了制度规范。这些监察制度是我们封建制度的重要组成部分，有其历史的局限性，但也有其合理性，对于我们完善当今的监察制度，仍然具有借鉴意义。

我国古代监察制度建设较为辉煌的时期有以下几个：

汉武帝时期。汉武帝时期，针对中央监察机构的设立及职权，制定了《监御史九条》；针对地方监察机构，制定了《刺史六条》。武帝时期创立了刺史制度，将全国划分为13个监察区，各派刺史一名，负责监察郡国长官。为了使刺史监察师出有名，制定了《刺史六条》，也称《六条问事》。《六条问事》明确了刺史的监察对象——2000石的州长官与地方豪强势力，规定凡2000石高官有“以强凌弱、以众暴寡”“不奉诏书，聚敛为奸”“不恤疑狱，风厉杀人”“阿附豪强，与强宗豪右结成党羽”等行为者，均应受到打击。

唐朝开元时期。唐玄宗开元年间制定《监察六法》，是我国古代监察立法的典范。这一法律不仅将监察的对象扩大到一切国家机构，覆盖到几乎所有的官吏,而且在监察内容(行为)上规定得非常广泛。所谓“监察六法”包括:“其一,察官人善恶;其二,察户口流散,籍账隐没,赋役不均;其三,察农桑不勤,仓库减耗;其四,察妖猾盗贼,不事生业,为私蠹害;其五,察德行孝悌,茂才异等,藏器晦迹,应时用者;其六,察黠吏豪宗兼并纵暴,贫弱冤苦不能自申者。”①

明朝时期。正如明朝的监察机构发生了划时代的变化一样,与其相适应的是,明朝的监察制度也发生了重大变化,在继承宋元时期监察制度的基础上,取得了长足的发展,越趋系统化、规模化和精细化。明朝有代表性的监察法规是《宪纲条例》,历时多年进行编纂,从明太祖洪武时期开始立法,后不断完善,到明英宗正统年间,已颇具规模,条文规定细密,奖惩分明。

清朝时期。到清朝时,我国的监察法规更加完备,以《钦定台规》《都察院则例》《十察法》等法规为代表和骨干的监察法律建设取得辉煌成就,监察范围覆盖到行政、人事管理、财政、司法、军事、教育以及民风民情等社会各个方面。

第四节　中国古代监察的特点和启示

中国古代的监察制度历史悠久,在发展的过程中形成了鲜明特色,也留给我们重要的启示。

一、监察机构独立设置

监督贵在独立,这是古今中外无数制度实践得出的重要历史经验。中国古代的统治者从建立监察制度伊始,就深谙此道理。

(一)不隶属于其他机构或权力

公元前 221 年秦统一六国后,就建立了正式的监察机构,御史大夫与丞

① 《新唐书》卷四八《百官三》。

相、太尉并列，形成了监督权对行政权和军事权的有效牵制。即便地方的监郡县御史，也是对郡守、县令的异体监督，监察地方的官吏与地方行政(司法)和军事长官各隶属于不同系统，互不统属，没有任何的人身和工作上的依附关系。秦始皇创制的这套权力运行制度，至今仍具有先进性和科学性。监察机构独立行使监察权，不受其他机构的干涉。

(二)我国古代监察机构直接对最高权力负责

在我国唐朝以后，监察官都由皇帝直接任命，而到了元明清时期，随着专制权力的进一步加强，中央最高监察机关都是由皇帝直接领导。在我国古代的大部分时间里，所有监察机构垂直领导，形成了从中央到地方的单线垂直独立体系，各级监察机构直属于上级监察机关，与同级政府没有任何关系。监察官员只听从部门首长指挥，甚至可越过部门首长，直接听命于皇帝，这就使得监察权的独立性和高效性得到保障。中国古代巡按御史可以“代天子巡狩”，其权威性就来自“代天子”之名，我们今天的巡视制度之所以能有这样大的威慑力，与此非常相似，因其代表了中央的权威。

二、有完善的监察制度

中国古代监察机构所以能有效发挥职能，其背后是有一套完善的监察制度作为支撑的。监察制度是我国封建社会政治制度的重要组成部分，体现了中国古代监察思想的智慧，为我国现代乃至当代监察制度的建立和完善提供了历史养分，也为世界上别的国家政治制度和监察制度的建立和发展提供了重要借鉴。从汉武帝时期的《监御史九条》和《刺史六条》，到唐玄宗开元年间的《监察六法》，再到明朝的《宪纲条例》，及至清朝的《钦定台规》《都察院则例》《十察法》，我国古代的监察制度不断完善、规范和体系化。在总体上是实行人治的封建社会，部分实现了监察的法制化。

三、监察部门和监察官员位高权重

保证我国古代监察权力有效行使的，还有一个重要的职权保障——监察部门和监察官员位高权重。主要监察官员具有较高的政治地位，如御史大夫在我国古代长期位列“三公”。监察对象极为广泛，从中央到地方的各级官员均属被监察之对象，甚至有时皇帝也会被提出意见，这种情况在言官（谏官）独立设置的时期表现得尤为明显——“文官死于谏，武官死于战”曾一度被视为封建时代官员的道德理想。从监察事项上来说，也极为广泛，既包括官员的违法犯罪、滥用权力、失职渎职行为，也包括官员行为的不当或道德上的缺失。

当然，说我国古代监察官员位高权重，主要是就监察系统的主要官员而言的，也就是御史台或都察院的长官，普通的监察官员“位”未必高，如明清时期的六科给事中官位并不高，监察御史也只不过正七品。但位卑未必权不重。如明清的监察御史，上至亲王宰辅，下至督抚州县，甚至包括领导自己的监察部门的长官，无不可弹劾。这就形成中国古代一种奇特的监察现象，一个七品芝麻官的御史竟敢“胆大包天”地直接弹劾二品甚至一品大员，而且毫无畏惧，其底气一方面来自最高统治者皇帝的“撑腰”；另一方面也是最关键的方面，是机构的独立设置——被监督者地位再高，与监督者没有上下级领导关系，更没有人身依附关系，“你能奈我如何？”所以，这其实给了我们当代监察体制设计以重要启示，能保证监督者无所畏惧的最重要因素，不是职级有多高，而在于监督者是不是独立设置的。

四、中国古代监察是维护皇权的重要工具

中国古代监察，从本质上来讲，是维护皇权统治的重要保障。皇帝视天下为“家天下”，自然希望臣僚和各级官吏对自己忠心耿耿。设置监察制度，虽监察范围非常广泛，但往往以政治忠诚的监督最为核心。因为在帝王眼里，没有比皇权的安宁更重要的政治追求，没有比忠心更重要的官员品质。只要具备忠诚，其他方面存在再大的问题往往都可以忽略不计。所以，古代监察往往成为党同伐异、翦除政治异见者的重要工具。即便真是将一些贪污受贿、贪赃枉法者送去法办，也是为了平息民愤，缓和阶级矛盾，从根本上来讲，也是为了维护封建王朝专制统治的长治久安。

五、监察权也不可过度膨胀

任何一种权力都必须得到有效制约，才能不被滥用，包括监察权。我国

古代某些时期由于监察权的膨胀导致对政治秩序和社会安定的破坏，同样不可小觑。例如汉代设置的地方监察刺史，在东汉后期便染指军事和行政，地方监察区很快变为地方行政区，监察长官也异化为行政长官，改称“州牧”。唐朝的节度使后来也扩权为地方军政大吏，尾大不掉。这些都构成了上述两个王朝末年的社会动荡和叛乱。明朝的过度监察使人人自危，在正常的属于国家监察体制的都察院之外，还建立了诸如锦衣卫、东厂、西厂等厂卫组织，实为特务组织，也行使部分监察权，由于其掌握侦察、逮捕，甚至可以绕开司法机关行使审判之权，又有自己的监狱，制造了大量的冤假错案，严重破坏了明朝的政治生活，也给后来的清朝统治思想带来严重负面影响。

第三章　其他国家和地区的监察体制

第一节　西方国家的监察体制

西方国家的监察体制依其权力所属,通常分为议会主导型的监察体制和行政主导型的监察体制。选择采用哪种模式跟这个国家的政治体制、法律制度有关,也有其重要的历史和文化原因。

一、议会主导型的监察体制

所谓议会主导型监察体制,是指该国的监察机构由议会产生,受议会监督和指导,对议会负责的体制。多数实行议会内阁制的国家采用这种监察体制。这种监察体制的理论基础就是主权在民思想——国家的一切权力来自人民,而议会是人民的代表机关,所以议会当然有权力监督所有的国家机关和公务人员。

议会主导型监察体制,最典型的代表就是发端于斯堪的纳维亚半岛后来为好多国家采用的议会监察专员制度。最早设立议会监察专员(Ombudsman)的国家是瑞典,于 1809 年建立。由于其有效弥补了行政机关自身监督软弱、司法监督程序冗长效率低下的缺点,使其展现出了较强的生命力,20 世纪之后迅速为周边国家所效仿。芬兰(于 1919 年)、丹麦(于 1953 年)、挪威(于 1962 年)先后建立了自己的议会监察专员制度。其后,该制度走出斯堪的纳维亚半岛,受到许多英语国家的青睐。新西兰(于 1962 年)、英国(于 1967 年)在英语国家中较早设立了议会监察专员,后来澳大利亚、加拿大等许多国家也纷纷加入行列。到目前为止,已经有超过140个国家、地区采用了类似的制度,甚至欧盟也设立了该种制度,其覆盖范围之广,远超过其他监察体制。

综观议会主导型的监察体制,基本有如下几个特点:

(一)职权法定

这种体制下监察主体的职权基本上是由宪法或专门法律所明确规定的。像挪威、丹麦、芬兰、荷兰等国的议会监察专员都是由各国宪法直接规定的,并辅之以专门法律详细规定他们的设置、职权的行使等。以荷兰的监察专员(称为“国家监察专员”)制度为例,宪法原则性规定了国家监察专员的职能和产生途径,具体的产生程序和运作都由其他法律和法令做补充规定。《荷兰宪法》第78a条规定:“(1)应要求或自行决定,国家监察专员应当调查国家行政机关,以及依据或遵照议会法令指定的其他行政机关的行为。(2)国家监察专员或副监察专员由议会下院任命,任命由议会法令确定。如果监察专员或副监察专员提出辞职或达到议会法令规定的退休年龄,则不再担任此项职务。议会下院可以依照议会法令的规定暂停或免除监察专员和副监察专员的职务。监察专员和副监察专员在其他方面的法律地位由议会法令规定。(3)国家监察专员的权力及权力行使办法由议会法令规定。(4)议会法令可以赋予国家监察专员其他方面的职责。”①

(二)机构独立

西方的议会主导型监察体制,监察主体虽由议会产生,对议会负责,但其一旦产生之后,就几乎独立地进行工作。独立于任何其他机关,也几乎独立于议会本身。各国宪法规定了严格的对议会监察专员的保障制度,意在使其在不受任何压力和干涉的情况下开展监察工作。例如,《芬兰宪法》第38条“议会监察专员”中就规定:“如遇特别重大的理由,议会可在征询宪法委员会的意见后,在任期内解除监察专员的职务,但这一决定必须经至少2/3参与表决的议员通过。”②

---

① 《世界各国宪法(欧洲卷)》,中国检察出版社2012年版,第300~301页。

② 《世界各国宪法(欧洲卷)》,中国检察出版社2012年版,第288页。

（三）议会监察专员多由法律人士担任

为保证议会监察主体能够更好地发挥作用，西方国家多规定，议会监察专员由法律人士出任。以瑞典为例，监察长由议会两院投票选出，任期四年，人选为杰出的律师或法官。《芬兰宪法》第38条“议会监察专员”规定：“议会从优秀的法律专家中选举产生1名监察专员，2名副监察专员，任期4年。根据法律具体规定，可以设1名候补副监察专员。对监察专员的有关法律规定适用于副监察专员及其候补人员。”①由于芬兰除设议会监察专员外，还设置有内阁监察长，而内阁监察长的职能与议会监察专员有交叉，亦有分工，宪法规定了两者几乎相同的任职条件。《芬兰宪法》第69条“内阁监察长”规定：“内阁设1名监察长和1名副监察长，由总统任命优秀的法律专家担任。此外，总统还任命1名候补副监察长，任期不超过5年，在副监察长因故不能行使职责时代理其工作。对监察长的有关法律规定适用于副监察长及其候补人员。”②

（四）监督对象广泛

西方议会监察主体监督对象广泛，不仅可监察所有的行政机关，有的还可以监督军事机关、司法机关，甚至总统。例如，瑞典的议会监察公署有四名监察长，分别负责不同方面的监察任务，有专门的辅助工作人员，受理公民投诉，可以监察所有行政机关。而丹麦的议会监察专员可监督军事行政行为。《丹麦宪法》（1953年）第55条规定：“法律应规定议会有权任命非议会议员一人或二人负责监督国家的民事和军事行政。”③而《挪威宪法》第75条第12项规定：“根据法律规定的方式，任命一个非议员成员，监督公共管理和所有在其中服务的人员，以此保证不得对公民产生不公。”④《芬兰宪法》第109条“议会监察专员的职责”中规定：“议会监察专员应监督法院和其他公权力机关及国家公务员、公共团体工作人员和其他人员在执行公务时是否遵守法

① 《世界各国宪法（欧洲卷）》，中国检察出版社2012年版，第288页。
② 《世界各国宪法（欧洲卷）》，中国检察出版社2012年版，第290～291页。
③ 《世界各国宪法（欧洲卷）》，中国检察出版社2012年版，第173页。
④ 《世界各国宪法（欧洲卷）》，中国检察出版社2012年版，第466页。

律、履行职责。议会监察专员应负责监督基本权利和人权的实现。议会监察专员每年向议会提交有关工作情况以及司法和立法问题的监督情况的报告。”[①]《芬兰宪法》第108条“内阁监察长”的职责中规定:“内阁监察长的职责是监督内阁和共和国总统公务行为的合法性。内阁监察长还应监督法院和其他公权机关及国家公务员、公共团体工作人员和其他人员在执行公务时是否遵守法律、履行职责。内阁监察长应负责监督基本权利和人权的实现。内阁监察长应当应请求向总统、内阁和各部提供有关法律问题的信息和意见。内阁监察长应每年向议会和内阁提交有关工作情况和法律执行监督情况的报告。”[②]

但毕竟议会监察专员是由议会产生的,为避免同体监督可能带来的尴尬,也为了尊重议会自治原则,大部分西方国家没有规定监察专员对议会本身可以监督,不仅包括议员,也包括议会的工作人员。当然,这并不意味着立法机关可以不受约束,而是有其他的民主机制可以实现监督的目的。

(五)享有广泛权力

有些学者认为,西方的议会监察专员行使的权力都是劝谕、建议性质的,不具有法律强制性和约束力。换言之,对这些意见,被监察机关可以听取,也可以不听取。这种认识是片面和错误的。如芬兰的监察专员就可以对政府的不当行为采取训诫(reprimand)、表明观点(opinion)、提出建议(recommendation)、进行纠正(rectification)等措施,严重的还可提起指控(prosecution)。《芬兰宪法》第48条规定:“议会监察专员和内阁监察长在议会全体会议审议其报告或由其提出的议题时,可以出席议会并参与讨论。”[③]第110条规定:“内阁监察长或议会监察专员决定是否对法官违法的公务行为提起诉讼。内阁监察长或议会监察专员还可以就其合法性监督职权范围内的其他案件提起诉讼或要求起诉。内阁监察长和议会监察专员的工作分工由法律规定,但不得限制任何一方进行合法性监督的职权。”[④]第111条规

① 《世界各国宪法(欧洲卷)》,中国检察出版社2012年版,第293页。
② 《世界各国宪法(欧洲卷)》,中国检察出版社2012年版,第293页。
③ 《世界各国宪法(欧洲卷)》,中国检察出版社2012年版,第289页。
④ 《世界各国宪法(欧洲卷)》,中国检察出版社2012年版,第293~294页。

定:“内阁监察长或议会监察专员有权从公权机关或其他履行公共职责的部门获得进行合法性监督所需的信息。内阁监察长应出席内阁会议并在内阁向总统提交议案时到场。议会监察专员亦有权出席会议和议案提交。”①

作为瑞典宪法重要渊源的《政府组织法》(1974 年 2 月 28 日通过)第 13 章“议会监督”第 6 条“议会监察专员”中规定:“一、议会应选出一名或数名监察专员,负责根据议会的指示对公务员执行法律与其他法规的情况实施监督。在上述指示的规定范围内,监察专员可以提起诉讼。二、任何法院、行政机构以及国家或市政当局的公务员均应向监察专员提供其所要求的信息或意见。处于监察专员监督权之下的任何其他人员也有责任履行上述义务。监察专员有权查阅任何法院或行政机构的会议记录和其他文件。任何检察官均应按要求协助监察专员的工作。有关监察专员的细则应在议会法中予以规定。”②

由此可见,西方国家的议会监察专员,并不像我们想象的那样仅仅是个“橡皮图章”或者是个“纸老虎”,而是具有实实在在法律约束力的具有锋利牙齿的“真老虎”。

二、行政主导型的监察体制

所谓行政主导型的监察体制,主要是指监察机构由政府首脑或行政机关产生并对其负责,监察体制属于行政机关的一部分。大多数的总统制国家和少部分的议会内阁制国家采用这种监察体制,如美国、法国、俄罗斯、日本、韩国、印度、新加坡、泰国、菲律宾等都实行行政主导型的监察体制。这种体制的好处是依托于行政机构的强制性手段和高效率,监察可能更有实效,但弊端也是显而易见的,那就是如何监督行政机关尤其是行政首脑本人问题,这是监督的结构性矛盾——一方面,监察机构的权威性来自行政首脑,直属于行政首脑,不受任何其他机构的节制;另一方面,无法对行政首脑实施有效的监督和制约,因为本身要受其领导对其负责。

① 《世界各国宪法(欧洲卷)》,中国检察出版社 2012 年版,第 294 页。
② 《世界各国宪法(欧洲卷)》,中国检察出版社 2012 年版,第 537 页。

美国是实行行政主导型监察体制的典型国家。美国的监察机构主要由以下几个部分构成:首先是联邦调查局,由白宫直接领导,负责反腐调查,联邦调查局长是由总统任命的。其次是设于联邦政府各部门的监察长办公室。监察长由国会通过,总统任命,定期向国会报告工作,接受议员的质询。但监察长办公室不实行单向领导体制(只对总统负责);而是实行双重领导、双向负责体制,设于各部的监察长同时向所在的政府部门首长报告工作,接受其监督,但部长不得妨碍或禁止监察长依法开展任何监察和调查活动。这有点类似于我国设在各部委的双派驻机构,实际上实行双重领导,只不过以垂直领导为主罢了。最后是美国还有一个重要的反腐机构——政府道德署。它是根据 1978 年《美国政府道德法》成立的,主要职能是防止联邦政府各部门的官员和雇员利益冲突。该机构自 1989 年 10 月 1 日从人事管理局脱离出来,后升格为独立的副部级单位,直接归总统领导,对总统负责,但须每两年向议会报告一次工作。

新加坡也是实现行政主导监察体制的典型国家。成立于 1952 年的贪污调查局是对公共服务部门和政府法定机构实施监督和调查、打击和防止贪污贿赂行为的最高机关,独立设置,直属总理公署,直接对总理负责,依法独立行使职权,不受其他任何人士的指挥和管辖。新加坡通过制定并不断修改完善《防止贪污法》等法律,赋予贪污调查局广泛的权力。比如,贪污调查局可以在不经过检察官允许的情况下,行使警方依新加坡《刑事诉讼法》享有的任何调查权力;贪污调查局有权进行跟踪,进行秘密调查,可以采取卧底、“放蛇”、窃听、录音、秘密拍摄、录像等秘密方式收集证据;在执行重大调查任务时,可以以武力手段搜查任何地方、任何账目以及任何银行的任何保险箱,并有充分权力要求任何人揭发或交出所需要的全部材料、文件或物品;可以无须逮捕证就可以对涉嫌贪污罪行的任何人或其行为存在合理怀疑的人实施逮捕。以上法律授权,特别是秘密调查权和径行调查逮捕权,使其无须借助警察或其他国家强力部门的力量,就可以独立地完成任何调查行为,这使其拥有了绝对的权威,被认为是名副其实的国家强力部门。

第二节　苏联的监察体制

一、苏联监察体制的发展演变

苏联的监察体制,分为党内监察和国家监察两部分,但由于苏联实行一党制,监察主体和监察对象经常重合,使两种监察制度不可避免地交织在一起。

党内的监察机构肇始于1920年3月底俄共(布)九大设立的中央监察委员会,此后一直存在,在不同历史时期有不同的称呼,如联共(布)十七大后改称"中央检查委员会",直到苏联解体。最初设计中的中央监察委员会同中央委员会地位平等,平行行使职权,均由党的全国代表大会选举产生,中央监察委员会委员采取专职担任原则,一律不得兼任其他职务。

国家监察制度开始于一个名为"工农检察院"机构的尝试。它稍早于党内的监察机构中央监察委员的设立,是1920年2月成立的,到1934年1月被撤销,存续了14年。工农检察院是在批判旧制度、旧体制的基础上设立的。1917年俄国无产阶级十月革命的胜利,使世界上第一个社会主义国家得以建立。列宁、斯大林对于旧的国家机器采取全部捣碎、另起炉灶的方式,1919年4月9日,发布法令撤销了旧的国家监察部,把原来的一切监察机关合并组建了新的国家监察部。为了体现国家的领导和专政力量,1920年2月,将国家监察部改名为"工农检察院"。在中央,工农检察院受全俄中央执行委员会领导;在地方,建立了各级工农检察院,甚至在企业中也设立了监察机关。从监督对象和覆盖范围来说,工农检察院的监督是对所有国家机关和全体国家机关工作人员的全方位监督。

党内监察委员会设计与中央委员会平级,从权力的制约来看,固然属理想状态,但这种体制设计的弊端在实践中也逐渐暴露——中央委员会的权威和执行力受到了很大的削弱和挑战。无奈,1922年3月召开的俄共(布)十一大修改了党章,对监察委员会的条款做了修改:删掉原来监察委员会与同级党的委员会平行的表述,删除了监察委员会委员必须专职任职、任职内不得被调离的规定;将原来同级党委必须执行监察委员会的决议的规定,修改为监察委员会的决议必须经党委同意之后才能具备效力和可执行力。可见,党章的修改赋予了党委对同级监察委员会决议进行审查的权力,监察委员会的决议并不当然具有约束力,这在有力维护党的中央委员会权威的同时,也使得监察委员会的权威和监督作用被极大削弱。这次会议上还批准了俄共(布)第九次代表大会拟定的《中央检查委员会条例》,为工农检察院的改制做了准备。

因为此时党内监察机构和国家监察机构都已经设立,两个机构的职能存在交叠,如何整合两个机构的职能,受到革命领袖的重视。1923 年,列宁在《怎样改组工农检察院》一文中提出,把党内外的监督、检查机构合并的想法,一方面可以让党员干部联系群众,另一方面可以实现人民监督国家机关和党员干部。[①] 1923 年 4 月召开的俄共(布)十二大,审议了列宁《怎样改组工农检察院》的报告,决定对工农检察院进行改组。会议通过的《关于工农检察院和中央监察委员会的任务》的决议指出,工农检察院和中央监察委员会在组织上"应该相互结合",共同完成所担负的改进国家机关工作的任务。会议决定成立工农检察院和中央监察委员会的联合机关,由党的监察机关的主席兼任工农检察院的主任委员。这在工农检察院的发展史上是一个重大的转折,标志着它由一个国家机关(受国家最高行政机关的领导),转变为党的最高领导机关的下级组织(受党的领导机关的直接领导),隶属关系和工作制度都发生了重大变化。从此之后,工农检察院须向党的会议作工作报告,党的会议可直接对工农检察院的工作作出部署。

1934 年 1 月召开的联共(布)十七大对于中央监察委员会和工农检察院的命运作出了重要安排,具有里程碑的意义。会议撤销了中央监察委员会,而改在中央委员会下设党监察委员会,由原来两者的平行关系改为上下级关

---

① 参见列宁:《我们怎样改组工农检察院》,载《列宁选集》(第 4 卷),人民出版社 1995 年版,第 112 页。

系，党监察委员会名副其实地成为中央委员会领导下的一个工作机构。会议还决定撤销工农检察院，将其机构和职能划归新成立的苏联人民委员会苏维埃监察委员会，并任命一名苏联人民委员会副主席担任苏维埃监察委员会领导人，且苏维埃监察委员会只有权开展"对中央执行情况的监督"，已全无原来工农检察院的"全面监督"权。

1940 年，苏维埃监察委员会被改组为"国家监察人民委员部"，其后被改成苏联"国家监察部"，从名称上恢复了工农检察院前身的名字。1957 年，国家监察部被撤销，代之以"苏联部长会议苏维埃监察委员会"。

而历史总在不断地重演或是在螺旋式前进。党和国家监察机构的设立，总是在分分合合。1962 年 11 月，苏共中央决定将中央委员会的党监察委员会改组为"中央党务委员会"，负责审理对加盟共和国党中央、党的边区和州委员会关于开除党员和党内处分的决定的上诉案；同时，撤销苏联部长会议、苏维埃监察委员会，成立党和国家（政府）统一的中央监察机关——"苏共中央和苏联部长会议党和国家监察委员会"。1965 年 12 月，该委员会又被易名为"苏联人民监督委员会"，同时撤销 1962 年 11 月建立的中央党务委员会，恢复中央委员会的党监察委员会设置。

在此过程中，苏联领导人已越来越意识到依法治国的重要性，为使人民监督委员会于法有据，先后制定多部法律。1965 年，在"苏联人民监督委员会"初设时，即由苏共中央和部长会议名义联合颁布了苏联第一个《人民监督法》，经修改后 1968 年年底又颁布了《人民监督条例》。苏联最高苏维埃 1979 年 11 月 30 日通过了《苏维埃社会主义共和国联盟人民监察法》，这是由权力机关制定的法律。1988 年 12 月，监察体制又一次发生划时代的变革，苏联人民监督委员会由原来隶属于部长会议转归隶属于最高苏维埃，即由行政机关领导转为权力机关领导。从人事产生上，苏联人民监察委员会主席由最高苏维埃主席提出候选人，提交苏联人民代表大会批准，由苏联最高苏维埃主席任命。

二、对苏联监察体制的评析

（一）党政不分，高度统一

由于苏联实行一党制，如何处理党和政的关系始终是这个国家领导人需要考虑的问题。苏联的监察体制也为此进行了艰难的探索。从最初的党政分开,到一定程度的合并办公,再到高度的集中统一,到有限度的分开,直到最后的党政权力回归国家权力,苏联的监察体制随着党和国家政治体制的不断调整而不断演变。总体来说,在大部分历史时期,苏联的监察体制是党政合一、高度统一的。这契合了苏联党政不分的现实政治需要。

(二)专政工具,不讲民主

20 世纪 80 年代中后期,戈尔巴乔夫推行的“加速战略”以及“民主化”“公开性”“新思维”“建设人道的民主的社会主义”等政策,严重脱离苏联实际,最终导致苏联的解体,苏共也因此失去了维持了 70 多年的执政地位。苏联的监察体制也随之土崩瓦解。长期以来,苏联的监察体制充当了专政的工具,甚至在某些历史时期,监察机构还直接参与了政治清洗,使其背负了原本不该背负的历史罪名。苏联的监察制度不与现代民主制度相结合,是其沦为政治斗争和专政工具的根本原因。

(三)漠视法治,侵犯人权

苏联的监察制度与苏联一党执政、一党专政的政治体制是一脉相承的。人治而不是法治,是这个国家大部分时期的治理方式,在某些历史时期甚至达到了极端,个人崇拜曾盛极一时,对公权力的无约束尤其对党和国家主要领导人权力的无限制,终究给这个国家和民族带来了深重的灾难。监察机构长期依附在党内,监察制度长期依据党的政策和领导人的指示,而不是依据国家的法律,使监察的主观性和随意性凸显,不讲程序,侵犯人权是其必然的结果。

第三节　我国香港、澳门特别行政区的监察体制

我国香港、澳门特别行政区基于历史的原因,形成了各自不同的监察体制,又由于“一国两制”的原因,这些具有各自地方特色的监察制度被完整保留下来,甚至在两地回归祖国后还有所发展。

一、我国香港特别行政区的监察体制

20 世纪六七十年代，香港经济迅猛发展，随着经济的“井喷式”增长，贪污腐败等社会问题也日益凸显出来。

及至 70 年代初发生了香港总警司葛柏贪污案，[①]民间发起了“反贪污、捉葛柏”社会运动，促成廉政公署(ICAC)在 1974 年 2 月 15 日正式成立。该机构独立于香港警队，直接向港督负责。该机构成立伊始，社会多持观望态度，但随着该机构强力反腐行动的持续开展，香港廉政公署力挽狂澜、扭转乾坤，在香港社会很快确立了权威，甚至香港社会有“香港胜在有你同 ICAC”的说法，此说法现成为廉政公署一句宣传口号。廉政公署的成立以其运作，彻底改变了香港政治腐败的旧面貌，扭转了曾经弥漫全港的“腐败文化”，在国际社会树立了廉洁城市的新形象。在透明国际每年发布的全球廉洁指数排行榜中，[②]我国香港特别行政区一直名列前茅。[③] 法治和廉洁的社会氛围使香港特别行政区的投资环境焕然一新，香港特别行政区也因此一直被誉为“全球最佳投资地”之一。

香港廉政公署之所以成功，原因有三个方面。

一是机构的独立性。廉政公署从设置时起，就不隶属于任何政府部门，而直接对港督负责，回归后直接对行政长官负责。它的独立，使它不受制于

---

① 葛柏(Peter Fitzroy Godber，1922～)，曾任皇家香港警队外籍总警司。因涉嫌贪污受贿被我国香港警方展开内部调查，却在 1973 年 6 月成功潜逃英国，该事件引致社会舆论一片哗然和居民的强烈愤慨，民间发起了声势浩大的“反贪污、捉葛柏”运动，要求彻查事件并正视香港严重的腐败问题。为了稳定局面，时任香港总督麦理浩爵士于 1973 年 6 月紧急责成最高法院高级副按察司百里渠，就葛柏潜逃一事和香港的贪污问题开展独立调查。同年 10 月，麦理浩提交报告，提出成立一个向港督本人负责、并独立于警队的反贪机构。这个事件终促成廉政公署在 1974 年 2 月正式成立，成为香港政治腐败与廉洁的“分水岭”。

② “透明国际”组织从 1995 年开始每年都要发布一个全球廉洁指数(Corruption Perceptions Index)报告。报告根据世界银行(World Bank)、非洲发展银行(AFDB)、经济学人信息社(EIU)等国际机构及智库收集的数据对各个国家(地区)公共部门的廉洁或贪腐程度打分，并进行量化排序，满分为 100 分最廉洁，0 分为最腐败。

③ 在“透明国际”每年公布的全球廉洁指数排行中，我国香港特别行政区一直名列前茅：2011 年位列第 12 名，2012 年位列第 14 名，2013 年位列第 15 名，2014 年位列第 17 名，2015 年位列第 18 名，2016 年的排名又有所回升，位列第 15 名，2017 年我国香港特别行政区位列第 13 名，2018 年我国香港特别行政区位列第 14 名。

任何一个部门,可以非常超脱地、没有任何顾虑地执行自己的职责。除了权力独立外,廉署在人事也是独立的,廉政专员有完全的人事权,署内职员不受公务员叙用委员会管辖,使其少了行政机构的羁绊。财政上也高度独立,廉政公署的经费由香港特别行政区行政长官批准后在政府预算中单列拨付,不受其他政府部门节制。这样,实际上廉政公署的人、财、物权都牢牢掌握在自己手里。

二是廉署实施了"执法 + 预防 + 教育"三结合的工作机制。成立以来,廉署执法、防贪和教育"三管齐下",有力防治了腐败的行为。执法职能由执行处负责执行,主要功能是进行贪污罪行的侦查,通过侦查及后续的起诉和法院的定罪,使贪污成为高风险罪行,从而产生积极的威慑作用。预防职能由防止贪污处来执行,主要职能是协助各政府部门、各公私营机构堵塞制度漏洞,提出防贪建议,消除系统风险,最大限度地避免贪污舞弊行为的发生。为此,防止贪污处甚至会参与政府部门或公共机构的采购、合约判授、牌照审批及人事管理等工作程序,提出意见,甚至为私营机构提供防贪建议,举办诚信管理工作坊。教育职能由社区关系处执行,致力于加强廉洁的自律能力和营造廉洁的文化氛围。例如,社区关系处向金融界、饮食界及中小企业量身订制了防贪宣传教育计划,并且协助他们推广。以上三个方面相互结合,组成了有效防治腐败的完整锁链。教育致力于提高拒绝腐败的自觉性,实现"不想贪";预防致力于堵塞制度和管理漏洞,实现"不能贪";而执法则致力于发现和惩戒腐败行为,实现"不敢贪"。三个方面的工作都切实有效,形成一张完整的无形之网,构建起防治腐败的"铜墙铁壁"。

三是立法赋予了廉政公署足够的权力。廉政公署的成立和运作主要依据《廉政公署条例》《防止贿赂条例》《选举(舞弊及非法行为)条例》等。这些法律赋予了廉政公署执行其职责必需的法律授权。2008 年《防止贿赂条例》修订后甚至授权廉政公署可以调查它为之负责的行政长官的涉及贪污的行为,这对于廉政公署的负责体制来说,不能不说是一个重大的历史性突破。因为通常来说,"负责"都是单向的,对谁负责就意味着受其领导和监督,执行他的指令,而不能反向质疑他的权威。当然,廉政公署的权力也并不意味着在所有方面全面扩大,也有收缩的一面。比如,随着时代的进步,人权保护观念的加强,其调查权受到的约束也越来越多。1991 年《香港人权法案》通过后,1994 年独立的廉政公署权责检讨委员会对廉政公署的调查权进行全面检讨,有关法例在修订后规定廉政公署在行使大部分调查权时,必须事先获得法庭批准而不能径行采取。2006 年香港特别行政区通过了有关监管执法部门进行截听及秘密监察的法例,廉政公署在执行有关行动时,与其他执法机关一样,必须遵照法例的要求,并接受监察专员监督。

二、我国澳门特别行政区的监察体制

与香港地区 1974 年以前反贪污办公室设在警察机构内部相似,澳门地区 1992 年前的反贪工作也是由司法警察有限度执行的。直至 1992 年澳葡政府才正式成立了反贪污的专门机构——"反贪污暨反行政违法性高级专员公署"。与通常所见的行政申诉机构单独设置不同,澳门地区的廉政公署从成立时就承担反贪污和反行政违法的双重工作,这种工作体制一直延续到现在。由于回归之前澳葡政府的"夕阳心态",根本不重视反贪工作,设立所谓的反贪机构只不过是回应民众反贪诉求的"应景之作"而已,澳葡政府于反贪机构投放的资源和权力均不足,反贪效果并不理想。

澳门特别行政区的反贪公署真正发挥作用,是在回归祖国之后。1999 年 12 月 20 日,澳门特别行政区成立,根据《澳门基本法》第 59 条的规定,澳门特别行政区设立廉政公署,独立工作;廉政专员对行政长官负责。回归之后的廉政公署依然兼具反贪及行政申诉两大职能。但斗转星移,澳门地区已经由原葡萄牙占领区变为中华人民共和国行使主权的区域,按照"一国两制""澳人治澳"和高度自治的方针,澳门居民真正当家做了主人。廉政公署作为维护公权力廉洁和确保依法施政的机构,其地位也发生了根本性的变化。

按照经第 4/2012 号法律重新公布的第 10/2000 号法律,澳门特别行政区廉政公署的职责为:(1)开展预防及遏止在公共部门及私营部门发生贪污犯罪及与贪污相关联的欺诈犯罪的行动;(2)针对由公务员实施的贪污犯罪及与贪污相关联的欺诈犯罪,依刑法及刑事诉讼法进行调查及侦查,但不影响法律赋予其他机构就该等事宜进行调查或侦查的职责;(3)针对在私营部门发生的贪污犯罪及与贪污相关联的欺诈犯罪,依刑法及刑事诉讼法进行调查及侦查,但不影响法律赋予其他机构就该等事宜进行调查或侦查的职责;

(4)针对在因应澳门特别行政区机关选举而进行的选民登记及有关选举中实施的贪污犯罪及与贪污相关联的欺诈犯罪,依刑法及刑事诉讼法进行调查及侦查,但不影响法律赋予其他机构就该等事宜进行调查或侦查的职责;(5)执行行政申诉工作,以促使人的权利、自由、保障及正当利益得到保护,并通过法律所指途径及其他非正式途径,确保行使公权力的合法性及公共行政的公正与效率。

澳门特别行政区廉政公署还有一个职责就是接收普通公共行政工作人员财产申报。早在1998年澳门特别行政区就开始实施公务员财产申报制度,规定公共职位的据位人及公共行政工作人员须申报其本人及配偶的财产。回归后,澳门特别行政区于2003年制定了《财产申报》法律,为配合特别行政区政府推行阳光政策,提升公共行政的透明度及廉洁度,完善监督机制,特别行政区于2013年对上述法律进行了修改,并将新法律更名为《财产及利益申报法律制度》。新法律规定副局级及以上官员,包括行政长官及主要官员、立法会议员、司法官员、行政会成员、办公室主任、局长、副局长或等同职位的据位人,须公开其填写之申报书的第四部分,当中涉及其财产及非财产利益,以及在任何非营利组织担任的职务。所有公共职位据位人及廉政公署人员的财产申报书向终审法院办事处提交,其余公共行政工作人员的财产申报书均由廉政公署辖下之财产及利益申报处负责接收。

为了加强对廉政公署工作人员履职行为的监督,澳门特别行政区廉政公署除建立了内部监督制约机制外,还建立了全部(5名)由社会人士组成的廉政公署人员纪律监察委员会,分析及监察针对廉政公署人员的非刑事性质的投诉,以及向行政长官作出建议。

三、关于香港、澳门特别行政区监察体制的评析

我国港澳两个特别行政区,建立的都是以廉政公署为专责机关的监察体制,两个机构都直接对行政长官负责,从权力来源和主导力量上来说,都属于行政主导型的监察体制。这是历史上形成的,也契合了两地的实际需要。两地地方狭小,专责机关负责并由行政主导的监察体制,便于高效地发挥监察职能。且这种体制与回归前后两地采用的行政主导的政治体制相适应,是最

好的制度和体制安排。

但是，必须看到，香港、澳门特别行政区有自身的实际情况，其最大的特点就是地域狭小，没有我国内地巨大的地区、民族、文化、贫富等差异。其实行的政治体制也是地方性政治体制，侧重于地方事务的管理，而不一味追求政治性，这是该两个特别行政区在做政制设计时已经考虑的因素。加之，由于“一国两制”，我国香港、澳门特别行政区不实行内地的政治体制，不存在内地执政党和国家机器之间的二元反腐结构和体制。考虑到内地的政治体制具有复杂性，在香港、澳门特别行政区实施的监察制度对于我国内地而言只具有参考价值和意义，可取其机构独立、法治健全等合理因子，但不能照搬照抄于我国内地适用，否则将极大提高内地的反腐成本，其成效并不令人乐观。

第四节　世界各国（地区）监察体制的总体分类及其特点

本章全面分析了西方国家、苏联、我国香港和澳门特别行政区的监察制度和经验。总体来说，从权力来源和主导力量上来讲，世界各国（地区）的监察体制，主要有议会主导、行政主导和党派主导三种模式。所谓议会主导，是世界各国最多采用的方式，创始于瑞典，先是被北欧国家（如芬兰、丹麦、挪威）广泛采用，后在世界范围内呈燎原之势，英国和欧盟也采用这种方式，一般是以议会行政监察专员的形式实施监察。行政主导的监察体制，监察权隶属于行政权，直接对总统、总理、行政长官等行政首长负责，以美国、法国、俄罗斯、日本、韩国、新加坡等国家为代表，我国香港特别行政区和澳门特别行政区也属于这种体制。党派主导的监察体制，只发生在共产党执政的社会主义国家，共产党即为宪法确定的执政党，执政党的反腐态度、方针、战略决定了整个国家的反腐格局和走向，以苏联、中国、越南、古巴为代表，尽管也存在执政党和国家政权两套监察体系，但基本采取以执政党的监察机构为主导、为领导，合署办公的方式进行。

从监察权力是否统一行使的角度来分析，各国监察模式分为两种：一种是监察权力分散行使，由多个机构循一定的分工分别行使；另一种是由一个机构集中统一行使监察权力。前一种相对较为普遍，因为监察的对象及事项范围较为广泛，既涉及合法性监察，也涉及纪律、合理性甚至道德监察，由一个机构实施较为困难，而由多个机构按照自身的权限分别实施则较为可行。美国、韩国属于这种类型。美国的监察权由联邦调查局、设于政府各部门的监察长办公室、政府道德署共同行使。韩国由监察院、①大检察厅、②反腐败及国民权益委员会③等共同行使。后一种情形，由一个机构集中统一行使监察权力的，典型如我国香港特别行政区廉政公署、澳大利亚新南威尔士州廉政公署和马来西亚反贪污委员会。这三个机构都同时承担执法、预防和教育三大职能，为加强教育、培养反贪人才，马来西亚反贪污委员会还特别成立了马来西亚反贪学院。

尽管由于历史、政治、文化等原因，世界各国（地区）形成了不同的监察模式，但这些监察模式也存在一些共通的地方。比如，监察机构若想具有权威，必须具有独立的地位，独立设置，无论是议会主导型的监察体制，还是行政主导型的监察体制，抑或是党派主导型的监察体制，监察机构一旦设立，应该独立运作。其次，监察必须法治化。必须要为监察机构的设立和运作提供足够的法律依据，一方面赋权——使监察权于法有据，具有权威；另一方面也是为了限权——将监察权锁进制度的笼子里，防止监察权一权独大，而影响其他权力的正常行使和公职人员个人权利的合法保障。比如，以法治闻名的新加坡，在监察（反贪）领域，就构建起以《防止贪污法》为核心的完善的法律体系，

---

① 韩国监察院，是直属于总统领导的办事机构，具有财政监察和职务监察的双重职责：既依法对国家和地方自治团体及国家银行等单位的会计业务进行检查，对国家公共财政投入、支出和使用情况进行监察，这也就是国家审计；又依法对行政机关、地方自治团体的公务人员进行监察。

② 韩国大检察厅从属于行政系统，拥有起诉权和直接调查权，是反腐败的主力机构。

③ 根据《反腐败及国民权益委员会的成立和运营相关法律》（法律第 8878 号），韩国反腐败及国民权益委员会（Anti-corruption & Civil Rights Commission）的职能是：（1）处理信访和改善与此相关的不合理的行政制度；（2）通过预防公职人员的腐败和控制腐败行为，确立清廉的公职和社会风气；（3）通过行政诉讼，保护国民的权利，防止因行政厅的违法或不当的处理受到侵害。反腐败及国民权益委员会的前身是韩国政府于 2002 年成立的直属总统领导的“腐败防治委员会”。2005 年“腐败防治委员会”更名为“国家清廉委员会”。2008 年，国家清廉委员会与国民信访委员会、行政审判委员会合并组建为“反腐败及国民权益委员会”，遂保留了国民信访、反腐败、行政审判等职能，该机构直属国务总理领导。

包括《公务员法》《公务员指导手册和纪律条款》《预防贪污贿赂法》《没收贪污贿赂利益法》《公务(惩戒性程序)规则》《财产审核法》等法律制度。韩国政府也将实现监察(反腐)的法治化作为工作重点推进,形成了以《腐败防止法》为主体,包括《公职人员伦理法》《防止不正当请托和利害冲突法》《公共机关信息公开法》《公益举报人保护法》《公务员行动纲领》《金英兰法》等在内的严密的法律体系。这些国家完善的反腐立法可以为我国提供一些借鉴。

第四章　当代中国监察体制的演变

我国当代的监察体制来源于革命根据地时期,所以在研究当代监察体制之前,有必要先对根据地时期的监察体制进行研究,分析其历史发展脉络。

第一节　新中国成立前根据地时期的监察体制

一、国民革命时期

1927年4月底至5月初,即"四·一二"反革命政变发生不久,中国共产党在武汉召开了第五次全国代表大会。之后的6月1日,中共中央政治局根据党的五大会议精神,通过了《中国共产党第三次修正章程决案》,(以下简称中共五大党章)。中共五大党章增设"党的监察委员会"一章,对监察委员会的宗旨、任职条件、会议制度、决议效力等作了规定,但监察委员会只在中央及省两级设立。[①] 在那个兵荒马乱、血雨腥风的年代里,中国共产党还毅然成立了党的纪律机构,足见中国共产党是一个有志向、有追求、有长远眼光的政党。中央监察委员会是中国共产党成立最早的、党内级别最高的监督机构,

---

① "中共五大党章"第61条规定:"为巩固党的一致及权威起见,在全国代表大会及省代表大会选举中央及省监察委员会。"第62条规定:"中央及省监察委员,不得以中央委员及省委员兼任。"第63条规定:"中央及省监察委员,得参加中央及省委员会议,但只有发言权无表决权。遇必要时,得参加相当的党部之各种会议。"第64条规定:"中央及省委员会,不得取消中央及省监察委员会之决议;但中央及省监察委员会之决议,必须得中央及省委员会之同意,方能生效与执行。遇中央或省监察委员会与中央或省委员会意见不同时,则移交至中央或省监察委员会与中央或省委员会联席会议,如联席会议再不能解决时,则移交省及全国代表大会或移交于高级监察委员会解决之。"

是中国共产党组织建设的重要成就，是维护党的集中统一、维护党的纪律的重要保证。当时之所以取名"中央监察委员会"，是深受当时苏联共产党(布尔什维克)设立监察委员会的影响。

后来因党的组织遭到了严重破坏，党转入地下秘密活动，中央监察委员会的多数委员牺牲，1928 年 6 月 18 日至 7 月 11 日在苏联莫斯科召开的中共六大决定以中共中央审查委员会代替中央监察委员会。[①] 但根据六大党章规定，中央审查委员会主要监督"各级党部之财政，会计及各机关之工作"，[②]即中央审查委员只履行原中央监察委员会的部分职责，并没有全面履行纪律检查的职能，而此后一段时期，违反党纪的问题主要由各级党组织负责处理。

二、中央苏区时期

1931 年 11 月，中国共产党以江西瑞金为首都创立了"中华苏维埃共和国"。"临时中央政府"下设了"中央工农检察人民委员部"，从中央到省、区、市都设立了相应机构，作为国家的行政监察机关，分别隶属于人民委员会或地方各级执行委员会。1934 年 2 月 1 日召开的中华苏维埃第二次全国代表大会将"中央工农检察人民委员部"更名为"中央工农检察委员会"，相应地，省、县、区苏维埃工农检察部、城市苏维埃检察科，也一并更名为工农检察委员会。中央工农检察委员会成立后不久便发布了《关于开展反贪污浪费与反官僚主义斗争》。

从其职能上来看，各级工农检察人民委员部(工农检察委员会)兼具行政监察和职务犯罪检察等多项职能。根据《工农检察部组织条例》等法律法规，各级工农检察部负责：监督苏维埃机关、企业及其工作人员正确执行苏维埃的政纲及各项法律、法令；保护工农群众利益，若发现苏维埃工作人员有行贿、浪费公款、贪污等犯罪行为，有权报告法院、提起公诉等。新中国成立初

① 组织党内审查委员会的决定实际在六大之前的 1927 年"八七会议"上就作出了，六大修改党章进行了确认。大革命失败后，中共中央在汉口秘密召开了"八七会议"，清算了陈独秀的"右倾机会主义错误"，强调要加强党的政治纪律，并作出一项重要决定——组织党内审查委员会。

② 1928 年 7 月，中共六大通过的党章第 43 条规定："为监督各级党部之财政，会计及各机关之工作起见，党的全国大会，省县市代表大会，选举中央或省县市审查委员会。"

期，人民检察署、人民检察院职能与中央革命根据地时期的工农检察委员会职能一脉相承。如此，也就理解了为什么我国的人民检察院同时兼具公诉、法律监督（职务犯罪侦查）的双重职能了，这是有历史渊源的。

中央革命根据地时期的工农检察人民委员部（工农检察委员会）的设置深受当时苏联的影响。1920 年 2 月，俄国苏维埃在国家监察部基础上成立了工农检察院，该机构于 1934 年 1 月被苏联人民委员会苏维埃监察委员会所取代，总共存续了 14 年，对我国当时的革命政权产生了深刻影响。为了发动民众参与监督，广泛行使民主监督权利，中央苏区借鉴苏联工农检察院的组织形式，建立了突击队、轻骑队、工农通讯员①等在工农检察部（委员会）直接管辖和指导下的群众组织。这些群众组织本身没有执法权，但他们的检举、揭发、控告和通讯报告，为工农检察部（委员会）提供了大量有效的案件线索。俄共（布）第十二次代表大会通过了列宁所作的《怎样改组工农检察院》报告，决定工农检察院与党的监察机构合署办公。《中华苏维埃共和国地方苏维埃暂行组织法（草案）》（1933 年）也确认国家监察机关（工农检察委员会）与党内监察机关②联合办公的原则。

三、延安陕甘宁边区时期

延安陕甘宁边区政府时期，党和政府高度重视监察工作。不仅建立了像《陕甘宁边区抗战时期施政纲领》（1939 年）、《陕甘宁边区施政纲领》（1941 年）具有宪法大纲性质的基本法律文件，还制定了《陕甘宁边区惩治贪污条例（草案）》（1939 年）、《陕甘宁边区政纪总则草案》（1943 年）、《陕甘宁边区政务人员公约》（1943 年）、《陕甘宁边区各级政府干部奖惩暂行条例草案》

---

① 突击队是人民群众在工农检察部（委员会）指导下监督苏维埃工作的一种组织。每一支突击队只隶属于一个工农检察部，突击队之间没有上下级关系。轻骑队是受团组织的直接领导、业务上受工农检察部（委员会）指导的青年群众组织。其任务是揭露、检举和控告苏维埃机关、企业及合作社组织内的官僚主义、贪污浪费、消极怠工、行贿受贿等腐败现象。工农通讯员是工农检察部（委员会）在各级政府机关、企事业单位、群众团体、街道、村落中委任的不脱产人员。如发现苏维埃工作人员违法失职、侵害群众利益行为，以通讯方式向工农检察部（委员会）报告。

② 1933 年 9 月，中共中央作出《关于成立中央党务委员会及中央苏区省县监察委员会的决定》。1934 年 1 月，党的六届五中全会选举产生了以李维汉为书记的中央党务委员会。

(1943年)等一系列法律及规章制度。这些制度构成了规范边区政府及政务人员行为、加强对其监察的法律基础。

1939年边区政府颁布的《陕甘宁边区惩治贪污条例(草案)》规定:"边区所属之机关部队及公营企业之人员""群众组织及社会公益事务团体之人员","有下列行为之一者,即以贪污论罪:……"1941年5月1日,中共陕甘宁边区中央局发布了《陕甘宁边区施政纲领》,其第8条就明确规定:"厉行廉洁政治,严惩公务人员之贪污浪费行为,禁止任何公务人员假公济私之行为,共产党员有犯法者从重治罪。同时实行俸以养廉原则,保障一切公务人员及其家属必需的物质生活及充分的文化娱乐生活。"该纲领第6条规定:"人民则有用无论何种方式控告任何公务人员非法行为之权利。"1943年5月8日发布的《陕甘宁边区政务人员公约》,进一步提出了政府工作人员应当遵守的十条行动准则,重申要"公正廉洁,奉公守法"。

尽管边区政府对政府机关及政务人员行为的制度规范不可谓不少,但陕甘宁边区政府初期却没有建立类似中央苏区时期的工农检察人民委员部(工农检察委员会)的专门监察机构。其监察职责从制度上来说主要由边区各级参议会行使。1939年制定的《陕甘宁边区政府组织条例》规定,陕甘宁边区政府受陕甘宁边区参议会的监督,陕甘宁边区共设立边区、县及乡市三级参议会,边区、县、乡市参议会有权监察及弹劾政府机关的公务人员。1941年颁布的《陕甘宁边区各级参议会组织条例》规定,边区参议会有权"监察及弹劾边区各级政府、司法机关之公务人员,创制及复决边区之单行法规,批准关于民政、财政、粮食、建设、教育及地方军事计划等各项计划,督促及检查边区政府执行参议会的决议,决定边区应兴应革之重要事项等。县和乡市参议会也拥有类似之职权"。1943年4月25日颁布的《陕甘宁边区政纪总则草案》规定:"各级参议会为各级政权的最高权力机关,各级政府服从各级参议会之决议。"

但边区参议会毕竟是一个会议机构,闭会期间虽由常驻委员会派驻到政府,但该委员会只有建议权,监督作用非常有限。虽然人民有"用无论何种方式控告任何公务人员非法行为之权利",以及上级政府对下级政府的监督,还有党内的强有力监督,但毕竟这些都不是专门机构的监督。为了弥补这一缺陷,边区政府借鉴当时国民政府在全国各地建立的行政督察专员区公署制度,将其引入边区治理。根据《修正陕甘宁边区行政督察专员公署组织条例》(1943 年)的规定,专员公署是边区政府的代表机关,对边区政府负责;依据边区政府的命令与指示,"统一领导督察该分区所辖各县之一切行政事宜,监督所属各县财政经费之收支情形等";"监督和指导驻在该行政分区的边府各种附属机关,对此种附属机关之命令或处分,如认为违法或失当时,专署得纠正或撤销之。但须随时呈报边区政府。监督所属各县财政经费之收支情形。布置检查各项工作并要亲自定期巡视各县。"

在党内监察机构方面,1945 年 4 月 23 日至 6 月 11 日在延安召开的党的七大,没有再选举产生中央审查委员会。七大党章重新恢复了"党的监察机关"的设置,明确规定了党的监察机关的产生方式、职能和领导体制。但这也只是纸面的规定,七大并没有实际选举产生党的监察机关,党的纪律执行工作依然由各级党委直接负责,具体由党委组织部门承担。

四、解放战争时期

解放战争时期,我们党开始了新的监察制度的探索。1948 年 8 月,华北人民政府设立了政府的行政监察机关——人民监察院,并由院长及华北人民政府委员会任命的人民监察委员 5 ~ 9 人组成人民监察委员会。人民监察院的主要任务是检查、检举并拟议处分各级行政人员、司法人员、公营企业人员的违法失职、贪污浪费、违反政策、侵犯群众利益等行为;接受人民及公务人员对各级行政人员、司法人员及公营企业人员的控诉和检举,以及其他有关整肃政风事项。

为发挥人民的监督作用,人民监察院借鉴了中央苏区时期设置的工农通讯员制度,设立了通讯检查员,负责对行政、司法、企业、财经各部门之各级公务人员违法失职、贪污浪费、违反政策、侵害群众利益的监督,向人民监察院举报、检举、揭发上述违法违纪行为。不过,由于解放战争如火如荼,华北人民政府在机构设置方面并不能做到精细化。比如,监察机关,就只设立一级,即华北人民监察院,并没有在地区、市、县的政府内设置相应的监察机构。

随着中国共产党领导的军队在三大战役中节节胜利,建立新的全国性的政权已水到渠成。华北人民政府的人民监察院也只存在了一年时间，就被新中国的政权机构所取代。不过，华北人民政府设置人民监察院的实践，是一次重要的制度创新和尝试，它为新中国监察机构的设立提供了重要经验。而且，它作为一个行政机关，却可以对各级行政人员、司法人员、公营企业人员都实施监督，这为我们今天扩大监察范围、做到监察的全覆盖，提供了重要经验。

第二节　新中国成立后我国监察体制的发展

一、党的监察体制的发展

（一）新中国成立初期党的监察机构的设立及运作

新中国成立伊始，1949 年 11 月，中共中央即作出《关于成立中央及各级党的纪律检查委员会的决定》，成立了由朱德等 11 人组成的第一届中共中央纪律检查委员会。

20 世纪 50 年代中期，当时正处于社会主义改造过程中，党和国家发生了不少贪污、腐化、违法乱纪事件。1955 年 3 月 31 日召开的党的全国代表会议，通过了《中国共产党全国代表会议关于成立党的中央和地方监察委员会的决议》。该决议认为："目前党的各级纪律检查委员会的组织和职权已不能适应在阶级斗争的新时期加强党的纪律的任务，因此中国共产党全国代表会议决定成立党的中央的和地方各级的监察委员会，代替中央的和地方各级的党的纪律检查委员会，借以加强党的纪律，加强反对党员中各种违法乱纪现象的斗争，特别是防止像高岗、饶漱石反党联盟这一类严重危害党的利益的事件重复发生。"会议选举产生了由董必武等 21 人组成的中央监察委员会。为了加强对各级监察委员会的领导和工作指导，前述决议虽然规定了监察委员会由同级党代表会议（代表大会）选举产生，但同时规定了产生后必须由各级党的委员会批准并在党委指导下工作的机制。①

1956年9月,党的八大通过的《中国共产党章程》,确认设立党的中央和地方监察委员会。关于设立和产生机制,该党章第52条规定:“党的中央委员会,省、自治区、直辖市、自治州委员会和县、自治县、市委员会,都设立监察委员会。中央监察委员会由党的中央委员会全体会议选举。地方监察委员会由本级党的委员会全体会议选举,并且经过上一级党的委员会的批准。”关于领导和工作机制,该党章第54条规定:“各级监察委员会在各级党的委员会领导下进行工作。上级监察委员会有权检查下级监察委员会的工作,并且有权批准和改变下级监察委员会对于案件所作的决定。下级监察委员会应当向上级监察委员会报告工作,并且忠实地报告党员违反纪律的情况。”八届一中全会重新选举产生了中央监察委员会,书记仍为董必武。党的八大对于监察委员会最显著的变化就是规定其由党的委员会选举产生,而不是由党的代表大会选举产生。

党的八大通过的邓小平所作的《关于修改党章的报告》中还提到,要建立党的代表大会的常任制。这体现了当时中央关于建立党内权力适当分权和制约机制的探索,即在党的代表大会闭会期间实行决策权、执行权和监督权的适当分立和监督机制:党委会行使党内权力机关的决策权,书记处作为执行机关行使执行权,各级监委作为监察机关行使监督权。省和县也实行这种党代会常任制。

1962年9月,中共中央召开八届十中全会通过了《关于加强党的监察机关的决定》,大幅增加了中共中央监察委员会的名额(增至60人),并对中共中央监察委员会的领导成员进行了调整。

(二)党的监察机构的撤销及恢复设立

1969年4月14日,中国共产党第九次全国代表大会修改了《中国共产党

---

① 中国共产党全国代表会议《关于成立党的中央和地方监察委员会的决议》(三)规定:“本届党的中央监察委员会由本次全国党代表会议选举,并由中央委员会全体会议批准;党的地方各级(省、自治区、直辖市、市、自治州、专区、县、自治县)监察委员会由各该地方最近召集的党的代表大会或代表会议选举,并由上一级党委批准。党的各级监察委员会在各级党委指导下进行工作。”

章程》,这是在“文化大革命”前期极端不正常的政治气氛下通过的。[①] 该党章取消了党的监察机构的规定。三个月之后的 1969 年 7 月,康生等人以“精简机构”为名,撤销了中央监察委员会,党的监察制度和机构自此出现空白,直至“文化大革命”结束。

1977 年 8 月,中国共产党第十一次全国代表大会通过的党章,恢复了设置党的纪律检查委员会的条款,行使原属于党的监察委员会的职权,但规定各级纪委由同级党委选举产生。[②]

1978 年 12 月,中国共产党召开了十一届三中全会,这次会议在中共乃至国家历史上具有重要的里程碑意义,是重要的历史转折点。会议拨乱反正,停止使用“以阶级斗争为纲”的口号,把党和国家的工作重心由阶级斗争转移到以经济建设为中心上来。会议选举产生了新的中共中央纪律检查委员会,由 100 名委员组成,陈云任第一书记。

1982 年 9 月 6 日,中国共产党召开了第十二次全国代表大会,审议通过了新的党章。新党章在篇章结构上做了重大调整,专设“党的纪律”和“党的纪律检查机关”两章,奠定了此后党章的基本框架。党的十二大通过的党章对党内监察体制有两个方面的重大发展:一是产生机制上,各级党的纪律检查委员会改由同级党的代表大会选举产生;二是明确规定了纪委的双重领导体制,即“党的地方各级纪律检查委员会在同级党的委员会和上级纪律检查委员会的双重领导下进行工作”。

2017 年 10 月 24 日,党的第十九次全国代表大会通过了新的党章。党章第 46 条第 1 款规定:“党的各级纪律检查委员会是党内监督专责机关,主要任务是:维护党的章程和其他党内法规,检查党的路线、方针、政策和决议的执

① 中共九大通过的《中国共产党章程》完全背离了党的八大形成的正确路线和纲领,肯定了根据“无产阶级专政下继续革命”的错误理论发动的“文化大革命”。在总纲里充斥着个人崇拜,特别是把“林彪同志一贯高举毛泽东思想伟大红旗,最忠诚、最坚定地执行和捍卫毛泽东同志的无产阶级革命路线。林彪同志是毛泽东同志的亲密战友和接班人”写入党章,这在党章的历史上是绝无仅有的。

② 1977 年 8 月 18 日中共十一大通过的《中国共产党章程》第 13 条规定:“党的中央委员会,地方县和县以上、军队团和团以上各级党的委员会,都设立纪律检查委员会。各级纪律检查委员会由同级党的委员会选举产生,并在同级党委的领导下,加强对党员的纪律教育,负责检查党员和党员干部执行纪律的情况,同各种违反党的纪律的行为作斗争。”

行情况,协助党的委员会推进全面从严治党、加强党风建设和组织协调反腐败工作。"

(三)党的监察机关产生机制的变化

需要注意的是,新中国成立以来,党的最高监察机关的产生机制,经历了4次重要调整:1949年11月成立的第一届中央纪委,由中央政治局直接任命产生;1955年3月成立的中央监察委员会,由党的全国代表会议选举产生;1956年9月党的八大后改由党的中央委员会全体会议选举产生;1982年9月党的十二大起改由党的全国代表大会选举产生。从产生机制的变革来看,随着不断的改革,党的监察机构越趋具有代表性和权威性。特别是党的十二大之后,党的各级纪律检查委员会同党的各级委员会一样由各级党的代表大会选举产生,这是个划时代的变革,标志着党的监察机构获得较高的政治地位。

梳理新中国成立前后中国共产党的监察机构的变迁史,我们不难发现,由于历史的局限性和意识形态的原因,我们党的监察机构的设置及其工作深受当时苏联的影响,这从党的监察机构的名称变化中即可见一斑。我们党交替使用了"监察委员会"和"检查委员会"的名称,也体现了当时苏联共产党党内监察机构名称的变化。

二、行政监察体制的发展

新中国成立之后,我国属于国家机关序列的监察机关,虽然职能(特别是监察对象和范围)不断发生变化,但一直处于政府序列之中,是政府的职能部门。其大致经历了三个发展阶段。

(一)我国行政监察机构的创立阶段(1949~1959年)

1949年9月27日通过的《中国人民政治协商会议共同纲领》是具有临时宪法性质的法律文件。其第19条规定:"在县市以上的各级人民政府内,设人民监察机关,以监督各级国家机关和各种公务人员是否履行其职责,并纠举其中之违法失职的机关和人员。人民和人民团体有权向人民监察机关或人民司法机关控告任何国家机关和任何公务人员的违法失职行为。”[①]同日通过的《中华人民共和国中央人民政府组织法》第18条规定，在政务院之下，各部、会、院、署、行之上，设立“人民监察委员会”，负责监察政府机关和公务人员是否履行其职责。[②] 1949年10月19日，中央人民政府委员会举行第三次会议，任命谭平山为人民监察委员会主任，自此人民监察委员会正式成立。

1950年10月24日政务院通过并公布实施了《人民监察委员会试行组织条例》。该条例规定，政务院人民监察委员会的主要任务包括：监察全国各级国家机关和各类公务人员是否违反国家政策、法律、法令或者损害人民及国家的利益，并纠举其中的违法失职机关和人员；指导全国各级监察机关的监察工作，颁发相关的决议和命令，并检查决议与命令的执行情况；接受及处理人民和人民团体对各级国家机关和各类公务人员违法、失职行为的控告。

1951年政务院又公布了《大行政区人民政府（军政委员会）人民监察委员会试行组织通则》《省（行署、市）人民政府人民监察委员会试行组织通则》，分别规定了地方各级人民监察委员会的职权、机构及其上下级关系。1951年4月全国第一次监察工作会议召开时，中央和各省市的监察机构已经基本建立起来。[③] 至1953年2月第二次全国监察工作会议召开时，我国各级各类监察机构已基本健全。新中国成立之初的各级监察委员会，其性质虽为行政机关，但监察对象却可以及于包括审判机关、检察机关在内的一切国家机关及其工作人员。[④] 各级监察机关均实行“双重领导”，即上级监察部门和同级党

---

① 这里所讲的“各级国家机关”，包括除行政机关以外的其他国家机关，如检察院和法院。

② 关于设立委员会的目的，周恩来在《关于中华人民共和国中央人民政府组织法草案说明》中做了如下解释：“政务院不可能经常来到这三十个单位，所以下面设四个委员会协助办理”；“人民监察委员会的任务是：建立监察制度，监督行政部门，如公务人员是否执行了政府决议和政策，是否有贪污腐化等情形。”董必武在《中央人民政府组织法的草拟经过及其基本内容》中对此作了进一步的说明，他指出，包括人民监察委员会在内的委员会与政务院30个部门之间建立联系与指导关系，各部门的工作受双重领导：一方面受政务院的领导，另一方面又受其所属的指导委员会的领导；谈到人民监察委员会的功能时，董必武特别强调，人民监察委员会是监察行政人员是否履行其职责的，与检察署不同。以上参见刘政等主编：《人民代表大会工作全书》，中国法制出版社1999年版，第210～211页。

③ 全国已有5个大行政区、1个中央所辖的民族自治区、28个省、12个中央或大行政区辖市、8个等于省的行政区和345个县（旗）成立了人民监察委员会。

④ 参见《一九五〇年人民监察工作总结及一九五一年工作任务的报告》，载《人民日报》1951年8月15日，第3版。

政同时领导,以同级的党政领导为主。为了发动群众参与监察工作,新中国成立初期的各级监察机关吸收借鉴苏联和新中国成立前根据地设立监察通讯员的经验,建立了人民监察通讯员制度。①

新中国成立初期的监察机关发挥自身职能,围绕当时党和国家的中心任务恢复国民经济而开展工作,在"三反""五反"运动中,发挥了重要作用。②

1954 年 9 月 20 日第一届全国人民代表大会第一次会议通过的《中华人民共和国宪法》(1954 年宪法)并没有规定设置监察机关。于次日即 1954 年 9 月 21 日通过的《中华人民共和国国务院组织法》,将"监察部"列为国务院的组成部门。

1955 年 11 月 2 日国务院常务会议批准了《监察部组织简则》,该简则第 2 条规定:"监察部为了维护国家纪律,贯彻政策法令,保护国家财产,对国务院各部门、地方各级国家行政机关,国营企业、公私合营企业,合作社实施监督。其任务如下:(一)检查国务院各部门、地方各级国家行政机关、国营企业及其

① 1950 年 7 月 7 日,政务院第 40 次会议批准《政务院人民监察委员会半年初步总结及今后工作任务的报告》,报告中首次提出要建立监察通讯员制度。1951 年 7 月 6 日,政务院第 92 次会议通过《各级人民政府监察委员会设置监察通讯员试行通则》,又进一步规定,各级人民政府监委为密切联系人民,加强监察工作,须设置监察通讯员。各级监委对辖境内之各级政府机关、企业部门、人民团体的人员或其他劳动人民,具备公正廉明、忠诚老实、实事求是、善于联系群众等条件,在自愿原则下,由各该机关、部门、人民团体推荐或民主选举,并经监委审查合格后,得聘为监察通讯员。监察通讯员要定期向监委作通讯报告,向人民群众宣传监察制度的意义。1953 年 6 月 25 日,政务院第 184 次会议正式通过《各级人民政府监察机关设置人民监察通讯员通则》。

② "三反""五反"运动,指的是从 1951 年年底开始持续到 1952 年 10 月,在党政机关工作人员中开展的"反贪污、反浪费、反官僚主义"("三反")和在私营工商业者中开展的"反行贿、反偷税漏税、反盗骗国家财产、反偷工减料、反盗窃国家经济情报"("五反")的斗争的统称。两次运动叠加交织在一起,为整顿政风和经济秩序、顺利实现对资本主义工商业的社会主义改造、恢复和发展国民经济,做出了历史贡献。为配合"三反""五反"运动的开展,1952 年 1 月 8 日,政务院监察委员会发布了《关于反贪污、反浪费、反官僚主义的指示》,要求各级监察委员会围绕"三反"重点工作开展监察,并且要求在政府的经济部门中设置专门的监察机构。"三反""五反"运动结束后的 1952 年 12 月,政务院颁布了《省(市)以上各级人民政府财经机关与国营机关财经企业部门监察室暂行组织通则》,规定凡省(市)以上各级人民政府财经机关及国营财经企业部门均应设立监察室,在各机关、部门及所属单位独立执行监察任务,监察室受本机关、部门首长及上级机关监察室的双重领导。省(市)以上各级人民政府财经机关与国营财经企业部门监察室的基本任务是:"着重对本部门所属单位执行国家计划情况以及国家资财的收入、使用、保管、统计和管理工作加强监督,同时通过对国家计划执行情况的检查,监督国家政策是否贯彻,并与干部的各种违法失职行为进行斗争。"以保证"国家过渡时期总路线和国家建设计划的贯彻,保护社会主义财产、积累资金、维护国家纪律"。

工作人员是否正确执行国务院的决议、命令；（二）检查国务院各部门、地方各级国家行政机关、国营企业执行国民经济计划和国家预算中存在的重大问题，并对上述部门、机关、企业和公私合营企业、合作社的国家资财的收支、使用、保管、核算情况进行监督；（三）受理公民对违反纪律的国家行政机关、国营企业及其工作人员的控告和国家行政机关工作人员不服纪律处分的申诉，并审议国务院任命人员的纪律处分事项。”

由此可见，1955 年 11 月 2 日国务院批准的《监察部组织简则》所规定的“监察部”，与之前设置的“监察委员会”相比，已不仅仅是名称的改变，其职能也发生了一些显著的变化。首先，监察对象的变化。原来的监察委员会“监督各级国家机关和各种公务人员”，既包括政府工作人员，也包括法院、检察院及其公务人员，[①]而《监察部组织简则》只强调监督国务院各部门、地方各级国家行政机关及其工作人员，限定于政府内部，不再监督司法机关及其工作人员；设立伊始的监察委员会仅监察国家机关及其工作人员，1952 年 12 月政务院决定在省（市）以上各级人民政府财经机关及国营企业财经部门设立监察室，1955 年 11 月的《监察部组织简则》，将监督对象再次扩大，除国营企业外，增加了公私合营企业和合作社。其次，监察的事项有所变化，监察部的权限增加了“检查国务院各部门、地方各级国家行政机关、国营企业执行国民经济计划和国家预算中存在的重大问题，并对上述部门、机关、企业和公私合营企业、合作社的国家资财的收支、使用、保管、核算情况进行监督”，这些事项实际上属于国家审计的内容，也就是说，监察部同时行使了国家审计权，这就使得行政监察机关的业务范围大大拓展。最后，监察部的受理事项，已不仅仅受理对行政机关和人员的控告，而且受理行政机关和人员不服纪律处分的申诉，为行政机关及其工作人员提供了救济的途径。

需要注意的是，1955 年 11 月 2 日国务院批准的《监察部组织简则》中，也有“监察委员会”的设置。该简则第 11 条规定：“监察部为集思广益，发扬民主，密切与各方面的联系，在部长领导下，设立监察委员会。监察委员会会议每三个月举行一次，在必要的时候，由部长临时召集。”由此可见，此“监察委

---

① 当时的政务院人民监察委员会第三厅，就是专门掌管对公安、司法等机关实施监察的部门。

员会”非彼“监察委员会”,监察部下设的监察委员会,已非一实体机构、领导机构、工作机构,而是一个给监察部长提供意见的咨询机构、与社会的联络机构。

为了使新组建的监察部能够有效履行监察职能,1955 年 11 月 2 日国务院批准的《监察部组织简则》赋予了监察部广泛的权力,如参加有关会议权、调阅材料权、有计划的或者临时检查权、对国家资财的事先审查权、通知被审查的单位停止使用及支付权、提出改进工作的建议权,等等。①

1959 年 4 月,第二届全国人大第一次会议通过了撤销监察部的决议。决议认为:“监察部自设立以来,在维护国家纪律、监察国家行政机关工作人员方面做了许多工作。根据几年来的经验,这项工作必须在各级党委领导下,由国家机关负责,并且依靠人民群众,才能做好,因此,监察部亦无单独设立之必要,建议撤销监察部。今后对于国家行政机关工作人员的监督工作,一律由各有关国家机关负责进行。”从此,我国行政监察机构的组织和活动终止。这是我国国家监察制度发展过程中的重大挫折和重大损失,国家监察处于空白状态长达 28 年之久,直到 1987 年恢复重建。

(二)我国国家监察机构的重建阶段(1986 ~ 1993 年)

我国 1975 年宪法和 1978 年宪法均未对监察机关做任何规定。1982 年全面修改宪法时,亦没有在国务院组成部门中强调设立监察部。

1986 年 12 月 2 日,第六届全国人民代表大会第十八次会议作出了《关于设立中华人民共和国监察部的决定》,决定恢复并确立国家行政监察体制。经过一段时间的筹备,1987 年 6 月第六届全国人大常委会第二十一次会议任

---

① 1955 年 11 月 2 日国务院常务会议批准的《监察部组织简则》第 3 条规定:“监察部为执行监察职务,可以派适当人员参加有关部门的会议,并且可以向有关部门调阅必要的决议,命令、案卷和索取有关资料;有关部门应当根据监察部的要求提供材料和说明。”第 4 条规定:“监察部根据本简则第二条的规定,有权进行有计划的或者临时的检查。被检查部门的领导人和有关人员应当在检查记录或者检查报告上签字,如果有不同的意见,应当提出书面说明。”第 5 条规定:“监察部根据本简则第二条第二项的规定,对国家资财的使用、支付可以实行事先审查。审查的单位和项目由监察部与有关部门商定。在审查中发现并且确认有违反制度或者不合理地使用、支付国家资财的时候,可以通知被审查的单位停止使用、支付。”第 6 条规定:“监察部根据检查的结果,可以向被检查部门提出改进工作的建议,重要的建议,应当报请国务院批准。被检查部门应当根据建议采取措施,并且将改进工作的情况通知监察部。监察部认为必要的时候,可以对建议的执行情况进行检查。”

命尉健行为监察部部长,7 月 1 日监察部正式成立。1987 年 8 月国务院发布《关于在县以上地方各级人民政府设立行政监察机关的通知》,对国家行政监察机关的性质和领导体制、职责范围、主要任务和权限等作了规定。该通知明确“地方各级行政监察机关是各级人民政府负责监察工作的专门机构,受所在人民政府和上级行政监察机关双重领导”“国家行政监察机关具有检查权、调查权、建议权和一定的行政处分权”;关于行政监察的对象,该通知减少了公私合营、合作社及其工作人员,把对国营企业及其工作人员的监察也限于“国家行政机关任命的领导干部”。[①] 至 1988 年春,全国县以上的各级行政监察机关陆续复建起来。

行政监察立法也在加紧进行。1990 年国务院颁布了《中华人民共和国行政监察条例》。

(三)我国行政监察机构与党内监察机构合署办公阶段(1993 ~2017 年)

根据中共中央、国务院的决定,中央纪委、监察部从 1993 年 2 月开始合署办公,实行“一套工作机构、履行党的纪律检查和行政监督两项职能”的体制,即“一套人马,两个牌子”。实行纪检监察合署办公后,我国逐渐形成了具有中国特色的反腐败领导体制和工作机制,那就是:“党委统一领导,党政齐抓共管,纪委组织协调,部门各负其责,依靠群众的支持和参与。”

当然,国家为了对纪检监察合署办公体制改革的成效进行比较,处于审慎的态度,在广东省深圳市保留了纪委和监察局的分别设立,两者分开办公,一直到 2016 年 12 月 2 日,该市的纪委和监察局才实行合署办公。从而实现了全国范围内的纪检监察机构合署办公。

这个时期的行政监察立法也不断推进。在《中华人民共和国行政监察条例》基础上,1997 年全国人大常委会通过了《中华人民共和国行政监察法》。

---

① 国务院《关于在县以上地方各级人民政府设立行政监察机关的通知》(国发〔1987〕74 号)中规定:“监察部的监察对象是国务院各部门及其工作人员,省级人民政府的主要负责人和中央直属企业事业单位中由国家行政机关任命的领导干部。省级和省辖市级行政监察机关的监察对象,是所在人民政府各行政部门及其工作人员、下级人民政府的主要负责人和所在人民政府所属企业事业单位中由国家行政机关任命的领导干部。县级行政监察机关的监察对象,是所在人民政府各行政部门及其工作人员、下级行政机关及其工作人员和所在人民政府所属企业事业单位中由国家行政机关任命的领导干部。”

《中华人民共和国行政监察法》明确，监察机关是人民政府行使监察职能的机关，对国家行政机关及其公务员和国家行政机关任命的其他人员实施监察（第2条）；县级以上地方各级人民政府监察机关负责本行政区域内的监察工作，对本级人民政府和上一级监察机关负责并报告工作，监察业务以上级监察机关领导为主（第7条）。2010年对《中华人民共和国行政监察法》的修改，主要扩大了监察对象的范围，增加“法律、法规授权的具有公共事务管理职能的组织及其从事公务的人员和国家行政机关依法委托从事公共管理活动的组织及其从事公务的人员”作为监察对象，即凡行政主体、凡从事公共事务管理活动的人员，都被纳入行政监察范围。2018年3月20日，第十三届全国人民代表大会第一次会议通过了《中华人民共和国监察法》，《中华人民共和国行政监察法》同时废止。

三、党政监察机构的相互关系

回顾历史，我国党政监察机构相互关系经历了如下四个阶段：党政监察机构首次并存期（1949～1959年）、党的监察机构独存期（1959～1969年，1977～1987年）、党政监察机构第二次并存期（1987～1993年）、合署办公期（1993～2017年）。

（一）党政监察机构首次并存期（1949～1959年）

我国党政系统各自的监察机构是于1949年10～11月几乎同时建立起来的。政府的监察机构稍早一些，1949年10月19日，中央人民政府委员会任命谭平山为人民监察委员会主任，人民监察委员会宣告成立；而党的监察机构是随着1949年11月中共中央作出《关于成立中央及各级党的纪律检查委员会的决定》而成立的。直到1959年国家监察部被撤销，党政监察机构一直处于并存时期。

新中国成立初期，党和行政系统的监察机构同时存在，并行工作，以应对两种性质不同的监察关系。但党和政府对二者的相互关系，已经开始摸索和得到一些初步的认识。比如，两者的目标相同，都是保证党和政府的方针政策得到落实，维护和加强纪律以保证党和国家各项任务的完成，等等；两者的对象相互交叉，党员和公务人员身份经常竞合，违反党纪时经常会违反政纪；

两者虽分属党政两个系统,但由于中国共产党的领导地位,实际上他们都要受到党的领导,只是监察的对象有所侧重。

这些关于党政监察机构关系的认识不断深化,对日后两个机构的存废及合署办公,都产生了重要影响。总体来说,这一时期,党政监察机构总体上维持了较为顺畅的协作关系。这一协作关系也得到了党内决议的重视和支持。1955 年中国共产党全国代表会议通过的《关于成立党的中央和地方监察委员会的决议》中就指出:"党的中央和地方各级监察委员会必须同国家检察机关和各级政府的监察机关密切结合进行工作,以便充分有效地发挥党和国家的监督机关的作用。"这个时期的党政监察机构多采用相互交换情况、组织联合检查组、共同研究处分决定、根据需要互相兼职等方法,来加强两者之间的联系和合作。

(二)党的监察机构独存期(1959～1969 年,1978～1987 年)

事实上,自 1957 年起,伴随着反右扩大化,"左"的思想在党和国家逐渐蔓延开来。反映到监察领域,就是片面强调党的监察作用,忽视政府监察作用,认为党完全可以代政。在这股"左"的思潮影响下,1959 年 4 月,第二届全国人大第一次会议决定撤销监察部。理由就是"根据几年来的经验,这项工作必须在各级党委领导下,由国家机关负责,并且依靠人民群众,才能做好,因此,监察部亦无单独设立之必要"。监察部被撤销后,对国家行政机关工作人员的监察工作由各有关国家机关进行,但是由于各个机关没有统一要求、统一标准,必然造成执法执纪上标准的不一致。

撤销政府系统的监察部门后,党的监察机构工作量大增。为了应对这种新的情况,弥补行政监察机构撤销后的工作空白,扩大党的监察机构迫在眉睫。1962 年 9 月,中共中央召开了八届十中全会通过了《关于加强党的监察机关的决定》,大幅增加了中央和地方各级监察委员会委员的名额。该决定指出:"党的各级监察委员会应当加强对同级国家机关的党员的监督工作","中央监察委员会可以派出监察组常驻国务院所属各部门","各省、市、自治区党的监察委员会,在必要的时候,可以派监察组或监察员驻省、市、自治区人民委员会所属的各部门进行工作"。1969 年 4 月,中共九大修改了党章,党的监察机关被撤销,随后便进入了党政监察机构均空白的局面。

十年的“文化大革命”,给党和国家的事业带来了巨大灾难。没有法律规范、没有纪律约束的所谓“革命行动”,严重破坏了社会秩序,甚至使社会一度陷入无政府状态之中。这场史无前例的浩劫,终于使党和国家领导人、广大党员和群众认识到了加强法纪的重要性。1977 年 8 月中共十一大通过的党章率先恢复了设置党的纪律检查委员会的条款,随后于 1978 年 12 月召开的中共十一届三中全会选举产生了新的中共中央纪律检查委员会。党的监察机构维护着党纪的权威,在维持国家纲纪的道路上继续前行。

(三)党政监察机构第二次并存期(1987~1993 年)

1986 年 12 月 2 日,第六届全国人民代表大会第十八次会议作出了《关于设立中华人民共和国监察部的决定》,半年之后监察部正式成立,这使我国再次进入了党和国家监察体制并行期。由于监察对象存在交叉,从党政监察机构设立那天起,一个无法回避且棘手的问题就一直存在,那就是两者的分工问题。在总结历史经验的基础上,1988 年 3 月,中央纪委和监察部联合下发了《关于党的纪律检查机关和国家行政监察机关在案件查处工作中分工协作的暂行规定》。其中第 6 条规定:“党的纪律检查机关和行政监察机关在案件查处,特别是重大案件查处工作中,应及时交流信息,互通情况,加强协作。”随着党和国家监察工作实践不断深入,我们对党和国家监察规律认识不断加深,经验更加丰富,中共中央纪律检查委员会、监察部于 1992 年 1 月 13 日发布《关于党的纪律检查机关和国家行政监察机关在案件查处工作中分工协作的补充规定》,尽量通过较为详尽的规定,理顺党政监察机关的职责、权限,避免重复监察、漏监情况的发生。

(四)我国党政监察机构合署办公(1993~2017 年)

我国监察工作的实践告诉我们,党和国家的监察机构都有其存在的合理性和现实必要性,不能互相取代,撤销一个都会造成监察的巨大漏洞和盲区。同时必须看到,两者监察对象的交叉也使得双方工作存在一些“结构性矛盾”亟待解决。为了正视和解决上述问题,党和国家基于“中国共产党的领导是中国的最大国情、最本质特征”的认识,为整合资源,扬长避短,决定实行党政监察机构的合署办公。

1993年2月,中共中央、国务院批转了中央纪委、监察部《关于中央纪委监察部机关合署办公和机构设置有关问题的请示》,明确中央纪委、监察部合署,实行一套工作机构、两个机关名称的体制,也就是我们常说的"一套人马,两块牌子"。合署后的中央纪委履行党的纪律检查和政府行政监察两项职能,对党中央全面负责;监察部按照宪法规定仍属于国务院序列,接受国务院的领导。地方各级监察机关与党的纪委合署后,实行由所在地党政和上级纪检监察机关双重领导的体制。这种体制,有利于实现党对纪检监察工作的统一领导,工作统一部署协调,整合和配置监督资源,避免由于工作交叉造成监察资源的重复使用和浪费,同时有利于纪检监察机构和人员的精简,符合"精兵简政"的要求。合署办公是我国党政监察体制协调、关系理顺的有益探索,是监察体制改革的重大步骤,实践证明是符合当时中国实际和现实政治需要的。

在党政监察机构合署办公之后,我国党政监察体制改革并没有止步,而是继续前行。针对当时的中央纪委监察部派驻机构实行双重领导的体制——受中央纪委、监察部和驻在部门党组(党委)、行政的双重领导的体制,先是改为在双重领导下的"以中央纪委、监察部领导为主",[①]再改为"由中央纪委监察部直接领导",[②]并辅之以人、财、物等机制保障,确保派驻机构具有更强的独立性。[③] 据此,2005年,中央纪委、监察部对所有已有的派驻机构全面实行了统一管理,随后各省区市也完成了对派驻机构的统一管理。

---

① 中共中央纪律检查委员会、中共中央组织部、中共中央机构编制委员会办公室、监察部于2000年9月4日制定了《关于加强中共中央纪委、监察部派驻纪检、监察机构管理的意见》。其中,第1条规定:"中央纪委、监察部派驻纪检、监察机构是中央纪委、监察部的组成部分,受中央纪委、监察部和驻在部门党组(党委)、行政的双重领导,以中央纪委、监察部领导为主。"

② 中央纪委、中央组织部、中央编办、监察部于2004年4月1日制定了《关于对中央纪委监察部派驻机构实行统一管理的实施意见》。其中规定,"改革领导体制,将派驻机构由中央纪委监察部和驻在部门双重领导改为由中央纪委监察部直接领导","中央纪委监察部将首先对派驻机构的业务工作和干部工作实行统一管理。派驻机构的后勤保障仍由驻在部门负责。2004年内完成对双派驻纪检监察机构的统一管理工作;对单派驻纪检或监察机构的统一管理工作抓紧进行调研,适时作出部署"。

③ 中央纪委、中央组织部、中央编办、监察部2004年4月1日制定的《关于对中央纪委监察部派驻机构实行统一管理的实施意见》中规定:"派驻机构的中管干部,其任免、考核、交流和管理等执行中央的有关规定";"派驻纪检组组长人选由中央纪委商中央组织部提名并考察,由中央纪委呈报中央任免";"派驻机构其他干部的招考录用、考察任免、年度考核和奖励由中央纪委监察部负责。"

党的十八大后,以习近平同志为核心的党中央审时度势,针对我们党和国家存在的一些深层次矛盾和问题,锐意改革,其中也包括对纪检监察体制的改革。2013 年 11 月举行的党的十八届三中全会提出:"全面落实中央纪委向中央一级党和国家机关派驻纪检机构,实行统一名称、统一管理。派驻机构对派出机关负责,履行监督职责。改进中央和省区市巡视制度,做到对地方、部门、企事业单位全覆盖。"

随后在 2014 年 6 月 30 日召开的中共中央政治局会议上,通过了《党的纪律检查体制改革实施方案》。提出"要推动党的纪律检查工作双重领导体制具体化、程序化、制度化,落实查办腐败案件以上级纪委领导为主,各级纪委书记、副书记提名和考察以上级纪委会同组织部门为主,强化上级纪委对下级纪委的领导。各级纪委要聚焦中心任务,监督执纪问责,更好履行党章赋予的职责。要逐步落实中央纪委向中央一级党和国家机关派驻纪检机构,派驻机构要全面履行监督职责"。

2014 年 12 月 11 日,中央政治局常委会议审议通过了《关于加强中央纪委派驻机构建设的意见》。该意见指出,将通过新设、调整等方式,设置派驻机构,实现中央一级党和国家机关派驻机构全覆盖。中央决定,将在中央办公厅、中央组织部、中央宣传部、中央统战部、全国人大机关、国务院办公厅、全国政协机关等对党和国家政治生活具有重要影响的 7 家中央和国家机关新设中央纪委派驻机构,切实加强对有关部门和单位领导班子及其成员的监督,探索向中央一级党和国家机关实现全面派驻的有效途径。① 2015 年 3 月,中央纪委向上述 7 家中央和国家机关新设的派驻纪检组开始运作。这在党和国家监察史上具有破天荒的意义,因为这些都是中央的办公机构和国家领导机构,是党和国家最核心的部门,是运转中枢,加强对这些部门的监督体现了

① 按照当时的统计,在 140 多家中央一级党和国家机关中,中央纪委监察部共设置 52 家派驻机构,其中 34 家是双派驻(纪检和监察)机构,18 家是单派驻(纪检或监察)机构。按照《关于加强中央纪委派驻机构建设的意见》部署,中央纪委将对尚未设置派驻机构的 80 多家中央和国家机关新设派驻机构,实现派驻机构全覆盖;同时统一派驻机构名称为"中央纪委派驻纪检组",履行监督执纪问责三项职能。派驻拟采取两种方式进行:一种是单独派驻,主要针对那些系统规模大、直属单位多、监督对象多的部门进行,即一部门一派驻;另一种是归口派驻,主要针对那些业务相近、相关或者系统规模小、监督对象少的部门,由一个机构监督多个部门。

中央防治腐败的坚定决心、自我开刀防止“灯下黑”的果敢勇气。中央纪委在总结推广新设上述 7 家纪检组工作经验基础上，继续进行资源整合和结构调整，共设立 47 家派驻纪检组（含单独派驻 20 家，综合归口派驻 27 家），监督到中央一级党和国家机关的 139 家单位，并实现了派驻机构名称的统一、管理的统一，使党内监督全覆盖、无死角、无空白。

四、国家预防腐败局的成立

为了回应我国加入《联合国反腐败公约》[①]的要求，2007 年 9 月 6 日，我国成立了专门负责腐败预防工作的国家机构——国家预防腐败局。具体而言，该局负责全国预防腐败工作的组织协调、综合规划、政策制定、检查指导；协调指导企业、事业单位、社会团体、中介机构和其他社会组织的防治腐败工作；负责预防腐败的国际合作和国际援助。该局属国务院直属机构，在监察部加挂牌子，局长由监察部部长兼任，随后地方各省级预防腐败局也纷纷成立，也是仿效国家预防腐败局的设置模式，在省（自治区，直辖市）监察厅加挂预防腐败局牌子，局长由监察厅厅长兼任。省级以下则没有设置预防腐败局机构。

设立国家预防腐败局的初期，由于职能相同，国家预防腐败局办公室与中央纪委的预防腐败室合署办公。2014 年，为适应当时国际追逃追赃工作的需要，国家预防腐败局与外事局合并，成立国际合作局，主要职能也从原来的预防腐败转向参与国际追逃追赃。此后，中央纪委公布的中央纪委内部机构中已不再单列国家预防腐败局，仅在国际合作局加挂国家预防腐败局办公室牌子。中央纪委的预防腐败室也随之撤销。

---

① 《联合国反腐败公约》第 6 条（预防性反腐败机构）第 1 款规定：“各缔约国均应当根据本国法律制度的基本原则，确保设有一个或酌情设有多个机构通过诸如下列措施预防腐败：（一）实施本公约第五条所述政策，并在适当情况下对这些政策的实施进行监督和协调；（二）积累和传播预防腐败的知识。”第 2 款规定：“各缔约国均应当根据本国法律制度的基本原则，赋予本条第一款所述机构必要的独立性，使其能够有效地履行职能和免受任何不正当的影响。各缔约国均应当提供必要的物资和专职工作人员，并为这些工作人员履行职能提供必要的培训。”

五、检察监督体制的发展

一般意义上理解的监察权,泛指对国家机关及其公职人员的违法失职行为进行调查、监督和处置的权力。从这个角度理解,我国的监察不仅包括党内的监察、行政系统的监察,还应包括检察机关的监督。

(一)新中国成立初期的检察监督权

新中国检察机关的前身可追溯至中央苏区时期的工农检察人民委员部(工农检察委员会)。新中国的成立,使检察机关迎来了真正的国家机关的时代。

1949 年 9 月 27 日中国人民政治协商会议第一届全体会议通过的《中央人民政府组织法》第 5 条规定,中央人民政府委员会组织最高人民检察署,为国家的最高检察机关。对检察署的职能,该法第 28 条规定:“最高人民检察署对政府机关、公务人员和全国国民之严格遵守法律,负最高的检察责任。”1950 年 2 月 21 日,中央人民政府主席毛泽东批准了《最高人民检察署一九五〇年工作计划纲要》,明确 1950 年检察机关的首要工作是建立各级检察机构。经过一年的努力,到 1950 年年底,最高人民检察署在全国五大行政区均建立了检察分署,全国 50 个省、直辖市和省一级行政区有 47 个建立了检察机构,并在一些重点专区和市、县建立了人民检察署。

随后,关于检察署组织方面的法律法规开始建立。1951 年 9 月 3 日中央人民政府委员会第十二次会议通过了《中央人民政府最高人民检察署暂行组织条例》,其第 2 条规定与 1949 年 9 月 27 日通过的《中央人民政府组织法》如出一辙:“中央人民政府最高人民检察署,为全国人民最高检察机关,对政府机关、公务人员和全国国民之严格遵守法律,负最高的检察责任。”其第 3 条第 1 项进一步规定,最高人民检察署直接行使并领导下级检察署“检察全国各级政府机关、公务人员和全国国民是否严格遵守中国人民政治协商会议共同纲领、人民政府的政策方针和法律法令”。这说明,我国检察机关从成立伊始,就肩负起对政府机关和公务人员的监察责任。这一点可以从 1952 年 4 月 21 日中央人民政府公布施行的《中华人民共和国惩治贪污条例》中即可明显看出来。该条例第 14 条第 1 款规定:“对犯本条例之罪者,任何人均有向该主管行政部门、人民监察机关、人民公安机关、人民检察机关、人民法院及检举人认为适当的其他机关或首长实行检举之权。”根据该法律的要求，各级检察机关参加了新中国成立初期“三反”“五反”运动的案件核实定案工作，行使了对政府机关和广大公务人员的监察责任。

1954 年我国检察机关的名字由“检察署”改为“检察院”，但其职能未有改变。这一年通过的新中国第一部宪法第 81 条第 1 款规定：“中华人民共和国最高人民检察院对于国务院所属各部门、地方各级国家机关、国家机关工作人员和公民是否遵守法律，行使检察权。地方各级人民检察院和专门人民检察院，依照法律规定的范围行使检察权。”同年 9 月颁布的《人民检察院组织法》第 3 条规定：“最高人民检察院对于国务院所属各部门、地方各级国家机关、国家机关工作人员和公民是否遵守法律，行使检察权。”该法第 4 条则详细规定了地方各级人民检察院的职权，除了“对于地方国家机关的决议、命令和措施是否合法，国家机关工作人员和公民是否遵守法律，实行监督”外，还包括提起公诉权、侦查监督、审判监督、刑事执行监督、监所监督等。该法第 8 条规定的各级检察院对违法的决议、命令和措施的“抗议权”，也是前所未有的。

1962 年 11 月 30 日，最高人民法院、最高人民检察院、公安部联合下发了《关于公、检、法三机关受理普通刑事案件的职责范围的试行规定》，其中规定：“属于国家机关工作人员、基层干部和企业的职工中贪污、侵吞公共财产、侵犯人身权利等严重行为，已经构成犯罪需要依法处理的，由检察机关受理，提起公诉，法院审理判决。”进一步明确了检察院对于国家机关工作人员的监督责任。

(二)检察院的撤销及恢复建立后的检察监督权

“文化大革命”中，由于“左”的思想的影响，国家的检察机关遭到严重冲击和破坏，机构一度被撤销，机关工作人员也遭到遣散。1968 年 12 月，最高人民检察院军代表、最高人民法院军代表、内务部军代表和公安部领导小组联合提出《关于撤销高检院、内务部、内务办三个单位，公安部、高法院留下少数人的请示报告》。最高人民检察院、军事检察院和地方各级人民检察院先后被撤销。这一撤销和职权代行后为 1975 年宪法所确认，该宪法第 25 条第 2 款规定：

"检察机关的职权由各级公安机关行使。"

1975年宪法是在"文化大革命"的极端不正常的条件下制定的，该宪法只实施了3年即被1978年宪法所取代。1978年宪法恢复了1954年宪法规定的关于检察院职权的条款，第43条第1款规定，最高人民检察院对于国务院所属各部门、地方各级国家机关、国家机关工作人员和公民是否遵守宪法和法律，行使检察权。地方各级人民检察院和专门人民检察院，依照法律规定的范围行使检察权。

检察机关的职能在1979年有了较明显的变化。1979年7月，第五届全国人民代表大会第二次会议期间，时任全国人大常委会法制委员会主任的彭真在《关于七个法律草案的说明》中提出："列宁在十月革命后，曾坚持检察机关的职权是维护国家法制的统一。我们的检察院组织法运用列宁这一指导思想，确定检察院的性质是国家的法律监督机关。"随后本次会议通过的《人民检察院组织法》，取消了检察机关"一般监督"的职能，第一次明确规定人民检察院是国家的法律监督机关。在此之后，人民检察院的这一职能定位再也没有发生过变化。

1979年通过的新中国第一部《刑事诉讼法》，第一次以法律的形式对公检法机关在刑事诉讼中的任务分工作出规定。其第13条第2款规定："贪污罪、侵犯公民民主权利罪、渎职罪以及人民检察院认为需要自己直接受理的其他案件，由人民检察院立案侦查和决定是否提起公诉。"随后于1979年年底发布的《最高人民法院、最高人民检察院、公安部关于执行刑事诉讼法规定的案件管辖范围的通知》，将贪污、行贿受贿等22类犯罪划定为由人民检察院直接侦查管辖的案件。1982年宪法首次以国家根本法的形式，确认了1979年通过的《人民检察院组织法》所规定的"人民检察院是国家的法律监督机关"的根本性质。

改革开放之后，我国包括经济犯罪在内的职务犯罪不断增多，为及时有效、有针对性地打击该些犯罪，1978年最高人民检察院恢复重建之后，即于1979年，设立了法纪检察厅和经济检察厅，随后地方各级检察机关也相应设立了法纪检察和经济检察机构。1982年6月，最高人民检察院法纪检察厅与经济检察厅合并，设置了最高人民检察院法纪经济检察厅，检察机关的职务犯罪侦查工作全部交由该厅负责。1988 年 8 月，最高人民检察院又决定将法纪检察厅和经济检察厅拆开分设。1989 年 8 月 12 日，最高人民检察院经济检察厅更名为最高人民检察院贪污贿赂检察厅，使该机构的工作职能更加鲜明和集中。

（三）成立国家反贪污贿赂局

随着我国改革开放的进一步扩大和加深，我国经济进一步繁荣发展，经济犯罪日益增多。为适应打击经济犯罪的需要，有必要建立一个地位稍高、较为独立的专职反贪机构，国家反贪污贿赂局应运而生。反贪污贿赂局最早是在处于改革开放前沿省份的广东于 1989 年设立的。当时广东经济发展最为迅猛，受境外不良风气影响也最为直接和厉害，贪污贿赂犯罪成为当时多发高发的犯罪。为遏制这种势头，广东省成立了人民检察院反贪污贿赂工作局，该局于 1989 年 8 月 18 日正式挂牌，这是我国成立的第一个反贪局。随后，全国各地纷纷效仿。

地方的探索为中央积累了经验。这种由下而上的推动最终导致了 1995 年 11 月 10 日最高人民检察院反贪污贿赂总局的成立。最高人民检察院决定在原贪污贿赂检察厅（由原经济检察厅更名而来）的基础上组建成立反贪污贿赂总局。反贪污贿赂总局虽还是最高人民检察院的内设机构，但其独立性已大大增强。它负责对全国检察机关办理贪污贿赂、挪用公款、巨额财产来源不明、隐瞒境外存款、私分国有资产、私分罚没财物等犯罪案件侦查、预审工作的指导。反贪总局参与重大贪污贿赂等犯罪案件的侦查；直接立案侦查全国性重大贪污贿赂等犯罪案件；组织、协调、指挥重特大贪污贿赂等犯罪案件的侦查；负责重特大贪污贿赂等犯罪案件的侦查协作。

1996 年时，我国对 1979 年《刑事诉讼法》进行了修改，明确将贿赂犯罪、侵犯公民人身权利的犯罪增加列为检察院的受案范围，检察院可以直接立案侦查。[①]

---

① 1996 年《刑事诉讼法》第 18 条第 2 款规定："贪污贿赂犯罪，国家工作人员的渎职犯罪，国家机关工作人员利用职权实施的非法拘禁、刑讯逼供、报复陷害、非法搜查的侵犯公民人身权利的犯罪以及侵犯公民民主权利的犯罪，由人民检察院立案侦查。对于国家机关工作人员利用职权实施的其他重大的犯罪案件，需要由人民检察院直接受理的时候，经省级以上人民检察院决定，可以由人民检察院立案侦查。"

2000年时,最高人民检察院"法纪检察厅"更名为"渎职侵权检察厅"。在同一年,为贯彻落实党中央"预防为主,标本兼治"的方针,最高人民检察院设立职务犯罪预防厅,并发文要求地市以上检察机关必须设立职务犯罪预防部门,这样一手抓查处,一手抓预防,构建职务犯罪的全方位防治格局。2005年,地方各级检察院渎职侵权检察机构更名为"反渎职侵权局"。但在最高人民检察院,却始终没有将"渎职侵权检察厅"更名为局。

(四)党的十八大后成立新的国家反贪污贿赂总局

党的十八大在党和国家的历史上将成为一个全面深入反腐败的重要分水岭。党的十八大后,以习近平同志为核心的党中央以对党、人民、历史、国家高度负责的精神,以大无畏的勇气,开展了我国自改革开放以来最为声势浩大且效果卓著的反腐败斗争。为加强对反腐败的领导,整合反腐败资源,党中央作出了一系列的体制、机制改革创新,其中就包括对检察体制的优化改革。

原检察机关内部部门分工过细,而大部分职务犯罪案件往往既涉贪污贿赂又涉渎职侵权,两者往往交织在一起。由于检察机关内部机构设置不合理、力量分散、统筹乏力,其已不能适应反腐败形势发展的现实需要。为此,最高人民检察院党组提出了改革方案,该方案于2014年11月14日获得中共中央正式批准。方案将最高人民检察院下属的反贪污贿赂总局、渎职侵权检察厅、职务犯罪预防厅予以合并,成立新的反贪污贿赂总局。同时提升新的反贪污贿赂总局的规格,其局长由副部级检察委员会专职委员兼任。在随后的2015年,最高人民检察院完成了新的反贪污贿赂总局的组建。但此项改革仅在最高人民检察院实施,地方各级检察院体制维持不变。

(五)检察领导体制变化对监察权的影响

新中国检察机关的领导体制经历了一些变化,这种变化对检察机关监察权的有效行使也带来一定的影响。

1949年12月20日通过的《中央人民政府最高人民检察署试行组织条例》第2条规定,全国各级检察署均独立行使职权,不受地方机关干涉,只服从最高人民检察署之指挥。很明显,当时中央人民政府设置检察署,就是要建立上下级检察署之间绝对的垂直领导体系。

而两年之后的1951年9月3日通过的《中央人民政府最高人民检察署暂行组织条例》和《各级地方人民检察署组织通则》，将上下级检察署之间的关系由“垂直领导”改为“双重领导”——既受上级检察署的领导，同时受同级政府的领导。①

1954年宪法重新确立了检察机关的垂直领导体制。其第81条第2款规定：“地方各级人民检察院和专门人民检察院在上级人民检察院的领导下，并且一律在最高人民检察院的统一领导下，进行工作。”第83条规定：“地方各级人民检察院独立行使职权，不受地方国家机关的干涉。”第84条规定：“最高人民检察院对全国人民代表大会负责并报告工作；在全国人民代表大会闭会期间，对全国人民代表大会常务委员会负责并报告工作。”同年通过的《人民检察院组织法》采用了与宪法相同的表述，其第6条规定：“地方各级人民检察院独立行使职权，不受地方国家机关的干涉。地方各级人民检察院和专门人民检察院在上级人民检察院的领导下，并且一律在最高人民检察院的统一领导下，进行工作。”

1978年宪法恢复了检察机关的设立条款，并将上下级检察机关之间的关系由原来的“领导”关系改为“监督”关系，而所有的检察机关均需对产生它的人大及其常委会负责并报告工作。其第43条第2款规定：“最高人民检察院监督地方各级人民检察院和专门人民检察院的检察工作，上级人民检察院监督下级人民检察院的检察工作。”第3款规定：“最高人民检察院对全国人民代表大会和全国人民代表大会常务委员会负责并报告工作。地方各级人民检察院对本级人民代表大会负责并报告工作。”

1979年7月1日通过的《中华人民共和国人民检察院组织法》重新恢复了检察机关的双重领导体制。其第10条规定：“最高人民检察院对全国人民代表大会和全国人民代表大会常务委员会负责并报告工作。地方各级人民

---

① 1951年9月3日通过的《中央人民政府最高人民检察署暂行组织条例》第3条规定：“最高人民检察署受中央人民政府委员会之直辖，直接行使并领导下级检察署行使下列职权……”一并通过的《各级地方人民检察署组织通则》第6条规定：“各级地方人民检察署与上下级及同级各机关之关系如下：（一）各级地方人民检察署受上级人民检察署的领导。（二）各级地方人民检察署（包括最高人民检察署分署）为同级人民政府的组成部分，同时受同级人民政府委员会之领导，与同级司法、公安、监察及其他有关机关密切联系，进行工作。……”

检察院对本级人民代表大会和本级人民代表大会常务委员会负责并报告工作。最高人民检察院领导地方各级人民检察院和专门人民检察院的工作，上级人民检察院领导下级人民检察院的工作。”第 9 条规定：“人民检察院依照法律规定独立行使检察权，不受其他行政机关、团体和个人的干涉。”此处只是规定，检察院不受“行政机关、团体和个人的干涉”，而其当然要通过“负责并报告工作”的形式接受同级人大机关的工作监督。

1982 年宪法再次以国家根本法的形式肯定了检察机关的双重领导体制。其第 132 条规定：“最高人民检察院是最高检察机关。最高人民检察院领导地方各级人民检察院和专门人民检察院的工作，上级人民检察院领导下级人民检察院的工作。”第 133 条规定：“最高人民检察院对全国人民代表大会和全国人民代表大会常务委员会负责。地方各级人民检察院对产生它的国家权力机关和上级人民检察院负责。”

由我国检察机关领导体制的发展脉络可知，在新中国成立后的大部分时间里，检察机关保持着上下级的领导关系（只有 1978～1979 年的短暂时间实行上级对下级的“监督”）。所不同的是，各个历史时期，检察机关同地方权力机关关系出现了一些变化。从 1949 年的垂直领导，到 1951 年的双重领导，到 1954 年的垂直领导，再到 1979 年恢复双重领导，其间，领导体制出现了一些反复。正是这些反复，也影响到我国检察机关对公务人员监督权的发挥。总体来说，实行垂直领导便于打破地方保护主义的樊篱，有利于实现对公务人员的独立监督；当然，实行双重领导体制，也有它的好处，那就是便于取得地方人大及其政府对检察机关工作的支持，但这种支持所带来的好处很有可能因为地方的不当干预而被抵消。正因如此，2013 年 11 月 12 日中国共产党第十八届中央委员会第三次全体会议通过的《中共中央关于全面深化改革若干重大问题的决定》提出：“改革司法管理体制，推动省以下地方法院、检察院人财物统一管理。”

（六）原检察机关与纪检监察机关的工作关系

在 2018 年监察体制改革前，由于检察机关与纪检监察机关监督的对象中都有公职人员，查处的行为中又都有违法行为，所以他们不可避免地会出现工作上的交叉。由我国的政治体制所决定，我国的反腐败是由党的纪律检查委员会领导和主导的,检察机关在政治上也要受纪委的领导;但在业务上,检察机关有自己行使职权的法律依据,有自己的工作标准和规范,其应具有较大的自主性和独立性。

原体制下,检察机关与纪委的工作关系,主要有两种表现形式:一种是纪检监察机关在查清监察对象的党纪和政纪责任后,如果监察对象涉嫌职务犯罪,移送检察院进行处理;另一种是为了迅速查清案件事实,高效率地追究党纪、政纪和违法犯罪责任,由纪委牵头、检察机关派员参加,组成专案组,进行调查处理。但即便属第二种情况,一般也是由纪委进行主导,所要追究的主要是党纪和政纪责任,检察院派员参加主要是起辅助作用,协助纪检监察人员查清案件事实,以弥补纪检监察机关人手或专业能力等方面的不足。故专案组在查清被调查人的违纪违法事实,在作出相应的党纪和政纪处理后,若被调查人涉嫌职务犯罪,案件依旧要移交检察院进行处理。所不同的只是检察机关是否派员提前介入的问题。

在原体制下,无论是上述哪种工作关系,由于纪检监察机关在案件调查过程中,所获得的言辞性证据材料(如调查询问笔录)不能直接作为诉讼过程中的证人证言或者犯罪嫌疑人供述来使用,所以案件移交检察机关后,必须要对此类证据进行证据的转化,以使其符合诉讼的要求,达到诉讼的使用标准。而检察机关进行的证据转化,往往需要对犯罪嫌疑人、证人进行再次讯问或询问,所做的工作往往是与之前纪检监察机关已经做过的调查活动相似,除少数需要对其他证据的查遗补漏外,大部分属于重复性劳动。即使先前检察机关已经派员参加纪检监察机关的专案组,由于那时检察机关尚未立案,故不能免除后续程序中检察机关的证明责任。纪检监察机关和检察机关,进行责任追究所针对的事实往往是同一个,只是由于他们的权限和适用的依据不一(纪检监察机关适用的是党纪政纪,而检察机关适用的是国家法律),才产生了不同的处分或处理结果。故,检察机关据以认定责任的基本事实,往往在纪检监察机关调查阶段就已经全部查清,检察机关进行证据转化所从事的大部分工作是重复性劳动。而纪检监察机关为了查清全部违纪违法事实,往往需要投入大量的人力、物力和时间,也就拖延了移交司法处理的进程,不利于对犯罪行为及时进行司法追究。

事实上，为了协调处理纪检监察机关与其他公安司法机关之间在办案时由于工作职能交叉而引致的矛盾，早在1989年9月17日，中共中央纪律检查委员会、最高人民法院、最高人民检察院、公安部就联合下发了《关于纪律检查机关与法院、检察院、公安机关在查处案件过程中互相提供有关案件材料的通知》。该通知开宗明义地规定："共产党员违法犯罪的案件，有的是由纪律检查机关开始查处的，有的是由法院、检察院、公安机关开始查处的，为了及时、严肃地使那些违法犯罪的党员受到党纪和法律的追究，在查处过程中或结案之后，需要互相提供案件的有关材料。"为了有利于对违法犯罪行为进行及时追究，该通知要求纪委在案件检查过程中，若发现该案件应由公安司法机关追究违法犯罪的责任，就应该将案件材料（包括主要证据）移送公安司法机关，进行同步处理，也就是说党纪、政纪、国法责任可以同时追究。最迟，纪委要在作出党纪处理之后，将处分决定、调查报告、主要证据和本人交代材料等案件材料移送公安司法机关。① 但是实践中，这一通知规定并没有得到严格的执行。为了保持纪检监察机关与公安司法机关在认定事实上的一致性，纪检监察机关在办案过程中通常将违纪违法事实全部查清之后，再移送检察机关立案侦查。这就又出现了上文所讲的重复办案、延迟司法追究的情况。

关于如何正确处理好检察机关与纪检监察机关之间的关系，我们党和国家的探索始终在不断地深化之中。2016年1月1日起施行的《中国共产党纪律处分条例》设"对违法犯罪党员的纪律处分"专章，其中第27条规定："党组织在纪律审查中发现党员有贪污贿赂、失职渎职等刑法规定的行为涉嫌犯罪的，应当给予撤销党内职务、留党察看或者开除党籍处分。"第30条规定："党员受到党纪追究，涉嫌违法犯罪的，应当及时移送有关国家机关依法处理。"时任中央纪委书记王岐山在2016年1月12日中国共产党第十八届中央纪律

---

① 《关于纪律检查机关与法院、检察院、公安机关在查处案件过程中互相提供有关案件材料的通知》第1条规定："由县级以上纪律检查机关或党委（党组）立案检查的案件，在检查过程中，发现需由法院、检察院、公安机关依法查处的违法犯罪案件，或在党纪处理之后，还需追究刑事责任的，应按照公、检、法之间案件管辖的分工，与所在地的公、检、法机关取得联系，把立案材料（正在检查的案件，提供主要证据；已处理的案件，提供处分决定、调查报告、主要证据和本人交代材料）移送法院、检察院、公安机关。"

检查委员会第六次全体会议的工作报告中指出："把纪律和规矩挺在法律的前面"，"纪委决不能成为党内的'公检法'，执纪审查决不能成为'司法调查'。"上述讲话的指导思想，就是想理顺纪检监察机关与检察机关之间的关系，实行"纪法分开"，纪检监察机关只负责追究违反党纪政纪的责任，不包办调查处理所有的违法事实；对于涉嫌犯罪的案件，纪检监察机关要尽快移交检察院处理，使这些案件尽快进入司法程序，实现法治反腐。2017 年 1 月 8 日中国共产党第十八届中央纪律检查委员会第七次全体会议通过的《中国共产党纪律检查机关监督执纪工作规则（试行）》和 2019 年 1 月 1 日起施行的《中国共产党纪律检查机关监督执纪工作规则》都重申了上述原则。①

《中国共产党纪律处分条例》于 2018 年继续进行了修订，并于 2018 年 10 月 1 日起实施。本次修订在第 5 条中加入监督执纪的"四种形态"内容，要求"经常开展批评和自我批评、约谈函询，让'红红脸、出出汗'成为常态；党纪轻处分、组织调整成为违纪处理的大多数；党纪重处分、重大职务调整的成为少数；严重违纪涉嫌违法立案审查的成为极少数。"在第四章"对违法犯罪党员的纪律处分"中，对如何追究党纪、政纪和刑事责任，作了更为科学的规定，与《中华人民共和国监察法》的规定更为衔接。例如，第 27 条规定："党组织在纪律审查中发现党员有贪污贿赂、滥用职权、玩忽职守、权力寻租、利益输送、徇私舞弊、浪费国家资财等违反法律涉嫌犯罪行为的，应当给予撤销党内职务、留党察看或者开除党籍处分。"第 28 条规定："党组织在纪律审查中发现党员有刑法规定的行为，虽不构成犯罪但须追究党纪责任的，或者有其他违法行为，损害党、国家和人民利益的，应当视具体情节给予警告直至开除党籍处分。"第 29 条规定："党组织在纪律审查中发现党员严重违纪涉嫌违法犯罪

---

① 2017 年 1 月 8 日中国共产党第十八届中央纪律检查委员会第七次全体会议通过的《中国共产党纪律检查机关监督执纪工作规则（试行）》第 4 条规定："监督执纪工作应当把纪律挺在前面，把握'树木'与'森林'的关系，运用监督执纪'四种形态'，让'红红脸、出出汗'成为常态；党纪轻处分、组织调整成为违纪处理的大多数；党纪重处分、重大职务调整的成为少数；严重违纪涉嫌违法立案审查的成为极少数。"2019 年 1 月 1 日起施行的《中国共产党纪律检查机关监督执纪工作规则》第 4 条规定："坚持惩前毖后、治病救人，把纪律挺在前面，精准有效运用监督执纪"四种形态"，把思想政治工作贯穿监督执纪全过程，严管和厚爱结合，激励和约束并重，注重教育转化，促使党员自觉防止和纠正违纪行为，惩治极少数，教育大多数，实现政治效果、纪法效果和社会效果相统一。"

的，原则上先作出党纪处分决定，并按照规定给予政务处分后，再移送有关国家机关依法处理。”第 30 条中规定：“党员被依法留置、逮捕的，党组织应当按照管理权限中止其表决权、选举权和被选举权等党员权利。”

2016 年 10 月 27 日党的十八届六中全会通过的《中国共产党党内监督条例》专设一章（第六章）“党内监督和外部监督相结合”。《党内监督条例》第 37 条第 1 款规定：“各级党委应当支持和保证同级人大、政府、监察机关、司法机关等对国家机关及公职人员依法进行监督，人民政协依章程进行民主监督，审计机关依法进行审计监督。有关国家机关发现党的领导干部违反党规党纪、需要党组织处理的，应当及时向有关党组织报告。审计机关发现党的领导干部涉嫌违纪的问题线索，应当向同级党组织报告，必要时向上级党组织报告，并按照规定将问题线索移送相关纪律检查机关处理。”第 2 款规定：“在纪律审查中发现党的领导干部严重违纪涉嫌违法犯罪的，应当先作出党纪处分决定，再移送行政机关、司法机关处理。执法机关和司法机关依法立案查处涉及党的领导干部案件，应当向同级党委、纪委通报；该干部所在党组织应当根据有关规定，中止其相关党员权利；依法受到刑事责任追究，或者虽不构成犯罪但涉嫌违纪的，应当移送纪委依纪处理。”

《中国共产党党内监督条例》之所以这样规定，就是为了避免实践中出现的有些党员被判刑但未作党纪处理即所谓“带着党籍蹲监狱”的现象，维护党纪的严肃性和党的队伍的纯洁性。同时，《中国共产党党内监督条例》要求“在纪律审查中发现党的领导干部严重违纪涉嫌违法犯罪的，应当先作出党纪处分决定，再移送行政机关、司法机关处理”与中央纪委强调的“坚持纪严于法、纪在法前，实现纪法分开”的要求是一脉相承的，两者并不矛盾。为了实现“先党纪处分，后司法处理”的工作程序，必然要求“纪法分开”，纪委只做党内纪律追究，党纪处分后涉嫌犯罪的要及时移送司法处理，进入法律程序，从而更好地贯彻“法治反腐”的方针。但是，不可否认的是，在 2018 年监察体制改革之前，由于党纪追究与职务犯罪追究职责分属于不同的机关，真正协调两者的关系实际上并不容易。

六、巡视监察制度

巡视制度是中国共产党党内监督的一项重要制度，指党的中央和省、自治区、直辖市委员会，中央有关部委和国家机关部门党组（党委），通过建立专门机构、开展巡行视察，对下级党组织和领导干部进行监督的制度。因为该种监督方式监督主体（巡视组）不固定、是根据需要临时性组成的，而非长期派驻的固定机构，故有“巡视”一说。

（一）巡视制度的历史渊源

其实，中国共产党党内的巡视制度不是凭空想象出来的，它渊源于我国古代历史悠久的巡察制度。中国共产党人吸收借鉴了古人的政治制度和政治智慧，与中国共产党的党建制度相结合，创造性设计出了现代党内的巡视制度。

古代的巡察制度是古代监察制度的重要组成部分。中国古代的监察制度，在前面的章节中已经专门论述。前面谈的主要是由常设机关（如御史府、都察院）实施的日常监察，监察的对象也以朝廷官员为主。但是，毋庸置疑的是，皇帝对地方官吏尤其是地方大员也不放心，但又担心在地方设立固定化、常驻制的监察，监察人员会被地方官员收买，形成利益共同体，不利于维护中央的权威，维护中央集权。为此，中国古代的帝王们发明了巡察制度，代表中央对地方进行巡视、监察。这种监督一方面具有中央权威，代表中央甚至可以直接代表皇帝；另一方面非常设制，一般情况下巡察官员不会与地方官员同流合污。与古代常设机构监察制度的发展轨迹几乎一致，我国古代的巡察制度也经历了漫长的发展过程，在原始社会中即见端倪，在汉代基本形成，在盛唐得以完备，在明清得以强化。这一制度是古代加强中央集权的重要手段，有效维护了历代封建王朝大部分时间的稳固和秩序。

我国古代的巡察制度最早应该开始于原始社会尧、舜、禹时期的“天子巡狩制”，即天子对各地进行自上而下的巡察。据说舜时便确立了“五岁一巡狩”的制度。奴隶社会时期的夏、商、周三代，将巡狩制度沿袭下来，只是巡狩的频率和时间有所不同。进入封建社会的战国时期后，巡狩制度得到发展，出现了“巡行”和“巡县”制度。秦统一六国后，始皇帝为展现威仪，巩固统治，先后五次“巡行”，最后竟至于病死在巡行途中。

汉代是我国监察和巡视制度都初步完善和制度化的时期。前面章节已述，武帝时期开创性地建立了刺史制度。武帝将全国划分为十三个监察区

(部),每部设一名刺史,由皇帝直接任命,依据《六条问事》,刺史监察郡国长官(郡守、国相、诸王)之不法行为,称为“行部”。刺史的工作方式即“乘传周流”,也就是乘坐公家驿站的马车到处巡行视察。为将监察往下延伸,汉代还建立了“督邮察县”制度,郡级地方政府中设“督邮”一职,也是采取巡视的方式,加强对县级官吏的监察。汉代开创了古代巡视制度的先河,并且建立了中央和省两级巡视制度。

魏晋南北朝及隋唐时期,到地方巡察的责任经常被赋予给在中央行监督职责的监察御史。唐中宗时期建立了十道巡按制度,使到地方的巡察制度趋向固定化,将原来出巡时间不定、因时因事而派出监察御史到地方开展巡察的制度,改为经常性的地方巡视制度,被派出的十道巡按使既可以是监察御史,也可以是其他御史甚至行政官员。巡按使由左右台及内外五品以上官员20人担任,任期一年,代表中央巡察州县、纠察州县。后巡按使改为“采访处置使”“观察处置使”。

宋代,地方监察机构总称为“监司”。为纠正自唐代以来巡按时间较长且人员固定化可能带来的弊端,宋代增强了对“监司”工作“巡”的要求,即监司在一年或两年的时间内巡遍所辖地区,在某一地“无公事不得住过三日”。

至元代时,在全国设立二十二道监察区,每道由一人担任“提刑按察使”,后名称以“肃政廉访使”代替,专司对所属地区路、府、州、县官吏的经常性的巡察。

明、清朝是我国整个封建时代专制统治较为加强的时期,这两个朝代大大加强了对官员包括地方官员的监察。明成祖朱棣时期将全国行政区划分为十三道,建立了较为规范的御史巡按制度。这十三道监察御史虽然由中央监察机构(都察院)产生,形式上受都察院管理,但在履行职责时却可以直接“通天”——对皇帝负责。作为十三道监察区负责人的巡按御史,依严格程序从监察御史中产生,他可以“大事奏裁,小事立断”,代天子出巡,俗称“八府巡按”,具有较大的权力,但一般只限于监察领域。但这种本来科学的制度设计——监察者不从事被监督的事务,后来逐渐发生改变。在地方发生重大事件时,皇帝一般派出行政级别较高的都御史领衔出巡,同时为了及时解决地方的问题,皇帝经常会特命巡按御史监管其他事务,他们的职务名称也发生了变化,兼管行政、民政的被任命为“巡抚”,兼管军事的被任命为“提督”,若行政、民政和军事事务统管的话,则被任命为“总督”,其级别自然也高于巡抚和提督。职责范围的扩大只是地方巡按监察制度的一个方面。另外,针对突发事件处理或是临时性派遣的“总督”和“巡抚”,后来在地方逐渐固定化,成为地方正式官职。虽其名称中依然带有“督”“巡”字样,与其初始时为巡察地方而设的初衷已经背道而驰。明代还仿汉代在郡级地方建立的“督邮察县”制度,元代在全国二十二道监察区设置“提刑按察使”的做法,在各省设立了“提刑按察司”,对所属地方官员实施经常性的巡察。

清朝时期官制多仿明制,监察制度亦如此。中央的监察机构依然叫“都察院”,对地方的巡察,依然采用中央按道派出监察御史和省级地方设立“提刑按察司”的两级巡察体制,只不过清代时监察区改为十五道。

综合分析我国古代的巡察制度,可以看出几个特点:(1)古代巡察突出一个“巡”字,即不固定化:首先是地点不固定,一直到明清晚期之前,巡视官员都没有长期固定的办公场所,“巡”是他们的工作方式,在巡的过程中发现和纠察问题;其次是时间不固定,巡察通常因时因事进行;最后是人员不固定,每次巡视的人员通常临时任命。(2)古代巡察官员的专职化。除了明清后期巡察官员职权的嬗变外,我们历史上大部分时间内,巡察官员在履行职责时都是专职进行,专责监察,而不从事其他事务,尤其是有可能涉及被监察人员及其管辖事务的,以防止形成利益共同体,防止被收买,以保持巡察的独立性。(3)古代巡察官员具有较高的权威性。古代派到地方巡察的官员,由中央甚至皇帝直接委派,直接代表中央甚至皇帝巡视天下,由于权力来源层次高,具有较高的权威性,他们只对皇帝负责,不受任何其他干涉,对被巡察官员形成了实实在在的威慑。(4)古代巡察的制度化和规范化不断加强。从汉代的《刺史六条问事》到隋代的《刺史巡察六条》,再到唐代《巡察六条》,巡察法规不断完善,至明代时则到达顶峰,明代制定了《出巡相见礼仪》《奏请差点》《巡历事例》和御史回道考察法规等规章制度,这些制度一方面赋予巡察官员权力,另一方面也对其巡察行为进行约束。

(二)党的巡视制度的发展

中国共产党巡视制度的发端可以追溯至党的二大。1922 年召开的中共二大通过的党章的第三章第 15 条规定:“中央执行委员会得随时派员到各处召集各种形式的临时会议,此项会议应以中央特派员为主席。”这是党内巡视的最早的党内法规依据。这时的“中央特派员”主要是负责到各地召集会议,传达上级精神,并给予指导。事实上,为了给当时各地的党组织以更多的指导,也确实需要更多的中央特派员。1925 年 10 月召开的中央扩大执行委员会通过的《组织问题议决案》明确提出:“应当增加中央特派巡行的指导员,使事实上能对于区及地方实行指导全部工作。”

党内真正的巡视制度的建立始于 1927 年。1927 年 11 月 9 日,中央临时政治局扩大会议通过的《最近组织问题的重要任务议决案》,明确指出“应当开始建立各级党部的巡视指导制度”。随后,1928 年 10 月 8 日,中央专门制定了《巡视条例》。该条例具体规定了各级党部的巡视员人数、人选的决定,巡视员的条件、职责,巡视的时间、任务等内容。条例的制定,标志着我党党内巡视制度正式确立。

1931 年 1 月 7 日在上海召开的了中共六届四中全会,指出过去的工作指导“偏重形式上的文件如通告、指示信”等,要改用“活的领导”,即建立完全的巡视制度。1931 年 5 月,中央通过了《中央巡视条例》①,并要求各省各地参照该条例建立自己的巡视制度。该条例规定,巡视员的主要任务是了解和传达党的决议并检查各级党组织对决议的执行情况,检查各级党组织的领导成分和领导方式,了解各地政治经济状况和群众组织状况,教育和提拔工农干部。该条例将传达和检查党的决议执行情况作为巡视的首项内容,这体现了我党在早期就将政治巡视作为巡视的重点,以督促落实党的决议,增强全党的统一,提高党的战斗力。《中央巡视条例》的颁布和执行,标志着党内第一部较为完善的巡视制度正式形成。

1938 年 11 月 6 日扩大的中央第六次全会通过了《关于各级党部的工作规则和纪律的决定》,明确提出“各级党的委员会为了了解上面的情况,便利于工作上的指导起见,上级党委得向下级党委派遣巡视员,传达上级党委的

---

① 《中央巡视条例》内容分五章:第一章“巡视员的条件”,第二章“巡视员的基本任务”,第三章“巡视员的工作方法”,第四章“巡视员的职权、教育与纪律”,第五章“附则”。

意见,考察下面的情形报告上级党委。巡视员对于下级党委有意见时,应该向下级党委建议,由下级党委决定执行与否。”

陕甘宁边区时期,为督促贯彻落实好党的土地政策,1942 年 1 月中共中央作出《关于抗日根据地土地政策的决定》中指出:“各根据地内党和政府的工作人员必须对自己的工作严格检查,派员下乡、分途巡视各地实行的程度,周密地调查研究,全面总结各地经验,发扬正确实行的例子。”

1949 年新中国成立后,党和国家迅速建立了各自系统内的监察体制,党内巡视制度多年一度未曾建立。

1990 年 3 月召开的党的十三届六中全会作出了《中共中央关于加强党同人民群众联系的决定》,指出“中央和各省、自治区、直辖市党委,可根据需要向各地、各部门派出巡视工作小组,授以必要的权力,对有关问题进行督促检查,直接向中央和省、区、市党委报告情况”。这标志着我们党内的巡视制度在新中国成立 40 多年后终于开始恢复建立。

1996 年 1 月,十四届中央纪委第六次全会通过了关于重申和建立巡视制度的决定。1996 年 3 月 13 日,中共中央纪委办公厅印发了《中共中央纪律检查委员会关于建立巡视制度的试行办法》。该办法对巡视干部的选派、任务、职权、纪律和管理等方面内容作出了明确规定。这是我党自 1931 年制定《中央巡视条例》以来,时隔 65 年后制定的又一部专门巡视制度的规定,也是新中国成立后我党在全国执政条件下制定的首部专门巡视制度,为我党之后巡视制度的完善奠定了基石。该办法规定党内巡视的主要任务是政治巡视和廉政巡视,巡视干部不承办案件、不处理具体问题,这些都为此后的党内巡视制度定了基调。

2001 年 9 月,党的十五届六中全会通过的《中共中央关于加强和改进党的作风建设的决定》,明确指出:“中央和各省、自治区、直辖市党委要逐步建立巡视制度,把下一级领导班子特别是主要负责人的廉政勤政情况作为重要内容,进行监督检查。”

2002 年 11 月召开的党的十六大的报告中明确提出要“改革和完善党的纪律检查体制,建立和完善巡视制度”。

2003 年,中央批准在中央纪委、中央组织部设立巡视组和巡视工作办公室。同年年底，中共中央印发了《中国共产党党内监督条例（试行）》。该条例在“监督制度”一章中，专门列出“巡视”一节，指出“中央和省、自治区、直辖市党委建立巡视制度，按照有关规定对下级党组织领导班子及其成员进行监督”，正式将巡视制度确定为党内监督的十项制度之一。

为了规范巡视工作，2004 年 2 月，中央纪委、中央组织部制定了《关于巡视工作的暂行规定》。其后，全国 31 个省（自治区、直辖市）和新疆生产建设兵团党委也陆续设立了 121 个巡视机构，组建了专职巡视队伍，巡视工作得以全面推开。

2004 年 9 月党的十六届四中全会通过的《中共中央关于加强党的执政能力建设的决定》，和 2005 年中央颁布的《建立健全教育、制度、监督并重的惩治和预防腐败体系实施纲要》，均对进一步完善巡视制度、加强巡视工作提出了明确的要求。

2007 年 10 月 21 日党的十七大修改通过后的党章第 13 条增加了“党中央和省、自治区、直辖市委员会实行巡视制度”之规定。这是巡视制度首次写入党章，标志着巡视制度正式为党内根本法所承认。

2009 年 7 月，《中国共产党巡视工作条例（试行）》正式颁布实施。其第 2 条规定：“党的中央和省、自治区、直辖市委员会实行巡视制度，建立专门巡视机构对下级党组织领导班子及其成员进行巡视监督。”同年 11 月，中央决定成立中央巡视工作领导小组。12 月，“中央纪委、中央组织部巡视组”更名为“中央巡视组”。名称的变化体现了巡视组规格的提升，也使得巡视组的派出主体发生了变化，由中央纪委、中央组织部改为党的中央委员会。中央巡视组主要负责对省、自治区、直辖市党委、同级政府、人大常委会、政协委员会党组领导班子及其成员进行巡视，巡视对象主要是省部级领导干部。中央巡视组需要对巡视工作领导小组负责并报告工作。

《中国共产党巡视工作条例（试行）》颁布后，2010 年围绕该党内法规，又密集制定了配套的规章制度，如《中央巡视工作领导小组工作规则》《中央巡视工作领导小组办公室工作规则》《中央巡视组工作规则（试行）》《关于被巡视地区、单位配合中央巡视组开展巡视工作的暂行规定》。这些规章制度作为枝叶与作为主干的《中国共产党巡视工作条例（试行）》相互结合，共同构成了中央巡视的依据,并具有了更高的可操作性。2010 年 6 月后,党内巡视制度覆盖到军队。

2012 年 11 月,中国共产党召开了第十八次全国代表大会。党的十八大在党和国家历史上具有里程碑式的意义,党和国家的反腐败工作和监察工作进入了一个崭新的阶段。党的十八大报告提出要“更好发挥巡视制度监督作用”。

2013 年 6 月,《中央纪委、中央组织部关于进一步加强巡视工作的意见》和《中央巡视工作规划(2013—2017 年)》颁布。2013 年 8 月 27 日,中央政治局会议审议通过了《建立健全惩治和预防腐败体系 2013—2017 年工作规划》,提出“要改革党的纪检体制,改进中央和省区市巡视制度”。2013 年 11 月举行的党的十八届三中全会提出了“改进中央和省区市巡视制度,做到对地方、部门、企事业单位全覆盖”,首次提出巡视全覆盖的目标要求。

2015 年 8 月,党中央在总结巡视工作经验的基础上,根据巡视工作面临的新形势、新任务、新要求,对 2009 年颁布的《中国共产党巡视工作条例(试行)》进行了修订,颁布了正式的《中国共产党巡视工作条例》,提出了“实现巡视全覆盖、全国一盘棋”的目标要求。《中国共产党巡视工作条例》将要通过巡视着力发现的问题主要归类为以下几个方面:政治纪律和政治规矩、廉洁纪律、组织纪律、群众纪律、工作纪律、生活纪律。分别与于 2016 年 1 月 1 日和 2018 年 10 月 1 日起实施的《中国共产党纪律处分条例》中关于党内纪律类型的划分保持了一致。

2016 年 10 月 27 日党的十八届六中全会通过的《中国共产党党内监督条例》第 19 条规定:“巡视是党内监督的重要方式。中央和省、自治区、直辖市党委一届任期内,对所管理的地方、部门、企事业单位党组织全面巡视。……中央巡视工作领导小组应当加强对省、自治区、直辖市党委,中央有关部委,中央国家机关部门党组(党委)巡视工作的领导。省、自治区、直辖市党委应当推动党的市(地、州、盟)和县(市、区、旗)委员会建立巡察制度,使从严治党向基层延伸。”由此可见,《中国共产党党内监督条例》在巡视方面,有以下三个方面的创新:(1)在原来“实现巡视全覆盖”的基础上,首次明确“中央和省、自治区、直辖市党委一届任期内,对所管理的地方、部门、企事业单位党组织全面巡视”；(2)在原有的“党的中央和省、自治区、直辖市委员会”基础上，首次增加了巡视主体——“中央有关部委和国家机关部门党组(党委)”，即部门可以巡视；(3)首次规定了市、县级党组织的巡察制度，使巡视由两级扩展至三级。

2017年10月24日党的十九大修改通过的《中国共产党章程》将上述规定以党内根本法的形式予以固定，并将“巡视”单列一条作为党章第14条，该条规定：“党的中央和省、自治区、直辖市委员会实行巡视制度，在一届任期内，对所管理的地方、部门、企事业单位党组织实现巡视全覆盖。中央有关部委和国家机关部门党组(党委)根据工作需要，开展巡视工作。党的市(地、州、盟)和县(市、区、旗)委员会建立巡察制度。”

(三)巡视制度评析

党内的巡视制度为保证党中央决策的贯彻执行、维护党的纪律发挥了重要作用。特别是党的十八大之后，党中央加大了巡视的力度，积极发挥巡视的利剑作用，及时发现了问题，形成了震慑，保障了党的方针政策得到贯彻执行，保证了党的纪律得到严格遵守，同时，巡视也为党风廉政建设和反腐败斗争作出了重要贡献。

巡视之所以发挥重要作用，原因有以下几个方面：第一，巡视的权威性。过去人们在分析监督困境时经常将其概括为“上级监督太远，同级监督太软，下级监督太难”。巡视恰恰在一定程度上弥补了上述缺陷，解决了“上级监督太远”的问题，代表上级在被监督者面前近距离实施监督，具有较高的权威性。第二，巡视的异体性。巡视组临时组成，成员来自不同单位，他们皆与被巡视者没有上下级关系，可以独立进行监督，大胆发现和指出问题，解决了“同级监督太软”的问题。另外巡视工作人员还实行严格的轮岗交流制度和回避制度(任职回避、地域回避、公务回避)，避免有利益冲突。第三，巡视的合力性。巡视把自上而下的监督与自下而上的监督充分结合起来。巡视组每到一地开展巡视工作，都会将联系方式公之于众，受理反映被巡视对象问题的来信、来电、来访，必要时还可以进行走访，这样就把自上而下的上级监督与自下而上的群众监督充分结合起来，便于了解情况、发现问题。第四，巡视的临时性。巡视突出一个“巡”字。党的十八大以来，中央巡视组巡视实行“三个不固定”和“一次一授权”。“三个不固定”即组长不固定、巡视对象不固定、巡视组和巡视对象的关系不固定;“一次一授权”,即“巡视组组长根据每次巡视任务确定并授权”。第五,巡视的灵活性。巡视的派出组织可以根据形势发展变化,对巡视的目标和重点进行调整;派出巡视组的党组织也可以根据工作需要,针对所辖地方、部门、企事业单位的重点人、重点事、重点问题或者巡视整改情况,开展机动灵活的专项巡视。形式的灵活性使得巡视能够更具有针对性。上述种种制度安排,最大限度地切断了巡视者与被巡视者之间可能存在的某种利益关联,保证了巡视的独立性和公正客观性。

但是,必须看到,巡视只是一种党内的监督方式,其是否应该实现国家化和依据的法律化(法治化),也是一个值得探讨的问题。我们党和国家实行“党管干部”的原则,党内的巡视可以覆盖到被巡视单位的领导班子及其成员或其主要负责人,也就是说,即便是非共产党员,只要其属于被巡视单位领导班子的成员或主要负责人,其都要接受巡视监督,不会出现监督的死角。但是依法治国是我们的治国方略,不仅体现在社会管理领域,党政管理领域也尽量纳入到法治轨道上来,这是我们的努力方向。尤其随着国家监察委员会的成立,监察工作总体上实现了国家化和依据的法律化,在这种情势下,作为监察方式之一的巡视能否同步实现国家化和依据的法律化,就成为一个需要考虑的问题。

第三节　对我国原监察体制的评价

一、我国原监察体制在一定历史时期存在的必然性和合理性

我国原监察体制,涉及党、政、检察三个系统,有其历史必然性和历史合理性。我们党和国家的监察体制,都脱胎于新中国成立前革命根据地时期的体制,在根据地时期的一些行之有效的做法自然被应用到新中国成立之后的制度设计上。同时由于意识形态的原因,我们党和国家监察体制的设计受到了苏联的很大影响,在当时是不可避免的。因为新中国是个新生事物,如何

设计新中国包括监察体制在内的政治体制,对于革命成功的中国共产党人来说,并没有经验。而此时,世界上唯一的由共产党领导的国家苏联,作为一个现实的存在,早已经存在了好多年,而且当时正处于欣欣向荣的发展阶段,甚至后来发展到综合国力尤其军事实力能够跟美国抗衡、争霸的程度。苏联的国家建构和政治模式为其他国家无产阶级政党取得革命胜利后设计本国政治体制提供了现成的、也是唯一的、在当时也是非常成功的样板,“仅有此家,绝无分店”。在自身没有经验的情况下,我国只有向苏联学习,在当时别无选择。再者,在当时,以美国为首的西方资本主义国家阵营对新生的新中国红色政权进行全面围堵,政治上孤立,经济上封锁,军事上包围,新中国为争得国际生存空间,也只得采取“一边倒”的政策,争取苏联的支持。这些因素都决定了我国在做政治体制设计时不可能不受苏联的影响。

二、我国原监察体制的优势

诚然,由于形势发展的需要,我国的监察体制需要改革。但这不能否定我国原来的监察体制在相当长时间内还是发挥了积极作用的,在当时还是符合我国基本国情和政治体制需要的,是有其自身优势的。

1. 由执政党主导,党政监察机构合署办公。毋庸讳言,我国的监察体制实际上是由执政党中国共产党领导并主导的,党的领导在监察体制中发挥了决定性作用。这与执政的中国共产党是我国的领导党是一致的。由于中国共产党是我国的领导党、执政党,由其领导并指挥整个监察体系的运行,有其便利的条件,同时也是其宪制义务。党政监察机构合署办公,大大节省了监察资源,理顺了工作关系,也便于确保监察的效率。

2. 实行分级监察,监察对象与干部管理权限相一致。我国原来的监察体制,无论是党内系统,还是行政系统、检察系统,实际上都是实行分级监察的。其中党政监察机构的监察对象是与干部管理权限完全一致的。这便于使监察与对党员干部的考察考核工作紧密结合在一起,便于加强对干部的管理和使用。

3. 形成了“预防+治理”的模式。我国经过长期的探索,建立起“预防+治理”的监察和反腐败模式。即便在没有设立专门预防腐败机关情况下,我国实际上也高度重视预防的作用，党和政府通过各种形式的教育活动甚至社会运动，对党员干部进行世界观、人生观和价值观的教育，检察机关通过法制宣传提高公职人员的法治意识，这些都旨在筑牢广大党员干部拒腐防变的心理防线。当然，相对于预防，我国的监察体制更注重治理，通过惩治来提高违法违纪成本，形成威慑力。

4. 构建起党纪、政纪、法律协同规范共治的局面。我国涉及监察的制度体系，不仅有法律，而且有党纪、政纪，它们层次不同，适用的对象、范围不同，共同构成了我国监察的制度体系，形成了监察领域党纪、政纪、法律协同规范共治的局面。

三、我国原监察体制存在的问题

（一）机构林立，力量分散，缺乏有效整合

在我国原监察体制下，实施监察的机关众多。权力机关人大及其常委会可以对其产生的国家机关（政府、法院、检察院）实施监督。这种监督往往是宏观的、整体的对机关的监督，人大常委会虽可以任免一些公职人员，但人大不是实施监督的专门机关。我国原专职监督机关涉及三个系统，即中国共产党系统的纪律检查机关、行政系统的监察机关和预防腐败机构、检察系统的反贪污贿赂局（地方检察系统由于没有实行"大局"的机构重组，还包括反渎职侵权局和预防腐败室）。这些机构分属于不同的系统，领导机关不同，工作职能上却出现重叠交叉，边界不清，党和政府监察机构之间、党政监察机构同检察系统之间的工作关系始终存在一定程度的张力，不好协调。这些机构执行的制度规范不一，程序及标准不一，分散了反腐力量，影响了监督效率和实际效果，难以形成集中统一、权威高效的监督合力。

（二）"同体监督 + 本地监督"，监督缺乏独立性

《联合国反腐败公约技术指南》第 6 条"预防性反腐败机构""二、4.""独立和问责制"中规定："立法框架应确保机构的业务独立，这样它们就可以确定自己的工作日程以及如何履行其已获授权的职能。在处理独立问题时，需要考虑下述问题：关于主管和其他高级人员的任命、任期和免职的规则和程

序;机构和/或任何其他监理会的构成;合适的财政资源和人员的薪酬;适当的预算;合适的聘用、任命/选举、评价和晋升程序;向另一个公共机构例如立法机构定期提交报告的义务;与其他机构合作和交流信息的正式渠道;确定民间社会和媒体的参与问题的安排。该机构及其工作人员在其职权范围内的行动,只要是一秉诚意并在该机构的指导下实施的,就应该受到保护,使之免于民事诉讼(但这种保护不应妨碍适当的司法审查,如下文所述)。”联合国毒品与犯罪事务办公室将机构独立、人事独立、经费独立、职权独立作为反腐败工作有效开展的重要标准,其中,职权独立是核心,机构独立、人事独立、经费独立是保障。

对照以上标准,我国原三大监察系统实际上都不同程度地存在独立性不足或缺失的问题,这构成了我国原有监察体制不能充分发挥作用的一个结构性问题。

在党内的监督体系中,各级纪委都是按照党员所属的基层(地方)党组织,党的干部按照干部管理权限进行监察和作出纪律处分决定的。[①] 正是认识到这种监察体系可能存在的问题,2013 年 11 月 12 日中国共产党第十八届中央委员会第三次全体会议通过的《中共中央关于全面深化改革若干重大问题的决定》规定:“查办腐败案件以上级纪委领导为主,线索处置和案件查办在向同级党委报告的同时必须向上级纪委报告。各级纪委书记、副书记的提名和考察以上级纪委会同组织部门为主。”2016 年 10 月 27 日中国共产党第十八届中央委员会第六次全体会议通过的《中国共产党党内监督条例》,对此予以确认,其第 26 条中规定:“执纪审查工作以上级纪委领导为主,线索处置和执纪审查情况在向同级党委报告的同时向上级纪委报告,各级纪委书记、副书记的提名和考察以上级纪委会同组织部门为主。”

在行政监察体系中,按照原《行政监察法》的规定,我国县级以上地方各级人民政府监察机关负责本行政区域内的监察工作,对本级人民政府和上一级监察机关负责并报告工作,监察业务以上级监察机关领导为主。实践中,由于上级监察机关只领导业务工作,各级行政监察机关完全是同级政府的组

① 详见中国共产党第十九次全国代表大会通过的《中国共产党章程》第 42 条。

成部门,其人、财、物都由地方政府控制,其开展的工作必然缺乏应有的独立性和权威性,监督功能不能有效发挥,违纪违法行为的发现机制失灵、防范机制失效、惩治机制乏力,使"同体监督 + 本地监督"的监督模式形同虚设。美国建国初期思想家汉密尔顿曾言:"就人类天性之一般情况而言,对某人的生活有控制权,等于对其意志有控制权。"[①]一语道出了监督缺乏独立性的弊端。

在检察监督体系中,虽然检察院独立于政府,但各级检察院的反贪污贿赂局、反渎职侵权局也是按照地域管辖加级别管辖的原则开展监督工作的,其人、财、物在一定程度上均依赖于地方,不可避免会受到地方的影响。在对司法管理体制进行改革,推动省以下地方检察院人财物实现统一完全管理之前,检察监督的效果也必然会有不尽如人意的地方。

(三)法纪始终无法有效衔接,缺乏效率性

由于我国相当一部分公职人员都是中共党员,在领导干部中中共党员的比例更高,[②]这就造成了对公职人员的规范性约束,既有国法,又有政纪和党纪(如是党员)。法律和纪律层次不同,性质不同,效力不同,约束的对象范围不同。法和纪是我国公职人员永远绕不开的规范,然而,法与纪的有效衔接一直是一个难题。

在1993年以前,由于党政监察机构分立,各自按照自己的制度依据行使职权,而他们的监督对象大多数身份竞合,这就不可避免地导致了党纪与政纪在适用时出现衔接不畅的问题。这一局面随着1993年党政监察机构的合署办公而得以基本解决。但随着合署办公的落实,加之党的纪检机构在领导监察和反腐败工作中的中心地位,行政监察功能实际上在不断萎缩。

然而,在党纪和政纪的衔接矛盾得到化解的同时,党纪、政纪与国法之间的衔接矛盾又浮上水面。而且由于纪律和法律是两个不同层面的规范,检察监督机关与纪检监察机构又分属于不同的公权力系统,协调解决的难度更大。前已述及,我国实行的是以党的纪律检查机构领导为中心的监察和反腐

---

① [美]汉密尔顿、杰伊、麦迪逊:《联邦党人文集》,程逢如、在汉、舒逊译,商务印书馆1980年版,第396页。

② 习近平总书记2016年1月12日在第十八届中央纪律检查委员会第六次全体会议上的讲话中指出:"我国公务员队伍中党员比例超过80%,县处级以上领导干部中党员比例超过95%。"

败体制,又由于党政监察机构合署办公,所以,我国的各级纪检监察机关担负着监督和反腐败的主渠道、主力军作用。在“事实清楚、证据确凿”的要求下,纪检监察机关在查处案件时一般会致力于将所有的违纪违法事实查清,这就使其承担了不少本应属于司法机关承担的责任,尤其是检察机关的证明责任,造成执纪与执法边界不清。这样一来,纪律追究的时间过长,使相关的嫌疑人不能及时得到司法机关的追究;也使纪检监察机关的工作量大增,对办案力量的需求也随之增加。

虽然检察机关可以依职权独立办案,但在我国“党政军民学,东西南北中,党是领导一切的”的政治体制下,检察院的监督工作也要受到党委的领导,受纪委的协调,因此,检察监督中相当一部分案件都是由纪检监察机关移送的。由于纪检监察机关实际上具有腐败线索受理的优先权,对腐败线索能否转化为腐败案件、决定是否查处起着关键性作用,纪检监察机关的决定又会影响到后续的处理包括司法程序,而纪检监察机关工作人员在法律专业素质方面整体上不及检察机关。那些由检察机关直接立案查处的案件,由于嫌疑人往往已经被检察机关采取限制人身自由强制措施而此时很难对其展开纪律检查程序,经常造成罪犯“带着党籍去坐牢”的情况,显得党纪很不严肃。另外,在原有体制下,由于检察机关只负责查办国家工作人员的职务犯罪问题,追究其刑事责任,而纪检监察机关只负责追究被调查对象的党纪和政纪责任,对于公职人员实施的一般的尚不构成犯罪的普通职务违法行为,却出现了监督的盲区,处于两不管的空白地带。

还有,在纪检监察机关的监督检查工作中,有大量的是针对政府及其部门执法督查的问题,使纪检监察机关实际又染指人大及其常委会的监督职权范畴。凡此种种,都凸显了一个问题,那就是法纪衔接的问题,在原来的监察体制下,这是一个挥之不去的困扰。

(四)我国原监察体系始终备受法治质疑

我国原有的监察体系,虽然不断地朝法治的方向努力,但仍与我国建设法治国家的目标存在一定的差距。

1. 监察和反腐败的依据存在的法治质疑

我国没有关于反腐败集中统一的立法。在《中华人民共和国监察法》制定前，反腐败的法律依据，主要是《刑法》规定的“贪污贿赂罪”“渎职罪”“侵犯公民人身权利、民主权利罪”等章节，《刑事诉讼法》包括职务犯罪在内的刑事犯罪的侦查、起诉、审判程序的规定，有关职务犯罪立案侦查管辖权的规定[①]以及公职管理方面的法律规定。反腐败的依据，除了这些法律依据外，还有政府制定的行政法规和其他规范性文件，以及大量的中国共产党党内的法规和政策性文件，[②]甚至包括会议报告和领导人讲话，等等。由于我国实行党领导下的反腐败格局，党内的法规政策在反腐败过程中往往发挥着更重要的作用。这些规范性文件，包括各种各样的“规定”“意见”“通知”等，往往具有非常强的现实针对性，是针对当前一个时期社会反映较为集中又带有普遍性的问题而制定，为及时解决一些突出问题、纠正不正之风、回应群众诉求发挥了重要作用。但也必须同时看到，正是由于这些规范性文件带有较强的针对性和阶段性，往往“头痛医头，脚痛医脚”，缺乏系统性、全局性、长期性。由于这些规范性文件不是国家法律，而是执政党内部的规定，总摆脱不了社会对这些规范性文件基于法治标准的质疑。

2. 纪检机关采取的“两规”措施存在的法治质疑

“两规”是党内法规授予纪检机关在查处违犯党纪案件时可以使用的一项组织措施。最早规定“两规”措施的党内法规是于 1994 年 5 月 1 日起施行的《中国共产党纪律检查机关案件检查工作条例》，其第 28 条中规定，调查组有权“要求有关人员在规定的时间、地点就案件所涉及的问题作出说明”。在办案实践中，由于没有法定授权，特别是没有搜查的权力，纪律检查机关的调查手段和能力受到一定限制，于是“两规”成为纪律检查机关普遍使用且行之

---

① 2018 年修订前的《刑事诉讼法》第 18 条第 2 款中规定：“贪污贿赂犯罪，国家工作人员的渎职犯罪，国家机关工作人员利用职权实施的非法拘禁、刑讯逼供、报复陷害、非法搜查的侵犯公民人身权利的犯罪以及侵犯公民民主权利的犯罪，由人民检察院立案侦查。”

② 中国共产党党内的法规，按照 2012 年 5 月 26 日颁布的《中国共产党党内法规制定条例》的规定，包括党章、准则、条例、规则、规定、办法、细则。党章对党的性质和宗旨、路线和纲领、指导思想和奋斗目标、组织原则和组织机构、党员义务和权利以及党的纪律等作出根本规定。准则对全党政治生活、组织生活和全体党员行为作出基本规定。条例对党的某一领域重要关系或者某一方面重要工作作出全面规定。规则、规定、办法、细则对党的某一方面重要工作或者事项作出具体规定。中央纪律检查委员会、中央各部门和省、自治区、直辖市党委制定的党内法规，称为规则、规定、办法、细则。而只有党的中央组织才有权制定中央党内法规。

有效的调查手段。它在实现调查突破、及时查明案情方面确实发挥了重要作用,但也存在不规范使用甚至滥用的问题。

行政监察方面,1990 年 12 月 9 日发布施行的《中华人民共和国行政监察条例》第 21 条规定,监察机关在检查、调查中有权"责令有关人员在规定的时间、地点就监察事项涉及的问题作出解释和说明"。该行政法规在 1997 年上升成为法律,即《行政监察法》,该法第 20 条规定,监察机关在调查违反行政纪律行为时,可以根据实际情况和需要,"责令有违反行政纪律嫌疑的人员在指定的时间、地点就调查事项涉及的问题作出解释和说明,但是不得对其实行拘禁或者变相拘禁"。为区别于党内的"两规",1997 年制定的《行政监察法》特意使用了"指定"一词,后来被称为"两指"。

中央纪委曾多次下发文件对"两规"措施的使用进行规范。1998 年 6 月 5 日中共中央纪律检查委员会、监察部下发了《关于纪检监察机关依法采用"两指""两规"措施若干问题的通知》。① 2001 年 9 月 28 日,中共中央纪委下发了《关于进一步规范使用"两规"措施的通知》,详细规定了"两规"措施的适用条件、适用主体和适用程序。2008 年 10 月 22 日,中央纪委又下发了《中共中央纪委关于进一步加强和规范办案工作的意见》,要求"在初步核实阶段需要采取'两规'措施的案件,可在决定或者报批'两规'的同时决定或者报请批准立案"。

尽管中央纪委多次发文要求规范使用"两规"措施,但关于"两规"合法性的质疑一直不绝于耳。

至于这种措施是否属于法律意义上的"强制措施",只能是"仁者见仁,智者见智"了。但总体来说,随着人们权利意识的不断提高和依法治国进程的不断推进,依法办事、依法执政,越来越成为社会的广泛共识,将所有限制或剥夺公民人身自由的强制性措施和手段纳入法律治理的轨道是大势所趋。且"两规"过程由于缺乏法律的规制,实践中容易出现"诱供""逼供"等问题,

---

① 《关于纪检监察机关依法采用"两指""两规"措施若干问题的通知》规定:"一、不准使用司法手段,不准使用司法机关的办公、羁押场所和行政部门的收容遣送场所。二、不准修建用于采用'两指''两规'措施的专门场所。三、严禁搞逼供、诱供,严禁体罚或者变相体罚,严禁打骂、侮辱人格和使用械具。"

自我国司法实践中实行“非法证据排除”规则以来，许多职务犯罪案件，在纪检监察机关“两规”阶段形成的证据材料，在移送司法机关处理后，有大量的证据被排除使用，这更倒逼了“两规”措施的合法化进程。另外，“两规”措施在场所、安保、被调查人员的权利等方面，均缺乏实体和程序上的保障，被调查人员在此过程中容易发生意外事故。还有，“两规”对象如果最终被追究刑事责任，他被纪检监察机关采取“两规”措施的期间不能被折抵刑期，期间有立功、自首等表现的，亦不能被法庭直接认定为可从轻、减轻处分的依据，对当事人来说亦属不公平之待遇。

3. 检察机关集侦、捕、诉权于一身带来的法治质疑

在职务犯罪案件处理中，检察机关同时行使案件侦查权、批准逮捕权、审查起诉权和支持公诉权。四权集于一身，有违自然公正原则，导致司法公信力的隐性流失。普通刑事诉讼过程中侦查权和批准逮捕权、审查起诉权、支持公诉权分别由公安机关和检察机关行使，检察机关作为法律监督机关对公安机关的侦查活动实施监督，从而形成一定程度的制约；而职务犯罪案件中，上述四种权力统一由检察机关行使，丧失了异体监督和制约的效能。虽然，上述四种权力是由检察院的不同部门行使的，但在同属检察机关（同体）的情况下，自然不能排除人们对同一机关不同部门之间监督效果的合理怀疑。

（五）监察对象不能实现全覆盖，有违公平原则

党内的纪检机关监督的是全体党员和党的所有组织，但以党内为限，一个党内的机构不应、不能也不宜去查处党外的事情。而虽然我国《宪法》中对国务院的监察工作表述为“监察”而非“行政监察”，但作为落实宪法规定的原《行政监察法》明确将监察主体定位为行政监察机关，将监察对象确定为国家行政机关及其公务员、国家行政机关任命的其他人员，①未将立法机关、司法机关等国家机关及其公务员纳入监督范围，这就出现了与《公务员法》规定的不一致、不协调问题。《公务员法》虽然制定和施行在前（2005 年 4 月 27 日通

---

① 2010 年修订《行政监察法》时，将法律法规授权、行政机关委托的组织及人员纳入行政监察范围。修订后的《行政监察法》第 50 条规定：“监察机关对法律、法规授权的具有公共事务管理职能的组织及其从事公务的人员和国家行政机关依法委托从事公共事务管理活动的组织及其从事公务的人员实施监察，适用本法。”

过，自2006年1月1日起施行)，但它的规定较具有前瞻性和科学性。这部法律将除领导人员外的几乎所有的公职人员纳入该法的调整范围，“公务员”自然也包括立法机关、司法机关等国家机关中的公务人员。[①] 在立法机关、司法机关等国家机关工作的人员，有的是中共党员，可以对其进行党纪监督；有的不是中共党员，不能对其适用党纪，却又不能对其实施行政监察，这样就造成了监督的盲区，实有违公平原则。而监察应面向所有的公职人员，这是实行法治的必然要求。

(六)纪检监察缺乏有效手段，缺乏威慑力

纪检监察机关的监察手段有限，原《行政监察法》和《行政监察法实施条例》规定了监察机关享有检查、调查、建议和行政处分等权力，但并没有赋予监察机关行使搜查、查封、冻结等强制措施的权力，[②]这使监察效果和效率大打折扣。一是由于监察机关没有搜查权，为了弥补此缺陷，使案件调查在短时间内取得突破，纪检监察机关经常依赖“两规”这一手段，使“两规”措施被大量使用却又不被法律所规管，备受社会关注，却又不得不采取，只好谨小慎微处理。二是即便法律已经赋予行政监察机关的权力，由于缺乏程序性规定和保障，使这些权力流于形式，强制力和威慑力不足。比如，原《行政监察法》第23条规定，监察机关对“本级人民政府所属部门和下级人民政府作出的决定、命令、指示违反法律、法规或者国家政策，应当予以纠正或者撤销的”可以提出监察建议，但由于没有规定具体程序，在实践中基本没有得到有效执行，

---

① 经2018年修订后的《公务员法》第2条第1款规定：“本法所称公务员，是指依法履行公职、纳入国家行政编制、由国家财政负担工资福利的工作人员。”第112条规定：“法律、法规授权的具有公共事务管理职能的事业单位中除工勤人员以外的工作人员，经批准参照本法进行管理。”当然，《公务员法》的调整范围不包括“国家行政机关依法委托从事公共事务管理活动的组织及其从事公务的人员”。

② 《中华人民共和国行政监察法》(2010年修正版)第20条规定：“监察机关在调查违反行政纪律行为时，可以根据实际情况和需要采取下列措施：(一)暂予扣留、封存可以证明违反行政纪律行为的文件、资料、财务帐目及其他有关的材料；……”第21条规定：“监察机关在调查贪污、贿赂、挪用公款等违反行政纪律的行为时，经县级以上监察机关领导人员批准，可以查询案件涉嫌单位和涉嫌人员在银行或者其他金融机构的存款；必要时，可以提请人民法院采取保全措施，依法冻结涉嫌人员在银行或者其他金融机构的存款。”自2004年10月1日起施行的《中华人民共和国行政监察法实施条例》第12条第2款规定：“监察机关在调查贪污、贿赂、挪用公款等违反行政纪律的行为时，经县级以上人民政府监察机关领导人员批准，可以暂予扣留与贪污、贿赂、挪用公款等有关的财物。”

且提出的监察建议由于不具有强制性和约束力,仅仅属“建议”或者“劝谕”罢了,并不被监察机关重视。以上种种,皆是我们党和国家原有监察体制存在的问题和不足,自然也应成为改革的重要内容。

四、我国监察体制改革的原则和方向

我国监察体制改革必须坚持以下的原则和方向:

一是必须针对我国原监察体制的弊端,有的放矢地进行。我国监察体制改革必须以问题为导向,对症下药,不能讳疾忌医。前面已经分析了我国原监察体制存在的问题,比如监察力量分散、缺乏独立性、法纪不能有效衔接、备受法治质疑、效能低下、监察手段有限、监察对象狭窄等,监察体制的改革必须针对这些问题,思考改革的方向,规划改革的蓝图。

二是必须在我国的宪制体制下进行,不能突破我国的宪制框架。我国的国体是工人阶级领导的、以工农联盟为基础的人民民主专政的社会主义国家。我国的政体是人民代表大会制度。我国的一切权力都属于人民,人民行使国家权力的机关是全国人大和地方各级人大;全国人大和地方各级人大由民主选举产生,对人民负责,受人民监督;我国的人大是权力机关,我国所有的国家机关都由人大产生,对其负责,受其监督。我国所有的改革必须在上述我国国体和政体的框架内进行。任何对这一框架的突破都是对我国宪制体制的破坏甚至颠覆。

三是必须吸收人类政治的智慧成果,借鉴其他国家监察体制设计的有益经验。党的十八届三中全会提出,全面深化改革的总目标是推进国家治理体系和治理能力现代化。我国的监察体制改革,就是要推进监察体系和监察能力的现代化,不能闭门造车,应注意学习借鉴其他国家监察的有益经验,吸收其合理因素,为我所用,因应中国的宪制体制和现实国情,做好政制设计的“嫁接”,防止“水土不服”。我们不能妄自菲薄,照搬照抄别国做法,全盘吸收,因为那种不顾自身国情“削足适履”的做法只会导致灾难性的后果。

第五章　我国设立监察委员会的探索

因应我国原监察体制存在的弊端,党和国家决定,按照依法治国的要求,顺应时代发展的潮流,推进我国监察体制改革,建立行使国家监察职能的专责机关——各级监察委员会。

第一节　我国设立监察委员会的必要性

在我国,设立监察委员会有其现实必要性和积极意义。

一、设立监察委员会是巩固我国民主体制的重要保障

我国《宪法》第 1 条开宗明义规定了我国的国体——人民民主专政的社会主义国家。这是一个极具政治色彩的称谓,由于我国的人民民主具有广泛性和真实性的特点,人民民主专政的本质即为“人民当家做主”,亦即中国语境下的“主权在民”。我国的这一国体特征在《宪法》第 2 条中有更明确的体现:“中华人民共和国的一切权力属于人民”。美国当代政治思想家乔万尼·萨托利(Giovanni Sartori,1924 ~ 2017 年),认为:“词源学的民主是从这个词原初的字面意义上理解的民主。因此民主的词源学定义很简单,民主即人民的统治或权力。”[①]法国思想家卢梭也认为:“我情愿生在这样一个国家:在那里主权者和人民只能有唯一的共同利益,因之政治机构的一切活动,永远都

① [美]萨托利:《民主新论》,冯克利、阎克文译,东方出版社 1998 年版,第 23 页。

只是为了共同的幸福。这只有当人民和主权者是同一的时候才能做到。"[①]

既然主权在民，当人民的共同利益遭受腐败行为侵害时，人民当然有权力予以监督和纠正，以捍卫自身的权利和利益。我国20世纪民主人士李公朴曾经说过："民治国家的政治，倘无人民在后面不断地加以督促与建议，则仍然会逐渐腐化。"[②]英国法学家詹宁斯(W. Ivor Jennings)也认为："民主制度的基本原则就是统治的实施应该为被统治者谋利益，而且既然认为只有被统治者自己才能确定什么才合乎他们的利益，政府就应该置于他们的控制之下。"[③]监察委员会的设立，是基于人民的授权对行使公共权力的所有国家公职人员进行监督，以保证他们合法廉洁履职，从根本上维护人民主权原则，维护人民民主制度。

二、设立监察委员会是我国推进法治反腐的重要步骤

在笔者看来，广义上的法治反腐实际上包含法治防腐和法治反腐两个方面。

关于法治防腐，法国思想家孟德斯鸠曾说过："没有法治，国家便将腐化堕落，而和一切邻邦都不能相比。"[④]这是他关于实施法治与防止腐败关系的最直接表述。国家公权力必须接受法律的规范，国家公职人员必须遵守法律和纪律，只有这样才能推动形成法治政府、廉洁政府。新加坡开国总理李光耀认为："要成功地转变一个社会，必须满足三个基本条件：第一，坚强的领导；第二，高效的政府；第三，社会法纪。"[⑤]他进一步指出："我相信，一个国家如果要发展自己，更需要纪律，而不是民主。民主过于兴旺，就会催生无纪律、无秩序的环境，这是不利于发展的。要检验一套政治体制的价值，最终还是要看它能否建立稳定的社会环境，是否有助于改善大多数民众的生活标

---

① ［法］卢梭：《论人类不平等的起源和基础》，李常山译，商务印书馆1962年版，第84页。

② 李公朴：《启人深思》。转引自《廉政格言警句》，中国方正出版社2004年版，第129页。

③ ［英］W. Ivor. 詹宁斯：《法与宪法》，龚祥瑞、侯健译，三联书店1997年版，第176页。

④ ［法］孟德斯鸠：《论法的精神》(上册)，张雁深译，商务印书馆1959年版，第318页。

⑤ ［美］格雷厄姆·艾利森、罗伯特·D. 布莱克威尔、阿里·温尼编：《李光耀论中国与世界》，蒋宗强译，中信出版社2013年版，第167页。

准,能否在确保人民和平共处的前提下享有最大限度的自由。”①

我国近些年来高度重视法治国家、法治政府建设。1999 年我国通过修宪将“中华人民共和国实行依法治国,建设社会主义法治国家”写进宪法,将依法治国确立为一项宪法原则。2004 年 3 月国务院公布《全面推进依法行政实施纲要》,2010 年 10 月国务院发布《关于加强法治政府建设的意见》,我国法治政府建设不断推进。2014 年 10 月召开的党的十八届四中全会专门通过了《中共中央关于全面推进依法治国若干重大问题的决定》,对深入推进依法治国作出了全面部署。随后,以习近平同志为核心的党中央,将“全面依法治国”纳入到“四个全面”的战略布局②当中。

关于法治反腐。党的十八届四中全会通过的《中共中央关于全面推进依法治国若干重大问题的决定》,提出“加快推进反腐败国家立法,完善惩治和预防腐败体系,形成不敢腐、不能腐、不想腐的有效机制”,这是我国推进法治反腐的重要宣示。2016 年 11 月下旬,时任中共中央政治局常委、中央深化国家监察体制改革试点工作领导小组组长王岐山到北京、山西、浙江就开展国家监察体制改革试点工作调研时指出,“监察委员会实质上是反腐败机构”。设立监察委员会,特别是将其纳入我国国家政权系统,这是我国推进法治反腐建设的重要步骤和内容。

党的十八大以来,我们党和国家以“刮骨疗毒”“壮士断腕”的决心反腐治贪,力度空前,党风政风建设成效明显,但一些人不断质疑我国反腐方式和手段的法治性。设立属于国家政权体系的监察委员会,并通过修宪和制定《中华人民共和国监察法》的方式赋予其法定职权,将是对上述质疑的有力回击,它使我国的反腐工作全面纳入法治化轨道。“法治便是一切均由法律来管治,法律有最高的权威,法律高于政府和政府的领导人,不单人民受法律统治,而且政府也受法律统治。”③

---

① [美]格雷厄姆·艾利森、罗伯特·D. 布莱克威尔、阿里·温尼编:《李光耀论中国与世界》,蒋宗强译,中信出版社 2013 年版,第 32 页。

② “四个全面”战略布局是以习近平同志为核心的党中央治国理政战略思想的重要内容。“四个全面”,即“全面建成小康社会、全面深化改革、全面推进依法治国、全面从严治党”。

③ 陈弘毅:《法治·启蒙与现代法的精神》,中国政法大学出版社 1998 年版,第 5 ~6 页。

三、设立监察委员会是我国提升反腐法治效益的重要手段

前已述及，我们党和国家原行使反腐败职能的机构，涉及三个系统的六个机构。由于监督检查的对象不同，适用的制度规范不同，查处程序和权限各异，多头执法又缺乏统一的标准。又由于监督主体缺乏必要的独立性，特别是行政监察部门，长期处于行政系统的附属地位，难以有效地发挥监督职能，造成监督的弱化和软化。前面已述，在我国，国家公职人员和党员具有高概率的身份重叠性，故纪检监察与检察机关的职能经常会出现交叉，这样就不可避免地导致重复调查情况的出现。比如，由于不同程序中证据制度的差异，纪检监察机关收集到的被调查人供述和证人证言等不能直接作为检察机关可以使用的证据材料，为采集证据，检察机关不得不经常重复纪检监察机关已经做过的调查活动。另外，职能的同质化也表现在，行政系统的预防腐败局与检察系统的预防职务犯罪机构职能基本相同，却各自有"一套人马"并行工作。

机构的林立，造成我国反腐主体力量的分散，导致了一定程度上法治资源的浪费，也使我国反腐败工作的整体效率和效益受到影响。设立统一的监察委员会，有利于整合各种反腐主体的力量，加强反腐机构的专业化建设，发挥资源和职能优势，不仅可以实现对所有公职人员监督的全覆盖，而且可实现对腐败违纪行为、违法行为和犯罪行为的一体化处理，不仅有利于高效地铲除既有的腐败存量，也有利于发挥其集中效应，推进从根本上治理腐败问题。另外，监察委员会与纪委合署办公，便于将监察委员会的监督、调查、处置职能与纪委的监督、执纪、问责职能有效结合在一起，实现依规治党与依法治国、党内监督与国家监督、党的纪律检查与国家监察的有机统一。

第二节　我国设立监察委员会的宪制基础

我国设立监察委员会具有坚实和充分的宪制基础。

一、设立监察委员会符合人民主权原则

自古希腊以来,世界范围内最为常见的政体形式有三种:君主制,贵族制和民主制。不同的国家以及同一国家的不同历史阶段,可能表现出不同的政体形式,甚至会出现交替反复(如法国大革命之后共和国和帝国的反复),或是出现政体形式的多元交织(如英国的国王、上议院和下议院分别是君主、贵族和民主的代表)。英国政治家、哲学家霍布斯(Thomas Hobbes,1588 ~ 1679年)认为:"国家的区别在于主权者的不同,也就是在于代表全体群众和其中每一个人的人有差别。……当代表者只是一个人的时候,国家就是君主国,如果是集在一起的全部人的会议时便是民主国或平民国,如果只是一部分人组成的会议便称为贵族国家。"[①]法国思想家孟德斯鸠也认为:"共和国的全体人民握有最高权力时,就是民主政治。共和国的一部分人民握有最高权力时,就是贵族政治。"[②]

人民主权原则体现了国家权力的来源和合法性、正当性基础。"构成一个社会或国家的人民是那个国家中一切权力的源泉。"[③]我国《宪法》第 2 条规定:"中华人民共和国的一切权力属于人民。人民行使国家权力的机关是全国人民代表大会和地方各级人民代表大会。人民依照法律规定,通过各种途径和形式,管理国家事务,管理经济和文化事业,管理社会事务。"此番改革,设立国家监察委员会,代表人民实施对所有国家公职人员的监督,以保证他们行使职权"不忘初心",且该机构由人大产生,向人大负责,符合我国人民当家做主的人民主权原则,是人民主权的具体化实践和保障。

二、设立监察委员会符合我国的民主集中制原则

当然,作为主权拥有者的"人民"并不是个体的简单相加,而是一种通过制度形式表现出来的"整体"。美国政治思想家乔万尼 · 萨托利认为:"什么

---

① [英]霍布斯:《利维坦》,黎思复、黎廷弼译,杨昌裕校,商务印书馆 1964 年版,第 142 页。
② [法]孟德斯鸠:《论法的精神》(上册),张雁深译,商务印书馆 1963 年版,第 8 页。
③ [美]托马斯 · 杰弗逊:《杰弗逊文选》,王华译,商务印书馆 1963 年版,第 51 页。

是人民？直到浪漫主义革命之前，'人民'并没有被理解为一个'有机的融合体'。"[①]"整体规模越大，'人民'这一概念就越是难以用来指一个具体的共同体。"[②]英国哲学家、经济学家、政治理论家密尔（John Stuart Mill，1806 ~ 1873年）则直接指出："理想上最好的政府形式就是主权或作为最后手段的最高支配权力属于社会整个集体的那种政府。"[③]

主权归为人民整体，只解决权力的归属问题，但权力具体怎样运用，需要一种制度形式予以规范和保障。"符合公正或正义的社会必须是由多数人统治。民主的最大功效是为大众提供参与的框架并有一套固定的程序作保证。"在我国，这种制度形式就是人民代表大会制度，人民代表大会制度构成我国的根本政治制度，亦即我国的政体。

在我国的人民代表大会制度下，人民选举代表组成人民代表大会作为权力机关，全国人民代表大会则成为国家的主权代表机关。既然人民是国家主权的享有者，而人民又通过社会契约（宪法）将主权所衍生的治权授予给相应的国家机关，根据授权理论，授权方当然有权力对授权执行情况进行监督，从而保证被授权机关的履职行为始终符合而不是背离授权的初衷——维护人民的利益。英国政治家霍布斯认为："一大群人相互订立信约、每人都对它的行为授权，以便使它能按其认为有利于大家的和平与共同防卫的方式运用全体的力量和手段的一个人格。"[④]在法国思想家卢梭看来："什么是政府呢？政府就是在人民与主权者之间所建立的一个中间体，它的根本作用在于接受公意指导并使用它的权威，根据主权者的意图，按照大家同意的法律来决断公民的行为，协调他们之间的关系。"[⑤]卢梭进一步指出："在官员方面，他们则负有以下的义务：他们必须按照委托人的意思行使所受托的权力，必须维护每个人能以安全地享受他所有的一切，而且必须在任何情形下都把公共利益放在个人利益之上。"[⑥]

---

① ［美］萨托利：《民主新论》，冯克利、阎克文译，东方出版社 1998 年版，第 26 页。
② ［美］萨托利：《民主新论》，冯克利、阎克文译，东方出版社 1998 年版，第 28 页。
③ ［英］J. S. 密尔：《代议制政府》，汪暄译，商务印书馆 1982 年版，第 43 页。
④ ［英］霍布斯：《利维坦》，黎思复、黎廷弼译，杨昌裕校，商务印书馆 1964 年版，第 132 页。
⑤ ［法］卢梭：《社会契约论》，何兆武译，商务印书馆 1980 年修订第 2 版，第 76 页。
⑥ ［法］卢梭：《论人类不平等的起源和基础》，李常山译，商务印书馆 1962 年版，第 56 页。

我国《宪法》第 3 条第 3 款规定:“国家行政机关、监察机关、审判机关、检察机关都由人民代表大会产生,对它负责,受它监督。”这是我国国家机关民主集中制的体现。那么,中国会否实行西方国家的自由民主制度,在监察领域背弃民主集中制原则呢? 不可能。民主集中制原则是与我国人民代表大会政体制度相配套的国家机构的组织原则,背离这一原则将会直接颠覆我们的人民代表大会制度本身,造成政治运作的混乱。正如新加坡开国总理李光耀坦言:“中国会成为西方式民主国家吗? 不会。中国不会成为一个自由的西方式民主国家,否则就会崩溃。”①

三、我国宪法为设立监察委员会预留了制度空间

我国宪法确立了我国的国体、政体,宪法第三章具体规定了我国的国家机构。在 2018 年修宪之前,我国宪法规定的国家机构有全国人大、国家主席、国务院、中央军委、地方各级人大和地方各级政府、民族自治地方的自治机关、人民法院和人民检察院等。在国家层面上,全国人大之下设立有“一府两院一委”,但这并不排斥在既有的人大制度的政治框架内设立其他机构的可能性。

因为全国人大是我国的主权代表机关,而主权(sovereignty)是一个国家对其管辖区域所拥有的至高无上的、排他性的政治权力。正如同属“议会主权”的英国一样,“(18 世纪的英国)议会除了无法将男人变成女人、或使女人变为男人,没有它办不到的事情”,②我国的全国人民代表大会所代表的主权,其最高性也同样意味着这是一种不受约束的权力,只要全国人大认为应该行使的权力,从法律或政治上来说,它都可以行使。这也可以从我国《宪法》第 62 条列举的全国人民代表大会的职权中看出,其中第 16 项规定,全国人大可以行使“应当由最高国家权力机关行使的其他职权。”这是一个概括性或兜底性的规定,是具有中国制度特色的“人民权力保留”条款,为全国人大行使新

---

① [美]格雷厄姆·艾利森、罗伯特·D. 布莱克威尔、阿里·温尼编:《李光耀论中国与世界》,蒋宗强译,中信出版社 2013 年版,第 16 页。

② [美]爱德华·S. 考文:《美国宪法的“高级法”背景》,张志铭译,三联书店 1997 年版,第 23 页。

设机构等其他职权预留了制度空间,提供了宪法依据。

另外,我国《宪法》第 41 条第 1 款规定:“中华人民共和国公民对于任何国家机关和国家工作人员,有提出批评和建议的权利;对于任何国家机关和国家工作人员的违法失职行为,有向有关国家机关提出申诉、控告或者检举的权利,但是不得捏造或者歪曲事实进行诬告陷害。”该条第 2 款规定:“对于公民的申诉、控告或者检举,有关国家机关必须查清事实,负责处理。任何人不得压制和打击报复。”上述两个条款将公民的监督范围设定为“任何国家机关和国家工作人员”,而不限于行政机关及其工作人员,远远大于原《行政监察法》的监督范围。当然,上述条款的批评、建议、申诉、控告或者检举权,是就公民监督的角度而言的,并不属于法定机构的监督行为,但公民上述权利的行使为法定机构的监督提供了重要的线索来源,甚至为法定机构履行查处职责设定了责任,这样就为建立面向所有“行使公权力的公职人员”的“全面覆盖”的国家监察制度,提供了“控告与举报的公民权利—受理与查处的国家权力”全面对接的可能性。

第三节　我国设立监察委员会的推进过程

我国设立各级监察委员会,是一项影响重大的政治体制调整,稳妥起见,不是立即在全国范围内推开的,而是经历了一个从三地试点到全面推开的过程。

一、三地试点

2015 年 1 月,全国人大常委会党组明确提出:“抓紧做好行政监察法修改工作,为形成全面覆盖国家机关及其公务员的国家监察体系提供法律保障。”2016 年 1 月,习近平总书记在十八届中央纪委六次全会上指出:“要完善监督制度,做好监督体系顶层设计,既加强党的自我监督,又加强对国家机器的监督”,“要健全国家监察组织架构,形成全面覆盖国家机关及其公务员的国家监察体系。”2016 年 10 月，党的十八届六中全会审议通过的《中国共产党党内监督条例》明确规定：“各级党委应当支持和保证同级人大、政府、监察机关、司法机关等对国家机关及公职人员依法进行监督。”

2016 年 11 月 4 日，中央办公厅印发了《关于在北京市、山西省、浙江省开展国家监察体制改革试点方案》，明确此次改革是“事关大局的重大政治改革”，在北京市、山西省、浙江省设立各级监察委员会，从体制机制、制度建设上先行先试、探索实践，为在全国推开积累经验。2016 年 12 月 25 日，第十二届全国人民代表大会常务委员会第二十五次会议通过《全国人民代表大会常务委员会关于在北京市、山西省、浙江省开展国家监察体制改革试点工作的决定》。

试点之所以选择在这三个地方举行，是因为这三个地方极具代表性和政治意义：北京市是国家的首都和政治文化中心，其反腐倡廉的方法和成效具有重要的标杆示范作用；山西省曾经是腐败的重灾区，在山西推行监察体制改革对于彰显改革成效、重建政治生态具有重要意义；浙江省代表了东南沿海经济发达地区，体制机制创新可以更好地为改革开放保驾护航。可以肯定的是，中央选取这三个地区进行监察体制改革试点是经过深思熟虑的，有利于在试点中总结经验，查找问题。

2017 年 1 月 6 日，习近平总书记在十八届中央纪委七次全会上强调，要积极稳妥推进国家监察体制改革，加强统筹协调，做好政策把握和工作衔接。十八届中央纪委七次全会提出，制定深化国家监察体制改革方案，确定时间表、路线图，推动试点先行。2017 年 1 月 18 日，山西率先成立全国第一个省级监察委员会；1 月 20 日，北京市监察委员会和浙江省监察委员会同日成立。自此，三个地方的监察委员会开始了改革的先行先试。

试点取得了积极成果。2017 年 10 月 31 日，时任全国人大常委会副委员长李建国在第十二届全国人民代表大会常务委员会第三十次会议上所作的《关于〈全国人民代表大会常务委员会关于在全国各地推开国家监察体制改革试点工作的决定（草案）〉的说明》中指出：“根据党中央决策部署和 2016 年 12 月十二届全国人大常委会第二十五次会议作出的决定，在北京市、山西省、浙江省开展改革试点工作，取得重要阶段性成果，探索积累了成功经验。”

二、全面推开

习近平总书记在2017年10月18日党的十九大工作报告中指出："深化国家监察体制改革，将试点工作在全国推开，组建国家、省、市、县监察委员会，同党的纪律检查机关合署办公，实现对所有行使公权力的公职人员监察全覆盖。制定国家监察法，依法赋予监察委员会职责权限和调查手段，用留置取代'两规'措施。改革审计管理体制，完善统计体制。构建党统一指挥、全面覆盖、权威高效的监督体系，把党内监督同国家机关监督、民主监督、司法监督、群众监督、舆论监督贯通起来，增强监督合力。"2017年10月24日，党的十九大通过了党章修正案，其中规定，"党必须保证国家的立法、司法、行政、监察机关，经济、文化组织和人民团体积极主动地、独立负责地、协调一致地工作"。随后，中共中央办公厅印发了《关于在全国各地推开国家监察体制改革试点方案》。2017年11月4日，全国人大常委会作出《关于在全国各地推开国家监察体制改革试点工作的决定》。

2017年年底至2018年年初，我国省级人民代表大会和市、县人民代表大会陆续召开，在地方人大换届时首次产生了地方各级监察机关的领导人员，一并进行省、市、县监察委员会的组建工作。至2018年2月25日，只用了3个月时间，全国省、市、县三级监察委员会全部组建完成，为监察体制改革的推进提供了组织保障。

2018年3月11日，第十三届全国人民代表大会第一次会议通过了宪法修正案，专门增设了"监察委员会"一节，确立了监察委员会作为国家机构的宪法地位。3月18日，十三届全国人大一次会议第六次全体会议选举产生了国家监察委员会主任。3月20日，十三届全国人大一次会议闭幕会，表决通过《中华人民共和国监察法》。3月21日，十三届全国人大常委会第一次会议经表决任命国家监察委员会副主任和委员。随着国家监察委员会成员产生，至此，国家、省、市、县四级监察委员会全部组建完成，监察体制改革由试点正式迈入全面深化新阶段。

之所以先搞试点，再在试点的基础上全面推开，实际上反映了党和国家极为审慎的态度。我国是个大国，一项改革措施的推行，牵一发而动全身，若改革不成功,将付出巨大的社会代价。尤其是政治体制改革更具根本性、长期性和整体性,改革成功与否,将直接关涉政体能否顺畅地运作,能否实现国家的长治久安。若改革失败,将直接影响国民对于改革的信心。先行试点的做法不仅可以“试败”,而且也给社会一个缓冲、适应和接受的过程。实际上,先试点再全面推开的改革路径,在中国改革开放过程中已经沿袭了多年,许多重大的影响深远的改革举措都是通过这种模式开展的。它一方面顺应了时代发展的需要,做到了与时俱进;另一方面也确保了改革举措的正确性和稳妥性,避免了改革举措可能造成的对社会的巨大冲击。

第四节 相关配套法律法规的适应化和保障

实行依法治国,是我们党的基本治国方略。1999 年宪法修改时,将“中华人民共和国实行依法治国,建设社会主义法治国家”写进宪法。建设法治国家,法治政府建设必须先行,通过政府的率先垂范为社会树立榜样。正如美国当代法学家德沃金所言,“只有一个人看到他的政府和公共官员尊敬法律为道德权威的时候,即使这样做会给他们带来诸多不便,这个人才会在守法并不是他的利益所在的时候,也自愿地按法律标准行事”。[①]

在建设法治国家、法治政府的过程中,政府的一切行为,包括改革举措都应该于法有据。“法治不单指用法律来统治,也指被法律所统治。从另一个角度看,也就是说,任何公民、政治领袖或政府官员所做的任何事,都必须有法律上的依据。”[②]2014 年 10 月 23 日中国共产党第十八届中央委员会第四次全体会议通过的《中共中央关于全面推进依法治国若干重大问题的决定》中指出:“实现立法和改革决策相衔接,做到重大改革于法有据、立法主动适应改革和经济社会发展需要。实践证明行之有效的,要及时上升为法律。

---

① [美]罗纳德·德沃金:《认真对待权利》,中国大百科全书出版社 1998 年版,第 21 页。

② 陈弘毅:《法治·启蒙与现代法的精神》,中国政法大学出版社 1998 年版,第 63 页。

实践条件还不成熟、需要先行先试的,要按照法定程序作出授权。对不适应改革要求的法律法规,要及时修改和废止。”我国进行监察体制改革,属于政治体制改革的重大举措,按照全面依法治国的要求,应该在法治的框架内进行,做到于法有据,这就必然要求改革之前法制先行。18 世纪英国著名的政治家和保守主义政治理论家埃德蒙·柏克(Edmund Burke,1729 ~ 1797 年)认为:“法律所尊重的东西,在我看来就是神圣的。如果出于权宜之计的考虑,即使是为了公众的便利,突破了法律的防线,我们将不再有任何确定性的东西。仅仅是因为处于改革的时代就以其为理由牺牲法律原则是不值得的。”①

法制首先是为改革赋权。法国思想家卢梭认为:“创制政府的行为绝不是一项契约,而只是一项法律。”②《联合国反腐败公约技术指南》第 6 条“预防性反腐败机构”“二、4.”“独立和问责制”中规定:“保障独立性和问责制的方式应该载入法律而不是各种政令(政令可以轻易创设这样的机构,也可以轻易撤销它)。如经验所示,独立性由法律确立或者得到宪法的保障,可以增强以下可能,即该机构拥有充分权力以促进有效政策和确保其实施,并带来一种稳定感。该机构应有权就其建议是否及如何得到落实采取后续行动,并应能够发展和留用拥有必要反腐败专门知识的工作人员。它或它们应被指定为公职人员和公众知道并且可以利用的协调中心和资源,最后,它们应该能够就其工作发布定期公开报告。”

其次,如果法制为改革赋权,是为了为改革提供合法性依据的话;那么法制的限权功能则主要体现在保障改革在法治的框架内进行,避免改革的随意性和不可控性。德国法学家拉德布鲁赫(Gustav Radbruch,1878 ~ 1949 年)认为:“不信任是每个立法者的首要义务。法律不是针对善,而是针对恶制定的。一项法律越是在它的接受者那里以恶行为前提,那么它本身就越好。考虑到人,立法者必须是悲观者,而且一个现代立法者将很难做到恰如其分。”③

---

① [英]埃德蒙·柏克:《自由与传统》,蒋庆、王端昌、王天成译,商务印书馆 2001 年版,第 273 页。

② [法]卢梭:《社会契约论》,何兆武译,商务印书馆 1980 年版,第 132 页。

③ [德]拉德布鲁赫:《法学导论》,米健、朱林译,中国大百科全书出版社 1997 年版,第 70 页。

意大利中世纪经院哲学的哲学家、神学家托马斯·阿奎那(Thomas Aquinas,1225~1274年)也认为:“权力服从法律的支配,乃是政治管理上最重要的事情。”①

一、相关法律的暂时调整或者暂时停止适用

监察委员会由原隶属于政府的行政监察机构、预防腐败机构和隶属于检察系统的反贪污贿赂机构、反侵权渎职机构和预防腐败机构的人员转隶组成。监察委员会成立后,其法律地位、职能与原各转隶前机构相比已经发生了根本性变化。支撑原有这些机构组织和运作的原有一些法律,必须暂时调整或者暂时停止适用,同时全国人大常委会以授权的方式赋予这些试点地方的监察委员会以必要的职权,方能确保新组建的机构有效运转。

根据2017年11月4日第十二届全国人民代表大会常务委员会第三十次会议通过的《全国人民代表大会常务委员会关于在全国各地推开国家监察体制改革试点工作的决定》,在试点工作中,暂时调整或者暂时停止适用的法律包括:《中华人民共和国行政监察法》、《中华人民共和国刑事诉讼法》第3条、第18条、第148条以及第二编第二章第十一节关于检察机关对直接受理的案件进行侦查的有关规定,《中华人民共和国人民检察院组织法》第5条第2项、《中华人民共和国检察官法》第6条第3项、《中华人民共和国地方各级人民代表大会和地方各级人民政府组织法》第59条第5项关于县级以上的地方各级人民政府管理本行政区域内的监察工作的规定;其他法律中规定由行政监察机关行使的监察职责,一并调整由监察委员会行使。

当然,相关法律的暂时调整或者暂时停止适用是有期限的。这个期限就是保障监察机关职权运行的相关法律已经制定或修订完成。比如,随着《中华人民共和国监察法》的制定实施,《行政监察法》同时废止,同时随着《刑事诉讼法》《人民检察院组织法》等法律相关条款的修改完成,监察机关行使权

---

① [意大利]托马斯·阿奎那:《阿奎那政治著作选》,马清槐译,商务印书馆1982年版,第123页。

力获得必要授权和空间，上述法律的暂时调整或者暂时停止适用自然就终止了。

二、修宪明确宪法依据

（一）为什么要修宪

宪法是一个国家的根本法，具有最高的法律地位和权威。正因如此，宪法不能够随意修改，以维护宪制秩序的稳定性。"宪法是国家的稳定性、生命力和有序合法性的基础。"但宪法的稳定性并不排斥其内容随着社会和形势的发展而与时俱进。我国古代思想家庄子认为："礼义法度者，应时而变者也。"①美国著名大法官本杰明·内森·卡多佐（Benjamin Nathan Cardozo，1870～1938年）有句名言："法律就像旅行一样，必须为明天做准备。它必须具备成长的原则。"另一位美国宪法学者劳伦斯·却伯（Laurence H. Tribe）也认为："宪法是一个无穷尽的，一个国家的世代人都参与对话的流动的话语。"②

以美国宪法为例，它自1787年制定以来，迄今已逾230年时间，期间就已历经了27次修正。这些修正案反映了时代的变迁，满足了社会发展的现实需求，不仅无损于美国宪法的稳定性和权威性，反而因为这些修正案的存在，有效缓解了美国宪法正文的僵硬文本与社会变迁之间的张力，使宪法不会因为滞后于社会的发展而被推翻，反而有助于维护宪法本身的稳定性。当然了，这些修正都是在历史的长河中，在社会的不断演进中实现的，是岁月的积淀和回应，那种朝令夕改式的频繁立宪和修宪与其不可同日而语，是不足取的。

回到我国当下的语境。我国正处于一个社会变革的时代。经济体制改革先行，促进了我国生产力的大发展和社会生产关系的深刻调整，随着经济体制改革的不断深入，也必然呼唤和要求政治体制的改革。改革开放的总设计师邓小平指出，"现在经济体制改革每前进一步，都深深感到政治体制改革

① 《庄子·天运》。转引自《廉政格言警句》，中国方正出版社2004年版，第138页。

② 苏力：《法治及其本土资源》，中国政法大学出版社1996年版，第264～265页。

的必要性。不改革政治体制,就不能保障经济体制改革的成果,不能使经济体制改革继续前进,就会阻碍生产力的发展,阻碍四个现代化的实现”。[①] 而政治体制改革必然随着法律尤其是宪法的修改。“世易时移,变法宜矣。譬之若良医,病万变,药也万变。病变而药不变,响之寿民,今为殇子矣。”[②]我国近代维新派、新法家代表人物梁启超也主张法律应因时而变:“法者,天下之公器也;变者,天下之公理也。”[③]

身处在这个改革和转型的年代,必然面对改革和宪法的张力问题。一方面改革如火如荼,另一方面宪法却落后于时代的发展,是先修宪为改革扫清宪法障碍,还是先进行改革探索,试行成功以后再将改革的成果利用修宪进行确认,这是改革者必须要直面的问题。形式主义法治观认为,宪法具有最高法律地位,不容挑战和突破,任何改革必须在宪法范围内进行,否则就是违宪,应承担相应的违宪责任。为此,改革若想在法治轨道上运行,必须先修改宪法。这样做,从表面上或形式上维护了宪法的尊严,但由于改革本身就是一个实验的过程,一旦改革失败,相关的宪法条文又要进行修改,反而损害了宪法的稳定性和权威性。

为此,中国的改革家们创造了一种“先改革,后修宪”的模式,即先进行改革试验,待一段时间的实践证明改革是可行的、改革举措是正确的、改革是成功之后,再对相关的宪法条文进行修改,以确认改革的成果,并指导今后在更大时间和空间范围内的实践。比如在改革开放初期,民间实际上已经开展了自下而上的“分产到户”的探索型改革,[④]后在上级的默认和支持下,该项改革在更大范围内进行改革。中共中央在 1982 年批转的《全国农村工作会议纪要》中明确指出“包产到户、包干到户都是社会主义集体经济的生产责任制”,对该项改革予以认可。但直到 1993 年修宪时才正式以国家根本法的形式对家庭联产承包责任制予以确认。再如,1982 年《宪法》第 10 条第 4 款规定:

---

① 《邓小平文选》(第 3 卷),人民出版社 1993 年版,第 176 页。

② 《吕氏春秋 · 察今》。转引自《廉政格言警句》,中国方正出版社 2004 年版,第 133 页。

③ 梁启超:《变法同议》。转引自《廉政格言警句》,中国方正出版社 2004 年版,第 138 页。

④ 比如,1978 年,安徽省凤阳县小溪河镇小岗村 18 位农民冒着极大的政治风险,立下生死状,将集体土地承包给个人,从而拉开了中国农村家庭联产承包责任制的序幕。

"任何组织或者个人不得侵占、买卖、出租或者以其他形式非法转让土地。"但深圳等经济特区为吸引外资,进行制度创新,突破了上述规定,将土地使用权进行出租。但直到 1988 年,全国人大才通过修宪明确"土地的使用权可以依照法律的规定转让"。又如,1982 年《宪法》第 15 条规定:"国家在社会主义公有制基础上实行计划经济"。然而自改革开放以来,我国一直在进行经济体制模式改革的深层次探索,从"计划经济"到提出"以公有制为基础的有计划的商品经济",再到"建设社会主义市场经济体制",我国的经济体制在不断演变,但直到 1993 年修宪时才将"国家实行社会主义市场经济"明确写进宪法。

"先改革,后修宪"的做法确保了修改后宪法的稳定性,但对改革在修宪之前的违宪质疑却一直存在。怎样协调处理我国转型时期改革的必要性和宪法的权威性,使之能够统一于我国改革开放的实践之中,于是一个"良性违宪"的概念被提了出来。所谓"良性违宪"(benign violation of constitution),即表面上(形式上)看似违宪,但实际上却符合历史发展趋势,符合人民的根本利益,能够推动社会进步的"违宪"行为。因此,在改革的年代和社会的转型时期,这种"良性违宪"应该被容忍,否则固守"形式主义法治"的教条和窠臼,抱残守阙,只会阻碍本有益于国家、民族、社会和人民利益的改革进程。但当完成社会的转型之后,该种情况应当尽量避免。

此次监察体制改革,要否修改宪法,学界也有不同的看法。有学者认为,既然全国人大的职权包括"制定和修改刑事、民事、国家机构的和其他的基本法律",就由全国人大制定一部关于监察委员会设立及运作的法律,而不必非得修改作为国家根本法的宪法。笔者认为,作为最高权力机关的全国人大有此职权不假,但国家监察委员会的设置改变了我国的政治体制,由人大之下的"一府两院"体制变为人大之下的"一府两院一委"体制,结构发生了变化,这也就是为什么此次监察体制改革被称为"事关全局的重大政治体制改革"的原因所在。宪法是国家的根本大法,宪法规定的是一个国家的基本政治制度、基本经济社会和文化制度、公民的基本权利和义务及国家机关等主要内容。依法治国的核心是依宪治国,设立一个这样的国家机关应在宪法中找到依据,否则仅通过基本法律来规定,在宪法中却"师出无名",必将影响该机构在我国现实政治生活中的宪制地位。且宪法具有较高、较复杂的修改要求和条件，将监察委员会的设立入宪后，不仅体现出其较高的宪制地位，而且便于维护该机构的稳定性。故长久之计，应该修宪。

而应在监察委员会设立之前修宪，还是在设立之后修宪？在试点阶段，全国人大常委会依职权先后作出了在北京、山西、浙江三地和全国各地推行监察体制改革试点的决定，在此过程中并没有急于修宪。但在中央一级设立国家监察委员会时，则采用了“先修宪，再立法，后设立”的模式。[①] 先修宪，即先通过修改宪法的方式，将国家监察委员会的产生及其职权的主要内容写入宪法，同时将与其抵触的宪法条文予以修改；[②]再立法，指制定了一部《中华人民共和国监察法》，将监察委员会的组织、职责，监察的对象、程序，及对监察机关自身的监督等内容，作出详细的规定；后设立，指待修宪及立法完成后，再正式成立国家监察委员会。这是顾及多重价值目标后最好的设计和安排。先修宪，为监察委员会的设立提供宪法依据，避免了“良性违宪”的争论，在我们强调依法治国、依宪治国的大背景下，更显示出改革者对宪法的尊重，具有重要的社会引领意义；再立法，体现了“根据宪法，制定本法”的法源依据，是对宪法条文的具体化，其系统性和完整性将使监察委员会的组织及运作有了具体依据；后设立，指修宪和立法完成之后，一切水到渠成，再设立监察委员会。

（二）我国修宪的原则

1. 符合立宪宗旨原则

我国是社会主义国家，我国宪法是社会主义宪法。《宪法》第 1 条规定了我国的国体，即“中华人民共和国是工人阶级领导的、以工农联盟为基础的人民民主专政的社会主义国家。社会主义制度是中华人民共和国的根本制

---

① 2018 年 3 月 11 日，第十三届全国人民代表大会第一次会议通过了宪法修正案，为监察委员会的设立提供宪法依据；3 月 18 日，会议选举产生国家监察委员会主任；3 月 20 日，会议表决通过《中华人民共和国监察法》；3 月 21 日，十三届全国人大常委会第一次会议分别经表决，任命国家监察委员会副主任和委员，至此国家监察委员会宣告成立。

② 如 1988 年《宪法》第 89 条规定：“国务院领导和管理民政、公安、司法行政和监察等工作。”根据该项规定，监察机关接受国务院的领导，属于政府组成部门。

度”。第2条规定了我国的政体,即“中华人民共和国的一切权力属于人民。人民行使国家权力的机关是全国人民代表大会和地方各级人民代表大会”。维护我国的国体和政体就是我国立宪的宗旨原则。我国现行的1982年宪法是以1954年宪法为蓝本的,而1954年制宪时,毛泽东在《关于中华人民共和国宪法草案》的讲话中指出:“我们的宪法草案结合了原则性和灵活性。原则基本上是两个:民主原则和社会主义原则。我们的民主不是资产阶级的民主,而是人民民主,这就是无产阶级领导的、以工农联盟为基础的人民民主专政。人民民主原则贯穿在我们整个宪法中。另一个是社会主义原则。”①

我们对宪法的修改,都不能背离我国的国体和政体,都不能违背民主原则和社会主义原则。这些都为我国宪法的修改设置了边界。违背了这些原则,就违背了我国立宪的初衷。

2. 与时俱进同时要以必要性原则

宪法不能落后于时代的发展。“如果我们要求文明社会永远地受他们的祖先的制度的支配,那就等于是叫一个大人还穿他小时的外衣。”②就适应性的角度而言,修宪要与时俱进,以使宪法的规定能够跟上时代的潮流和政治经济社会发展的实际要求,但同时要以必要性为原则,修宪要在维护宪法的稳定性、权威性和适应性之间寻求平衡。为此,只有当宪法的规定明显落后于时代的发展要求,阻碍国家和社会的发展才有修改之必要,而各方面要求修改的声音非常普遍、具有广泛的社会共识,实践又证明是成熟的时候,方得改之。从维护宪法的连续性、稳定性和权威性讲,能不改的尽量不改,能小改的尽量不大改,一切以必要性为原则;对可以通过制定有关法律或宪法解释予以明确的,原则上不改;对修改时机尚不成熟、社会上有一定争议、需要进一步研究和凝聚共识的,暂时不作修改。实际上我国1982年宪法颁布以来的历次修正都秉持了这一原则。

3. 谦谨性原则

实际上这条原则与必要性原则相关联。所谓“谦谨性原则”,即指修宪不

---

① 《毛泽东选集》(第5卷),人民出版社1977年版,第127页。

② [美]托马斯·杰弗逊:《杰弗逊文选》,王华译,商务印书馆1963年版,第59页。

能过于超前，过于超前本来目的是为推动社会的改革，但由于其内容脱离社会现实，社会的接受能力有限，而使其立意美好的条款被搁置，成为“空中楼阁”，或“镜中花”“水中月”。所以，修宪应以社会改革的推动为动力，同时为社会改革创造必要的条件，而不是一厢情愿地追求所谓的“理想”和“完美”。“宪法必须不能过分超前，不能要求人民和政治家达到依据现行政治教育状况远远达不到的标准。”

（三）修宪的模式选择

我国修宪采用的是执政党（中国共产党）主导的模式。在2018年修宪之前，我国现行的1982年宪法已经进行了四次修改，分别发生在1988年、1993年、1999年和2004年。这几次修宪有几个共同的特点：其一，从修宪的启动主体上来讲，都是由执政的中国共产党来推动的，是由中国共产党中央委员会向修宪的法定提起主体之一全国人大常委会提出修宪建议，[①]再由全国人大常委会依照1982年《宪法》第64条的规定，向全国人民代表大会提出宪法修正案（草案），提请全国人大会议审议，由全国人民代表大会以全体代表的2/3以上的多数通过。由执政党向全国人大常委会提出修宪建议，已经成为我国的修宪惯例，实现了党的领导与宪法法定修改程序的有机无缝衔接。其二，从修宪的时机上来说，以上四次修宪都发生在党的全国代表大会举行之后，是党的代表大会精神的贯彻落实，是党的意志和主张通过法定程序转化为国家意志的过程和体现。如1988年修宪根据的是党的十三大精神，1993年修宪根据的是党的十四大精神，1999年修宪根据的是党的十五大精神，2004年修宪根据的是党的十六大精神。其三，从修宪的性质上来看，都属于确认性修宪，即在各项改革取得成功之后进行的宪法修改，属于确认性的修宪，而非探索性的修宪。如1988年修宪将“国家允许私营经济在法律规定的范围内存在和发展”“土地使用权可以依照法律的规定转让”，就是对改革开放以来我国出现的新的经济形式、土地使用权与所有权的分离实践进行的肯定。再如，1993年修宪时，将“家庭联产承包责任制”写入宪法，就是将这一已

① 我国1982年《宪法》第64条规定，宪法修改的法定提起主体有两个：一个是全国人大常委会，另一个是1/5以上的全国人大代表。

经实施多年的经济形式，正式确认为社会主义劳动群众集体所有制经济形式；将“国家实行社会主义市场经济”写入宪法，也是对当时已经开展的社会主义市场经济机制构建的一种认可。

2018年修宪，依然延续了上述几次修宪的模式。从修宪启动主体上来讲，依然是由中共中央委员会向全国人大常委会提出修宪建议，由后者依法定程序提出宪法修正案提请全国人大审议；从修宪时机上来讲，是在党的十九次全国代表大会召开之后进行的，便于将党的十九大提出的一些治国理政的指导思想、发展目标、发展战略等，以国家根本法的形式予以固定和提升，并且在修宪之前，执政的中国共产党又连续召开了十九届二中全会和三中全会，为修宪做准备；从修宪性质上来说，也属于确认性修宪，既把党的主张予以确认，也把已经实施的国家改革试点做法予以确认，如将先在北京、山西、浙江三地试点，后在全国各地推开试点的监察体制改革的成果——设立监察委员会写入宪法。

(四)修宪的具体内容

2018年3月11日第十三届全国人民代表大会第一次会议通过了宪法修正案，这是针对1982年宪法的第五个修正案。本次修宪，针对“监察委员会”的修改，实际上分为三个部分。

1. 在宪法第三章“国家机构”中增设“监察委员会”专节

2018年修宪，在宪法第三章“国家机构”中增加一节，作为第七节“监察委员会”；增加五条，分别作为第123条至第127条。这五个条文分别规定了监察委员会的性质、组成、领导关系、负责体制、与其他机构的横向关系等内容，再加上通过宪法其他部分修改所规定的监察委员会的产生，共同构成了监察委员会制度的基本轮廓。

增设的《宪法》第123条规定：“中华人民共和国各级监察委员会是国家的监察机关。”这是关于监察委员会性质的规定。这与我国宪法第三章“国家机构”各节首条先明确该机关的性质的做法保持了一致。如“全国人民代表大会”一节首条即第57条规定：“中华人民共和国全国人民代表大会是最高国家权力机关。它的常设机关是全国人民代表大会常务委员会。”“国务院”一节首条即第85条规定：“中华人民共和国国务院，即中央人民政府，是最高国家权力机关的执行机关,是最高国家行政机关。""中央军事委员会"一节的首条即第 93 条规定:"中华人民共和国军事委员会领导全国武装力量。""人民法院和人民检察院"一节首条即第 128 条规定:"中华人民共和国人民法院是国家的审判机关。"第 134 条规定:"中华人民共和国检察院是国家的法律监督机关。"尤其要注意监察委员会作为国家监察机关与检察院作为国家法律监督机关的区别。

增设的《宪法》第 124 条规定:"中华人民共和国设立国家监察委员会和地方各级监察委员会。监察委员会由下列人员组成:主任,副主任若干人,委员若干人。监察委员会主任每届任期同本级人民代表大会每届任期相同。国家监察委员会主任连续任职不得超过两届。监察委员会的组织和职权由法律规定。"此条规定了监察委员会的组成和负责人的任期限制。由于宪法是国家的根本法,宪法只适合对国家机关的性质、职权、组成、产生、领导体制和负责制度等进行原则性规定,而国家机关的具体组织及职权行使,需要制定法律予以全面及详细规范,不适合在宪法中事无巨细地予以明确,因为这与宪法的根本法、原则性和最高性不相适应。事实上,我国国家机关都有自己的组织法。比如,《全国人民代表大会组织法》《国务院组织法》《地方各级人民代表大会和地方各级人民政府组织法》《人民法院组织法》《人民检察院组织法》。所以,通过制定《中华人民共和国监察法》,将监察委员会的组织及职权行使的具体事项作详细规定,符合我国的一贯立法习惯。

增设的《宪法》第 125 条规定:"中华人民共和国国家监察委员会是最高监察机关。国家监察委员会领导地方各级监察委员会的工作,上级监察委员会领导下级监察委员会的工作。"本条规定的是国家监察机关的领导体制。此与宪法规定的我国检察机关的领导体制相同,后者《宪法》第 137 条第 2 款规定:"最高人民检察院领导地方各级人民检察院和专门人民检察院的工作,上级人民检察院领导下级人民检察院的工作。"

增设的《宪法》第 126 条规定:"国家监察委员会对全国人民代表大会和全国人民代表大会常务委员会负责。地方各级监察委员会对产生它的国家权力机关和上一级监察委员会负责。"本条规定的是国家监察机关的负责体制。此与宪法规定的我国检察机关的负责体制基本相同,后者《宪法》第 138 条规定:“最高人民检察院对全国人民代表大会和全国人民代表大会常务委员会负责。地方各级人民检察院对产生它的国家权力机关和上级人民检察院负责。”表述稍有不同的地方在于“地方各级监察委员会对产生它的国家权力机关和上一级监察委员会负责。”,而“地方各级人民检察院对产生它的国家权力机关和上级人民检察院负责。”这绝对不是立法者的疏失,而是负责体制的更趋合理。

增设的《宪法》第 127 条规定:“监察委员会依照法律规定独立行使监察权,不受行政机关、社会团体和个人的干涉。监察机关办理职务违法和职务犯罪案件,应当与审判机关、检察机关、执法部门互相配合,互相制约。”监察委员会依法独立行使职权排除干扰的主体方面,与人民法院和人民检察院采用了相同的表述,即“不受行政机关、社会团体和个人的干涉”,而并没有因为监察机关要实现对所有公职人员监察的全覆盖,为免受其他机关的干扰,而将其他机关的名称列入要排除干扰的主体。这是因为,监察机关监察的对象是公职人员个人而非机构(组织),监察机关行使职权依然要受到其他机关的合法影响。比如,它要接受党的机关的领导,同级党的纪律检查委员会与其合署办公就体现出这一点,深化国家监察体制改革的目标,就是要建立党统一领导下的国家反腐败工作机构。再如,监察机关的工作要接受检察机关和审判机关的依法制约。与《宪法》第 140 条规定的“人民法院、人民检察院和公安机关办理刑事案件,应当分工负责,互相配合,互相制约”相同,监察机关办理职务违法和职务犯罪案件时,也应当与审判机关、检察机关、执法部门互相配合,互相制约。

2. 调整和修改监察机关权限及权力机关与监察机关关系的条款

我国的政体是人民代表大会制度,各级人大是我国的权力机关,任何新设国家机关都不能突破这一制度。新设的国家监察机关不再像原行政监察机关一样隶属于行政系统,为增强其独立性和权威性,其地位与各级政府、法院、检察院并列,因此,其必然由各级人大产生,对其负责,受其监督。这必然牵涉宪法中有关权力机关权限及权力机关与监察机关关系的条款。比如,将《宪法》第 3 条第 3 款“国家行政机关、审判机关、检察机关都由人民代表大会产生,对它负责,受它监督”修改为:“国家行政机关、监察机关、审判机关、检察机关都由人民代表大会产生,对它负责,受它监督”;《宪法》第62条“全国人民代表大会行使下列职权”中增加一项,作为第7项:“(七)选举国家监察委员会主任”;《宪法》第63条“全国人民代表大会有权罢免下列人员”中增加一项,作为第4项:“(四)国家监察委员会主任”;《宪法》第65条第4款“全国人民代表大会常务委员会的组成人员不得担任国家行政机关、审判机关和检察机关的职务”修改为:“全国人民代表大会常务委员会的组成人员不得担任国家行政机关、监察机关、审判机关和检察机关的职务”;《宪法》第67条“全国人民代表大会常务委员会行使下列职权”中第6项“(六)监督国务院、中央军事委员会、最高人民法院和最高人民检察院的工作”修改为“(六)监督国务院、中央军事委员会、国家监察委员会、最高人民法院和最高人民检察院的工作”,增加一项,作为第11项:“(十一)根据国家监察委员会主任的提请,任免国家监察委员会副主任、委员”;《宪法》第101条第2款中“县级以上的地方各级人民代表大会选举并且有权罢免本级人民法院院长和本级人民检察院检察长”修改为:“县级以上的地方各级人民代表大会选举并且有权罢免本级监察委员会主任、本级人民法院院长和本级人民检察院检察长”;《宪法》第103条第3款“县级以上的地方各级人民代表大会常务委员会的组成人员不得担任国家行政机关、审判机关和检察机关的职务。”修改为:“县级以上的地方各级人民代表大会常务委员会的组成人员不得担任国家行政机关、监察机关、审判机关和检察机关的职务”;《宪法》第104条有关县级以上地方各级人民代表大会常务委员会的职权中“监督本级人民政府、人民法院和人民检察院的工作”修改为:“监督本级人民政府、监察委员会、人民法院和人民检察院的工作”。

3. 调整和修改地方政府权限的条款

《宪法》第107第1款,关于县级以上地方各级人民政府的权限中,删除管理本行政区域内的“监察”工作的字样。

三、《中华人民共和国监察法》的制定

在试点阶段,全国人大常委会对新组建的监察委员会的授权只能是暂时

的，国家机构的设立和运行必须要依据法律进行，而不能是临时性的、非常态化的授权。同时，宪法是我国的根本大法，宪法只适合对国家机构作出原则性的规定，而国家机构的组织及运行必须依据具体的法律，因此必须要制定《中华人民共和国监察法》。

《中华人民共和国监察法》应就哪些方面进行立法呢？《联合国反腐败公约技术指南》为我国立法提供了指引。其第6条"预防性反腐败机构""二、2. 职权和权力"中规定：

该机构应该在根据第五条制定的战略所提供的框架之内，承担制定、坚持、修订反腐败政策并监测其有效而协调实施的任务。该战略可能会指定公共部门、私营部门、志愿者或者非政府组织部门以及民间社会承担各项责任。

在该战略的职权范围内，该机构应确保制定和推广各种预防腐败的有效做法。应该适度经常地定期评估有关法律文书和行政措施，以确定其能否有效预防和打击腐败。

经验表明，存在多种不同的授予反腐败机构的职权。认识到这种机构应该对每个国家盛行的独特制度（行政的和法律的）和环境做出反应，《公约》将这一点留给各国自己做出选择。因此，有些反腐败机构仅承担预防的任务，而有些则被赋予从预防到调查和起诉的一系列权力。

无论职权范围如何，该机构将要求获得正式立法权，以履行其职能。这种立法框架所包含的某些内容是：

- 向该机构提供法定权力，以制定《公约》所概述的政策和做法；
- 使该机构能够出版指导手册和制定《行为守则》；
- 使该机构能够就未来的立法提出建议，并规定在制定任何新的反腐败立法之前与之协商；
- 在授予调查权的情况下，使该机构能够自行开始一项调查，不要求在它采取行动之前为调查行动向它询问任何问题；
- 拥有发出传票的权力，以获得文件、信息、证词或者其他证据；
- 确保与参与反腐败工作的国际国内适当机构之间的信息交流，在需要时包括相关执法机构；
- 确保适当独立性以履行其职能；

- 确保该机构工作人员在一秉诚意履行其职责时,受到免于民事诉讼的保护;
- 规定适当程度的问责制和报告制;
- 确保该机构有适当的领导地位;
- 确保适当水平的资源。

以上权力中最主要的权力包括:立法方面的权力(制定《公约》所概述的政策和做法,提出立法建议,任何反腐败立法前征求其意见),调查权,发出传票的权力,实行问责制和报告制,具有适当的领导地位和资源保障。实际上已经涵盖了立法、执法和责任追究等主要内容。这为我国制定监察法提供了框架和思路。

2017年6月举行的第十二届全国人大常委会第二十八次会议对《中华人民共和国监察法(草案)》进行了审议。2017年11月7日,全国人大常委会公布了《中华人民共和国监察法(草案)》,并开展了为期一个月的社会公开征集意见工作。

2018年3月举行的十三届全国人大一次会议在完成修宪将国家监察委员会的设立写入宪法之后,随即通过了《中华人民共和国监察法》。会议并产生了国家监察委员会组成人员,宣告了国家监察委员会的成立。

《中华人民共和国监察法》不是原《行政监察法》的简单修改,而是重起炉灶,另立新法。因为,原行政监察机构隶属于政府,是政府的工作部门,而新成立的监察委员会则脱胎换骨,从政府机构中独立出来,变成与政府同级的国家机关。原行政监察机构的监察手段非常有限,而新成立的监察委员会则享有广泛的职权。所以《中华人民共和国监察法》不是原《行政监察法》的小修小补,而是"凤凰涅槃,浴火重生"。

《中华人民共和国监察法》共分9章。第一章是"总则",第二章是"监察机关及其职责",第三章是"监察范围和管辖",第四章是"监察权限",第五章是"监察程序",第六章是"反腐败国际合作",第七章是"对监察机关和监察人员的监督",第八章是"法律责任",第九章是"附则"。就体例结构上而言,相比原《行政监察法》,多出"监察范围和管辖"、"反腐败国际合作"和"对监察机关和监察人员的监督"三章内容。上述三章中,"监察范围和管辖"可以说是从原《行政监察法》“监察机关的职责”一章中分立出来的，而“反腐败国际合作”和“对监察机关和监察人员的监督”则属新增的内容。

总则部分，开宗明义地明确了我国监察体制改革的目标和指导思想，监察机关性质和主要职能，监察工作基本原则和工作方针。我国监察体制改革的目标是，加强对所有行使公权力的公职人员的监督，实现国家监察全面覆盖，深入开展反腐败工作，推进国家治理体系和治理能力现代化，构建集中统一、权威高效的中国特色国家监察体制（第 1 条和第 2 条）。监察体制改革的指导思想是，“坚持中国共产党对国家监察工作的领导，以马克思列宁主义、毛泽东思想、邓小平理论、‘三个代表’重要思想、科学发展观、习近平新时代中国特色社会主义思想为指导”（第 2 条）。我国各级监察委员会的性质和主要职能是，“各级监察委员会是行使国家监察职能的专责机关，依照本法对所有行使公权力的公职人员进行监察，调查职务违法和职务犯罪，开展廉政建设和反腐败工作，维护宪法和法律的尊严”（第 3 条）。我国监察工作的基本原则有：独立行使监察权原则；与审判机关、检察机关、执法部门互相配合，互相制约的原则；遵照宪法和法律，以事实为根据，以法律为准绳的原则；在适用法律上一律平等，保障当事人的合法权益的原则；权责对等、严格监督的原则；惩戒与教育相结合，宽严相济的原则（第 4 条、第 5 条）。监察工作的方针是，“国家监察工作坚持标本兼治、综合治理，强化监督问责，严厉惩治腐败；深化改革、健全法治，有效制约和监督权力；加强法治教育和道德教育，弘扬中华优秀传统文化，构建不敢腐、不能腐、不想腐的长效机制”（第 6 条）。

分则部分由 7 章组成。从章节体例内容来看，分则基本上是由组织法（“监察机关及其职责”）、行为法（监察范围和管辖、监察权限、监察程序、反腐败国际合作）和监督法（对监察机关和监察人员的监督，法律责任）三部分构成。《中华人民共和国监察法》一部法律包含了设立一个新的国家机构所有可能涉及的立法内容，是一部非常全面系统的立法。

综观这部法律，“集中统一、权威高效”是我国国家监察体制建设的目标。这既是我国监察体制改革的必然要求，也符合世界各国关于国家强力部门应有条件的判断。美国建国初期思想家汉密尔顿认为：“行政部门能够强而有力，所需要的因素是：第一，统一；第二，稳定；第三，充分的法律支持；第四，足够的权力。”[①]马克思也认为:“没有一个国家可以不要集权,联邦制国家需要集权,丝毫不亚于已经发达的集权国家。只要存在国家,每个国家社会有自己的中央,每个公民只是因为有集权才履行自己的公民职责。此外国家集权的实质并不意味着某个孤家寡人就是国家的中心,就像在专制君主政体下那种,而只意味着一个人位于中心,就像共和国中的总统那样。就是说,别忘记这里重要的不是身居中心的个人,而是中央本身。”[②]

四、其他法律的修改和制定

为给监察委员会的设立提供系统的法制保障,清除法律障碍,我国已经建立起了以宪法为基础,为监察法为主体的法制体系。在完成修宪和《中华人民共和国监察法》的制定后,其他配套法律法规的修改、制定和清理工作也随之展开。

(一)基本法律的修改和制定

何为“基本法律”? 对此并没有明确的定义。但根据我国《宪法》第62条第3项和《立法法》第7条第2项的规定,全国人民代表大会“制定和修改刑事、民事、国家机构的和其他的基本法律”。由此可见,“基本法律”至少应包括刑事、民事、国家机构方面的法律。而因应国家监察委员会的成立,以下法律需要修改或制定。

1.《刑事诉讼法》的修改

制定《中华人民共和国监察法》后,因为监察委员会吸收了原检察院反贪污贿赂、反失职渎职等职务犯罪侦查权,《刑事诉讼法》的修改将是首当其冲的。2018年修改前的《刑事诉讼法》第18条第2款规定:“贪污贿赂犯罪,国家工作人员的渎职犯罪,国家机关工作人员利用职权实施的非法拘禁、刑讯逼供、报复陷害、非法搜查的侵犯公民人身权利的犯罪以及侵犯公民民主权利的犯罪,由人民检察院立案侦查。对于国家机关工作人员利用职权实施的

① [美]汉密尔顿、杰伊、麦迪逊:《联邦党人文集》,程逢如、在汉、舒逊译,商务印书馆1980年版,第356页。

② 《马克思恩格斯全集》(第41卷),人民出版社1972年版,第396~397页。

其他重大的犯罪案件,需要由人民检察院直接受理的时候,经省级以上人民检察院决定,可以由人民检察院立案侦查。”2018 年 10 月 26 日,第十三届全国人民代表大会常务委员会第六次会议通过了《关于修改〈中华人民共和国刑事诉讼法〉的决定》,删去人民检察院对贪污贿赂等案件行使侦查权的规定,保留人民检察院在诉讼活动法律监督中发现司法工作人员利用职权实施的非法拘禁、刑讯逼供、非法搜查等侵犯公民权利、损害司法公正的犯罪的侦查权。

监察机构调查职务违法和职务犯罪案件,直接适用《中华人民共和国监察法》,而不适用或补充适用《刑事诉讼法》。监察机关对涉及腐败行为的职务违法和职务犯罪案件的处理,是刑事诉讼程序之外(针对违法案件)和之前(针对犯罪案件)的工作程序,本身不受《刑事诉讼法》的调整和约束,而直接以《中华人民共和国监察法》为依据。有人提出,《中华人民共和国监察法》的规定相对于《刑事诉讼法》而言相对简单,《刑事诉讼法》的规定更为细密、成熟和具有可操作性,当《中华人民共和国监察法》的规定较为笼统时,可以补充适用或参照适用《刑事诉讼法》的相关规定。笔者认为,对于监察行为,《中华人民共和国监察法》本身规定的不完善,可以通过修改这部法律或制定实施细则的方式来补正,而不能直接适用《刑事诉讼法》的规定。因为这是完全不同的两种程序,监察机关开展的是“调查”程序,而检察机关自侦案件开展的是“侦查”程序,虽一字之差,性质已完全不同。2018 年 10 月修订后的《刑事诉讼法》第 108 条已经明确,“‘侦查’是指公安机关、人民检察院对于刑事案件,依照法律进行的收集证据、查明案情的工作和有关的强制性措施”,由此可见,《刑事诉讼法》中的“侦查”概念已经明确将监察机关排除在外。监察机关依据《中华人民共和国监察法》实施的包括调查在内的监察行为,直接受《中华人民共和国监察法》的规范。

当然,监察程序与刑事诉讼程序是可以进行衔接的。当职务违法犯罪案件调查终结后,根据《中华人民共和国监察法》第 45 ~ 47 条的规定,有关行为涉嫌职务犯罪的,监察机关经调查认为犯罪事实清楚,证据确实、充分的,应当制作起诉意见书,连同案卷材料、证据一并移送人民检察院进行审查。从起诉意见书移送人民检察院审查之后便进入了刑事诉讼程序,由检察院根据我国《刑事诉讼法》和《中华人民共和国监察法》的规定进行处理。如采取强制措施、提起公诉、退回补充调查、作出不起诉的决定等。[①] 此时,适用《刑事诉讼法》和《中华人民共和国监察法》的主体是检察机关而非监察机关。这也可以反证出,监察机关在对职务违法犯罪案件进行调查处理的过程中是不适用《刑事诉讼法》的。

也有学者提出,制定《中华人民共和国监察法》后,需要对2018年修改后的《刑事诉讼法》第3条及第6章"强制措施"中的大部分条款进行修改或废止。该法第3条第1款规定:"对刑事案件的侦查、拘留、执行逮捕、预审,由公安机关负责。检察、批准逮捕、检察机关直接受理的案件的侦查、提起公诉,由人民检察院负责。审判由人民法院负责。除法律特别规定的以外,其他任何机关、团体和个人都无权行使这些权力。"应通过修改,将监察机关对有关职务犯罪案件的调查权予以明确,同时删除"除法律特别规定的以外,其他任何机关、团体和个人都无权行使这些权力"这一表述,因为这一表述排除了监察机关的调查权力。前已述及,监察机关行使的是对有关职务违法和犯罪案件的"调查权",而非"侦查权",故而《中华人民共和国监察法》的通过与上述条款并不冲突,无须修改,况且《中华人民共和国监察法》也是一部法律,当然也可以进行授权。

2.《全国人民代表大会组织法》的修改

现行《全国人民代表大会组织法》是1982年12月10日第五届全国人民代表大会第五次会议通过的。2018年修宪后,设立国家监察委员会是对我国宪制体制的调整,相应地,《全国人民代表大会组织法》也需要做一些修改,以便与修正后的《宪法》和新制定的《中华人民共和国监察法》保持一致。

修改《全国人民代表大会组织法》可能涉及如下一些条款:在第8条关于可以列席全国人民代表大会会议的人员中,增加"国家监察委员会主任";在

---

① 为了与《中华人民共和国监察法》保持一致,《刑事诉讼法》进行了相应的修改。2018年10月26日,第十三届全国人民代表大会常务委员会第六次会议通过的《关于修改〈中华人民共和国刑事诉讼法〉的决定》,明确人民检察院对于监察机关移送起诉的案件,依照刑事诉讼法和监察法的有关规定进行审查;认为需要补充核实的,应当退回监察机关补充调查,必要时可以自行补充侦查;对于监察机关采取留置措施的案件,人民检察院应当对犯罪嫌疑人先行拘留,留置措施自动解除,人民检察院应当在10日以内作出是否逮捕、取保候审或者监视居住的决定。在特殊情况下,决定的时间可以延长。

第9条关于有权提出属于全国人民代表大会职权范围内的议案的主体中，增加“国家监察委员会”；在第13条关于由主席团提名，经各代表团酝酿协商后，再由主席团根据多数代表的意见确定正式候选人名单的人选中，增加“国家监察委员会主任”；在第15条关于全国人民代表大会3个以上的代表团或者100名以上的代表，可以对之提出罢免案的人员中，增加“国家监察委员会主任”；在第16条关于全国人民代表大会会议期间，1个代表团或者30名以上的代表，可以对之书面提出质询案的机关中，增加“国家监察委员会”；在第23条第3款关于全国人大常务委员会的组成人员不得担任职务的其他国家机关名称中，增加“国家监察委员会”；在第32条关于可以向全国人大常委会提出属于常委会职权范围内的议案的主体中，增加“国家监察委员会”。

3.《地方各级人民代表大会和地方各级人民政府组织法》的修改

我国现行《地方各级人民代表大会和地方各级人民政府组织法》是1979年7月1日第五届全国人民代表大会第二次会议通过的，迄今历经1982年、1986年、1995年、2004年和2015年五次修改。2018年修宪和制定《中华人民共和国监察法》后，为保持法制体系的统一，《地方各级人民代表大会和地方各级人民政府组织法》的以下条款需要修改：在第8条第6项中关于县级以上地方各级人大选举人员名单中增加“本级监察委员会主任”；第10条县级以上地方各级人民代表大会有权罢免的人员中，增加由它选出的“监察委员会主任”；在第17条关于列席县级以上人大会议的主体中，增加“本级监察委员会主任”；在第21条由本级人民代表大会主席团或者代表联合提名的人员中，增加“监察委员会主任”；在第22条候选人数一般应多一人进行差额选举的人员中，增加“监察委员会主任”；在第25条地方各级人民代表大会补选有关人员时，候选人数可以多于应选人数、也可以同应选人数相等的被补选人员中，增加“监察委员会主任”；在第27条可以向本级人民代表大会提出辞职，由大会决定是否接受辞职的主体中，增加“监察委员会主任”；在第28条第1款地方各级人民代表大会举行会议的时候，代表10人以上联名可以书面对之提出质询案的机关中，增加“监察委员会”；在第41条第3款常务委员会的组成人员不得担任职务的其他国家机关名称中，增加“监察机关”；在第44条第6项县级以上的地方各级人民代表大会常务委员会有权对之实施工作监督的机关名称中，增加“本级监察委员会”；在第44条关于县级以上的地方各级人大常委会在闭会期间，由人大选出的国家机关领导人因故不能担任职务的时候，从副职领导中决定代理的人选名单中，增加“监察委员会主任”；在第44条县级以上的地方各级人民代表大会常务委员会行使的职权中，增加一项：“按照《中华人民共和国监察法》的规定，任免监察委员会副主任、委员”；在第44条第12项，在本级人民代表大会闭会期间，决定撤销由它任命职务的人员名单中，加入“监察委员会副主任、委员”；在第59条第5项中，删除县级以上地方各级人民政府管理本行政区域内“监察”工作的表述。

4.《人民检察院组织法》的修改

我国的《人民检察院组织法》是1979年7月1日第五届全国人民代表大会第二次会议通过的，迄今历经1983年、1986年、2018年三次修改。2018年修订的一项重要内容便是适应国家监察体制改革需要，与《宪法》和《中华人民共和国监察法》保持一致。对于检察机关的职权，将之前的“对于直接受理的刑事案件，进行侦查”，修改为“依照法律规定对有关刑事案件行使侦查权”。由此可见，人民检察院行使侦查权的具体情形，应当“依照法律规定”，这里的“法律”主要是指《刑事诉讼法》和《中华人民共和国监察法》。本次修订，还将检察机关原职权中“对于公安机关侦查的案件，进行审查，决定是否逮捕、起诉或者免予起诉”，修改为：“对刑事案件进行审查，批准或者决定是否逮捕犯罪嫌疑人”和“对刑事案件进行审查，决定是否提起公诉，对决定提起公诉的案件支持公诉”，此处概括地提“刑事案件”，不再限定于“公安机关侦查的案件”，这就为检察机关对监察机关直接受理的案件进行审查监督预留了空间。

5.《全国人民代表大会和地方各级人民代表大会代表法》的修改

我国现行《全国人民代表大会和地方各级人民代表大会代表法》是1992年4月3日第七届全国人民代表大会第五次会议通过的，历经2009年、2010年和2015年三次修改。为适应设立监察委员会的需要，该法中的以下条款可能需要修改：第11条，在全国人大代表有权对主席团提名的中央国家机关领导人人选提出意见的人选名单中，增加“国家监察委员会主任”；在县级以上的地方各级人大代表有权依照法律规定的程序提出地方国家机关主要领导人的人选,并有权对本级人民代表大会主席团和代表依法提出意见的人选名单中,增加“国家监察委员会主任”;第14条,在全国人大会议期间,一个代表团或者30名以上的代表联名,有权书面对之提出质询案的最高国家机关名称清单中,增加“国家监察委员会”;县级以上的地方各级人大代表有权依照法律规定的程序对之提出质询案的地方国家机关名单中,增加“监察委员会”;第15条,在全国人大代表和地方各级人大代表有权依照法律规定的程序对之提出罢免案的国家机关主要负责人中,增加“各级监察委员会主任”。

6.《各级人民代表大会常务委员会监督法》的修改

《各级人民代表大会常务委员会监督法》是2006年8月27日第十届全国人民代表大会常务委员会第二十三次会议通过的。《中华人民共和国监察法》通过后,《各级人民代表大会常务委员会监督法》需要修改的条款包括:在第5条中,将“监察委员会”添加为各级人大常委会对其工作实施监督,促进依法行政、公正司法的对象;在第9条中,将“监察委员会”添加为各级人大常委会听取和审议专项工作报告的议题的对象;在第11条中,添加常务委员会听取和审议专项工作报告前,常务委员会办事机构应当将各方面对该项工作的意见汇总,交由本级“监察委员会”研究并在专项工作报告中作出回应的规定的对象范围;在第12条中,增加“监察委员会应当在常务委员会举行会议的20日前,由其办事机构将专项工作报告送交本级人民代表大会有关专门委员会或者常务委员会有关工作机构征求意见”的规定;在第13条中,增加“专项工作报告由监察委员会的负责人向本级人民代表大会常务委员会报告”的规定;在第14条中,增加“常务委员会组成人员对专项工作报告的审议意见交由本级监察委员会研究处理”的规定。

7.《立法法》的修改

我国现行《立法法》是2000年3月15日第九届全国人民代表大会第三次会议通过的,2015年作了修改。为了与2018年修改后的《宪法》及新制定的《中华人民共和国监察法》保持一致,《立法法》的下列条款应该修改:第8条第2项,在其产生、组织和职权只能制定法律的国家机关名称中增加“监察委员会”;第14条,增加“国家监察委员会”作为可以向全国人大提出法律案的国家机关;第26条,增加“国家监察委员会”可以向全国人大常委会提出法律案的规定;第 46 条,增加“国家监察委员会”可以向全国人大常委会提出法律解释要求的规定。另外,笔者认为,为使国家监察委员会有效履行自己的职权,并与其宪制地位相一致,应通过修改《立法法》,明确赋予国家监察委员会制定监察法规的权限。对此,本书后面部分还有详细的论述。

8. 是否需要制定《监察委员会组织法》

国家机构的组织法是关于国家机构的产生、组织、职权和基本工作制度的法律,我国国务院、人民法院、人民检察院都有组织法。这是因为这些机关的组织制度在其他法律中都没有完整及详尽的规定。宪法基于其系国家根本法的地位,就国家机构的组织不可能规定太详细;而其他的法律,比如诉讼法,虽有对法院、检察院职权的规定,但诉讼法毕竟主要是就诉讼程序进行规定,也不能就法院、检察院的具体组织制度进行详细规定,且法院、检察院的职权在刑事诉讼、民事诉讼和行政诉讼中是不同的,每一部诉讼法都是“管中窥豹”,并不能见到“豹子”的全身。所以,客观上有需要制定特定国家机关组织法的需要。但监察委员会与他们不同。由于《中华人民共和国监察法》采用了组织法、行为法和责任法三者结合的立法模式,已经对监察委员会的组织和产生、职责和权限等作了全面的规定,所以也就没有单独制定《监察委员会组织法》的必要了。

(二)基本法律之外其他法律法规和规范性文件的修改和制定

1.《公务员法》的修改

我国现行《公务员法》是 2005 年 4 月 27 日第十届全国人民代表大会常务委员会第十五次会议通过的,分别于 2017 年 9 月和 2018 年 12 月两次作了修改。因应《中华人民共和国监察法》第 14 条规定的“国家实行监察官制度,依法确定监察官的等级设置、任免、考评和晋升等制度”,《公务员法》于 2018 年 12 月 29 日修改时,在第 3 条第 2 款中增加了对“监察官”的列举,即“法律对公务员中领导成员的产生、任免、监督以及监察官、法官、检察官等的义务、权利和管理另有规定的,从其规定。”

由于《中华人民共和国监察法》的出台,原《行政监察法》已经被废止,行政监察机构不复存在,代之以国家监察机关,职能亦发生改变。按照《中华人民共和国监察法》的规定,监察机关具有进行处理、依法作出处分决定的权力和接受申诉的职责所在。有权利必有救济,这是现代法治和人权原则的基本要求。《公务员法》于 2018 年 12 月 29 日修改时,在第 57 条第 3 款中规定:“对公务员涉嫌职务违法和职务犯罪的,应当依法移送监察机关处理。”①在第 61 条中规定:“公务员因违纪违法应当承担纪律责任的,依照本法给予处分或者由监察机关依法给予政务处分;违纪违法行为情节轻微,经批评教育后改正的,可以免予处分。对同一违纪违法行为,监察机关已经作出政务处分决定的,公务员所在机关不再给予处分。”在第 95 条第 4 款中规定:“公务员对监察机关作出的涉及本人的处理决定不服向监察机关申请复审、复核的,按照有关规定办理。”而这里的“按照有关规定办理”即按照《中华人民共和国监察法》的规定办理。

《中华人民共和国监察法》第 49 条规定:“监察对象对监察机关作出的涉及本人的处理决定不服的,可以在收到处理决定之日起一个月内,向作出决定的监察机关申请复审,复审机关应当在一个月内作出复审决定;监察对象对复审决定仍不服的,可以在收到复审决定之日起一个月内,向上一级监察机关申请复核,复核机关应当在二个月内作出复核决定。复审、复核期间,不停止原处理决定的执行。复核机关经审查,认定处理决定有错误的,原处理机关应当及时予以纠正。”

必须注意的是,国家监察机关接受当事人请求进行复审、复核的案件,仅针对监察机关自身作出的涉及公务人员的处理决定,国家监察机关没有了《行政监察法》规定下的行政监察机关“受理国家行政机关公务员和国家行政机关任命的其他人员不服主管行政机关给予处分决定的申诉”的权力。亦言之,对于“国家行政机关公务员和国家行政机关任命的其他人员不服主管行

① 坦白地讲,这样的表述是有问题的。根据《中华人民共和国监察法》的规定,国家监察机关工作主要聚焦于反腐败,亦即主要针对贪污受贿、失职渎职类违法犯罪行为,不是所有的由公职人员实施的职务违法和职务犯罪行为,都应该由国家监察机关调查处理,有一部分案件属于公安机关、检察机关管辖的范畴。正是基于此,2018 年 10 月 26 日修正后的《刑事诉讼法》第 19 条第 2 款规定:“人民检察院在对诉讼活动实行法律监督中发现的司法工作人员利用职权实施的非法拘禁、刑讯逼供、非法搜查等侵犯公民权利、损害司法公正的犯罪,可以由人民检察院立案侦查。对于公安机关管辖的国家机关工作人员利用职权实施的重大犯罪案件,需要由人民检察院直接受理的时候,经省级以上人民检察院决定,可以由人民检察院立案侦查。”

政机关给予处分决定的申诉”,国家监察机关不再受理。原因有两个:一是原《行政监察法》调整下的行政监察属于政府系统内部监督,监督事项范围比较宽泛,自可以对政府内部的处分决定实施监督,而《中华人民共和国监察法》调整下的国家监察行为,对行政机关而言属于外部监督,基于对不同机关权力行使的尊重,监察机关已不再适合对政府系统内部的人事管理行为进行审查监督;二是国家监察体制改革后,国家监察机关工作职权聚焦于反腐败,一切工作以此为中心开展。

2.《监察官法》的制定

《中华人民共和国监察法》第 14 条规定:“国家实行监察官制度,依法确定监察官的等级设置、任免、考评和晋升等制度。”由于国家对监察官实行单独序列管理,并且《中华人民共和国监察法》已明确“依法确定监察官的等级设置、任免、考评和晋升等制度”,故,有必要制定一部《监察官法》。尽管我国于 2005 年制定了《公务员法》并迄今已进行了两次修改,且公务员概念的覆盖范围已经非常广泛,只要是“依法履行公职、纳入国家行政编制、由国家财政负担工资福利的工作人员”都被纳入法定的“公务员”范畴,而不限于行政机关的公务员,实际上已包括了中国共产党机关的工作人员、人大机关的工作人员、行政机关的工作人员、政协机关的工作人员、审判机关的工作人员、检察机关的工作人员和民主党派机关的工作人员。且根据《公务员法》第 112 条的规定,即便没有纳入国家行政编制,但法律、法规授权的具有公共事务管理职能的事业单位中除工勤人员以外的工作人员,经批准也参照《公务员法》进行管理。这就使“公务员”的内涵和外延非常宽泛。

但《公务员法》作为我国公务人员管理的一般法,其并不排斥特别法的制定和适用。经 2018 年 12 月修订后的《公务员法》第 3 条第 2 款规定:“法律对公务员中领导成员的产生、任免、监督以及监察官、法官、检察官等的义务、权利和管理另有规定的,从其规定。”事实上,我国早已制定了《法官法》和《检察官法》。两部法律都是 1995 年制定的,历经 2001 年、2017 年、2019 年三次修改,对法官和检察官这两个单独序列的管理作出了较为全面的规定,内容涉及法官和检察官的职责、义务和权利、条件和遴选、任免、管理、考核、奖励和惩戒、职业保障等项内容。根据特别法优于一般法的原则,法官和检察官的管理,优先适用《法官法》和《检察官法》,只有上述两部法律没有明确规定的事项,才会补充适用《公务员法》的规定。既然我国也将监察官作为一个单独序列来管理,有必要参考《法官法》和《检察官法》的立法经验,制定《监察官法》,对监察官的职责、义务和权利、条件和遴选、任免、管理、考核、奖励和惩戒、职业保障等内容作出具体规定,没有明确规定的事项,补充适用《公务员法》的一般规定。

3.《国家赔偿法》的修改

我国现行《国家赔偿法》是 1994 年制定,经 2010 年和 2012 年两次修改。该法虽然在"总则"部分第 2 条规定:"国家机关和国家机关工作人员行使职权,有本法规定的侵犯公民、法人和其他组织合法权益的情形,造成损害的,受害人有依照本法取得国家赔偿的权利。"但在分则部分仅规定了"行政赔偿"、"刑事赔偿"和"民事、行政司法赔偿",并未规定监察机关作为赔偿义务机关的赔偿。党和国家一直强调,监察机关既非行政机关,亦非司法机关,那么监察赔偿就很难为当前的《国家赔偿法》所包涵和覆盖。

《中华人民共和国监察法》第 67 条规定:"监察机关及其工作人员行使职权,侵犯公民、法人和其他组织的合法权益造成损害的,依法给予国家赔偿。"为了实现《国家赔偿法》与其的对接,修改《国家赔偿法》就成了不可回避的选项。建议在修改《国家赔偿法》时,增设"监察赔偿"一章,详细规定监察赔偿的范围、赔偿请求人和赔偿义务机关、赔偿程序等内容。

关于赔偿范围。与目前的行政赔偿和刑事赔偿保持一致,监察赔偿范围也应仅限于对人身权和财产权造成的损害:对人身权造成的损害,比如监察机关违法采取留置措施,后决定撤销案件的;对财产权造成的损害,如对财物违法冻结、查封、扣押的。当然,也不能扩大赔偿范围,如对留置措施的赔偿。根据《中华人民共和国监察法》第 22 条的规定,留置针对的是"被调查人涉嫌贪污贿赂、失职渎职等严重职务违法或者职务犯罪,监察机关已经掌握其部分违法犯罪事实及证据,仍有重要问题需要进一步调查,并有下列情形之一的……"也就是说,对符合上述条件的职务违法和职务犯罪嫌疑人,均可留置,而不仅限于对职务犯罪嫌疑人的留置,故不能因为案件最终被不起诉或者判决宣告无罪而必然要给予国家赔偿,假如被调查人行为虽未构成职务犯罪但构成了职务违法,则不能给予国家赔偿。这跟《国家赔偿法》第 17 条中规定的对于刑事拘留或逮捕后“决定撤销案件、不起诉或者判决宣告无罪终止追究刑事责任的”有权获得国家赔偿形成了鲜明的差异,后者以不追究刑事责任为国家赔偿的判断依据和根本条件。当然,若被调查人,最终被认定既不构成职务犯罪,亦不构成职务违法,则应对其做出的留置决定导致的对其人身权的侵害作出国家赔偿。

关于赔偿义务机关。《中华人民共和国监察法》第 67 条规定:“监察机关及其工作人员行使职权,侵犯公民、法人和其他组织的合法权益造成损害的,依法给予国家赔偿。”此时的监察机关即为赔偿义务机关。但经过上级机关批准后的监察措施造成的损害,赔偿义务机关应如何确定,立法应予明确。虽国家赔偿金最终都由国库承担,但赔偿义务机关代表着行为的作出主体,也就是责任主体,甚至是否是赔偿义务机关还体现着该机关依法办事的水平,会影响其考核成绩。为了强化“批准”行为的法律责任,建议可参照行政诉讼中被告的确认方式。最高人民法院于 2000 年发布的《关于执行〈中华人民共和国行政诉讼法〉若干问题的解释》[①]第 19 条规定:“当事人不服经上级行政机关批准的具体行政行为,向人民法院提起诉讼的,应当以在对外发生法律效力的文书上署名的机关为被告。”据此,若监察措施经由上级机关批准,造成损害,依法应给予国家赔偿时,赔偿义务机关应为“在对外发生法律效力的文书上署名的机关”。

关于赔偿程序。《国家赔偿法》在行政赔偿部分的第 9 条第 2 款中规定:“赔偿请求人要求赔偿,应当先向赔偿义务机关提出,也可以在申请行政复议或者提起行政诉讼时一并提出。”借鉴上述规定,又鉴于《中华人民共和国监察法》第 49 条规定了“监察对象对监察机关作出的涉及本人的处理决定不服的”申请复审和复核机制,可以考虑:赔偿请求人申请监察赔偿,应当先向赔偿义务机关提出,也可以在申请复审或者复核时一并提出。

4.《人民警察法》的修改

《人民警察法》是 1995 年 2 月 28 日第八届全国人民代表大会常务委员会

---

① 已废止。

第十二次会议通过的,2012 年进行了修改。因应建立国家监察机关、撤销行政监察机关的实际,《人民警察法》的部分条款需进行修改。如第 42 条关于“人民警察执行职务,依法接受人民检察院和行政监察机关的监督”的规定,第 46 条中关于“公民或者组织对人民警察的违法、违纪行为,有权向人民警察机关或者人民检察院、行政监察机关检举、控告”的规定,其中的“行政监察机关”均应该被“监察机关”所取代。

5.《治安管理处罚法》的修改

我国《治安管理处罚法》是 2005 年 8 月 28 日第十届全国人民代表大会常务委员会第十七次会议通过的,2012 年进行了修改。因应 2018 年国家监察体制改革后,行政监察机关被国家监察机关取代的现实,《治安管理处罚法》第 114 条关于“公安机关及其人民警察办理治安案件,不严格执法或者有违法违纪行为的,任何单位和个人都有权向公安机关或者人民检察院、行政监察机关检举、控告”的规定中,“行政监察机关”应该由“监察机关”取代。

6.《监狱法》的修改

我国现行《监狱法》是 1994 年 12 月 29 日第八届全国人民代表大会常务委员会第十一次会议通过的,2012 年进行了修改。该法第 22 条关于“对罪犯提出的控告、检举材料,监狱应当及时处理或者转送公安机关或者人民检察院处理,公安机关或者人民检察院应当将处理结果通知监狱”的规定中,其中职务犯罪案件的罪犯的控告、检举材料,应当同时向监察机关提出。

7. 制定《防治腐败法》或《反腐败法》

2012 年 11 月 8 日党的十八大报告指出:“健全反腐败法律制度,防控廉政风险,防止利益冲突,更加科学有效地防治腐败。”2013 年 11 月 12 日中国共产党第十八届中央委员会第三次全体会议通过了《中共中央关于全面深化改革若干重大问题的决定》,提出:“健全反腐倡廉法规制度体系,完善惩治和预防腐败、防控廉政风险、防止利益冲突、领导干部报告个人有关事项、任职回避等方面法律法规。”2014 年 10 月 23 日中国共产党第十八届中央委员会第四次全体会议通过了《中共中央关于全面推进依法治国若干重大问题的决定》提出:“加快推进反腐败国家立法,完善惩治和预防腐败体系,形成不敢腐、不能腐、不想腐的有效机制,坚决遏制和预防腐败现象。完善惩治贪污贿赂犯罪法律制度，把贿赂犯罪对象由财物扩大为财物和其他财产性利益。”2017 年 10 月 18 日党的十九大报告提出，要“推进反腐败国家立法”。

从上述对我国反腐败立法的定位来看，加强反腐败立法，既可能是制定和完善反腐败的单行法，如制定《防止利益冲突法》《领导干部报告个人有关事项法》《国家公职人员伦理法》《国家公职人员财产申报法》《政务公开法》等，也可能是制定一部综合性的反腐败法律，把上述事项的规范和调整统一于一部法律当中。事实上，当前世界各国反腐败的立法呈统一化和分散化两种趋势，各有优势和弊端，并无优劣之分。统一立法，便于体现法律的体系性和完整性，但一部法律很难穷尽反腐败和廉政建设的所有方面；分散立法，可以就反腐败立法的各个方面进行单独立法，较为灵活，也可以随着社会发展和反腐败斗争的形势不断制定和修改法律，对于查漏补缺和与时俱进、及时健全某方面的法律均具有积极意义，但立法较为分散和零散，缺乏体系性，不同法律之间的协调和衔接也会存在一定问题。

韩国在 2002 年开始实施《腐败防止法》。俄罗斯于 2008 年通过了《俄罗斯联邦反腐败法》。这些都是反腐败统一立法的代表。我国的反腐败立法是分散的，反腐败的规定散见于法律、法规、规章和党规、党纪和党的文件中，甚至党的文件由于发布较为及时、针对性更强，在反腐败工作中发挥着重要作用。

制定统一的《防治腐败法》，将我国散见于各种规范性文件中的反腐败和廉政建设要求统一于一部法律，不区分对象，只要是“吃财政”的所有“公职人员”，包括虽然不在公职队伍内但从事政府授权行为的人员，都一律规范和适用，这应该符合我国反腐败立法的趋势。尤其是将一些党的文件和党政联合下发的文件，实践证明是成熟的，并适合转化成法律形式的，尽量通过制定法律转化为国家意志，这符合我国建设法治国家的要求，符合法治监察的需要。我国的《防治腐败法》应尽量将防止利益冲突、领导干部报告个人有关事项、国家公职人员财产申报等方面的规定集合于一部法律，使这些规定法定化、恒常化。

关于上述重要事项，《联合国反腐败公约》第 8 条第 5 款规定：“各缔约国均应当根据本国法律的基本原则，酌情努力制定措施和建立制度，要求公职人员特别就可能与其公职人员的职能发生利益冲突的职务外活动、任职、投资、资产以及贵重馈赠或者重大利益向有关机关申报。”同时,《联合国反腐败公约》只是为各缔约国提出最基本的要求,公约鼓励各国根据自身的实际情况制定更为严厉的法律和措施,第65条“公约的实施”中规定:“一、各缔约国均应当根据本国法律的基本原则采取必要的措施,包括立法和行政措施,以切实履行其根据本公约所承担的义务。二、为预防和打击腐败,各缔约国均可以采取比本公约的规定更为严格或严厉的措施。”

8. 制定《个人隐私保护法》

在加大反腐败力度的同时,必须要高度重视人权的保护,尤其是对个人隐私权的保护,防止个人信息被非法披露。我们已经远离了那个“游街示众”的年代,即便违法甚至犯罪的人员,其作为一个公民所应享受的受宪法保障的基本权利和自由,都应该受到保障。“法律的目的不是废除或限制自由,而是保护和扩大自由。这是因为在一切能够接受法律支配的人类的状态中,哪里没有法律,那里就没有自由。”①尤其在我们这样一个长期重视实体正义而漠视程序正义、重视道德审判而忽视人的尊严的社会里,更应该强调对于个人隐私权的保护。诚然,相对于普通民众而言,官员尤其是高级官员,其隐私权的保护受到了一定程度的限制,这是世界各国的通例,也是政治家或者公众人物必然要付出的代价。但权利受限不等于不受基本的保障。制定《个人隐私保护法》,明确个人隐私保护的底线,这既是法治的基本要求,也是社会文明进步的体现。

9. 其他规范性文件的清理

监察法律制度的完善,主要涉及法律层面的修改和健全,却也不止于法律。现实中有好多的行政法规、部门规章,甚至地方性法规和地方政府规章也都需要清理。因为好多的法规和规章都是与原来的监察体制(行政监察)一脉相承的,与现在的国家监察体制已经不相适应,必须进行清理。

修改上述法律、法规、规章和其他规范性文件,既可以采取逐法修改的方式,也可以采取“一揽子”修改的方式,即通过一个决定,将上述所有法律、法

---

① [英]洛克:《政府论》(下篇),叶启芳、翟菊农译,商务印书馆1964年版,第36页。

规、规章和其他规范性文件的修改，因应国家监察机关的成立，由有权主体一次性完成修改。采取类似 2015 年 8 月 29 日第十二届全国人民代表大会常务委员会第十六次会议通过《全国人民代表大会常务委员会关于修改〈中华人民共和国地方各级人民代表大会和地方各级人民政府组织法〉〈中华人民共和国全国人民代表大会和地方各级人民代表大会选举法〉〈中华人民共和国全国人民代表大会和地方各级人民代表大会代表法〉的决定》的方式。

第六章　监察委员会的组织和领导体制

第一节　部门的整合与重组

2018 年监察体制改革,组建党统一领导的监察(反腐败)机构,将原行政监察部门、预防腐败机构和检察机关查处贪污贿赂、渎职侵权以及预防职务犯罪等部门的工作力量整合起来,成立监察委员会。

一、监察机构应该具有的组织原则

上述部门合并组建新的机构监察委员会后,监察委员会应采用怎样的组织原则? 由于我国的监察委员会实质上就是反腐败机构,《联合国反腐败公约》和《联合国反腐败公约技术指南》或许能够为我们提供一些思考。

《联合国反腐败公约》第 6 条"预防性反腐败机构"第 1 款规定:"各缔约国均应当根据本国法律制度的基本原则,确保设有一个或酌情设有多个机构通过诸如下列措施预防腐败:(一)实施本公约第五条所述政策,并在适当情况下对这些政策的实施进行监督和协调;(二)积累和传播预防腐败的知识。"第 2 款规定:"各缔约国均应当根据本国法律制度的基本原则,赋予本条第一款所述机构必要的独立性,使其能够有效地履行职能和免受任何不正当的影响。各缔约国均应当提供必要的物资和专职工作人员,并为这些工作人员履行职能提供必要的培训。"《联合国反腐败公约》的上述规定当年曾经是我国成立国家预防腐败局的国际法依据。但随着隶属于行政系统的预防腐败机构并入监察委员会,将由监察委员会全面行使预防腐败的职能,且由于原隶属于行政系统的预防腐败机构与原隶属于检察系统的预防职务犯罪机构统一合并于监察委员会，将使预防腐败工作更加合力化和专业化。

《联合国反腐败公约》第 36 条“专职机关”中规定：“各缔约国均应当根据本国法律制度的基本原则采取必要的措施，确保设有一个或多个机构或者安排了人员专职负责通过执法打击腐败。这类机构或者人员应当拥有根据缔约国法律制度基本原则而给予的必要独立性，以便能够在不受任何不正当影响的情况下有效履行职能。这类人员或者这类机构的工作人员应当受到适当培训，并应当有适当资源，以便执行任务。”

《联合国反腐败公约技术指南》第 36 条对何为“专职机关”做了解释，该条第 1 款“简介”中规定：“有些达到《公约》第六条的要求的缔约国设立了反腐败机构。反腐败机构被赋予广泛的任务授权，从负责实施包括教育、提高认识和协调在内的预防措施，到调查和起诉。在另一些缔约国，这些职能由若干机构承担，调查和起诉职能被赋予执法机构，尤其是赋予通常为国家一级的警方。”

《联合国反腐败公约技术指南》第 36 条“专职机关”“二、1.”“二、2.”“何种类型的专职机关”对专职机构的优势和劣势做了分析，指出：“本条所述的一个或多个专职机构的优势可能是，使反腐败工作获得推动力并成为专属任务，能够实现高度专业化并提供专门知识，专职机构的工作可能更有效率，同时有可能存在缺点，例如成本、体制性障碍、协调问题和因为孤立和对于会削弱现有的已经参与反腐败工作的机构的认知而可能造成的回报减少。”“不过，设立一个反腐败机构之举并不是没有消极后果。设立这样的机构需要大量投资。还有一个问题是，新机构能否完成一系列职能。还有，尤其是小国和发展中国家，似宜适当考虑‘人才外流’问题：因为这样一个独立机构成立后需要有一个由有经验的执法专家充实起来的管理层，招聘或者指派这些人员，可能会影响其他执法机构的能力。最重要的是，各缔约国可考虑到，将人员、权力和能力集中起来，可能会由于机构间的竞争而妨碍工作成效。拥有执法权限的独立反腐败机构所具有的许多优势，例如专业化、专门知识和必要程度的自主性，可以通过在现有执法机构内设立专职部门并给予它们提高能力所需的资源来实现。”“专职机构需要有一个适当的实质性和程序性法律框架。该框架应当赋予专职机构具体的当前的权力，可以披露文件或者其他相关信息和证据；查询财务报告；限制和没收资产。为履行职责，专职机构还需要拥有关于查询金融和犯罪情报、刑事调查、起诉和公民资产追回的权力。”

由此观之，按照联合国设定的标准，反腐败机构应该至少具备几个方面的组织原则，反观我国 2018 年监察体制改革，恰恰在几个方面都达到了较理想的改革目标：

一是独立性。该机构应独立于其他权力，这是反腐败职能能够有效发挥的最重要的前提。美国建国初期思想家汉密尔顿曾言：“就人类天性之一般情况而言，对某人的生活有控制权，等于对其意志有控制权。”①一语道破独立性之于反腐败机构的重要意义和价值。我国设立监察委员会后，监察机构不再隶属于行政系统，也不再隶属于检察系统，而独立于行政、检察和审判系统，可以对一切行使公权力的公职人员实施监督。当然，任何独立都不可能是绝对的，西方国家亦然。我国的监察机构是中国共产党统一领导下的反腐败机构，监察委员会由人大产生、受人大监督，同时监察委员会调查移送起诉的案件要接受检察机关和审判机关的先后审查和判断，故我国的监察委员会要接受上述机关的领导或监督，不可能完全独立于上述权力。《中华人民共和国监察法》第 4 条也只是规定“监察委员会依照法律规定独立行使监察权，不受行政机关、社会团体和个人的干涉”，“监察机关办理职务违法和职务犯罪案件，应当与审判机关、检察机关、执法部门互相配合，互相制约”。

二是专业化。为高效履行反腐败的职能，监察机构应该配备专业化的人员，这些专业化人员应该达到一定标准的文化和专业素质要求，且入职后应能够通过持续不断的培训，使他们的专业技能得到不断提高，以适应不断变化的社会现实需要。我国的监察机构专业化建设从监察委员会成立之日就非常重视，由原机构尤其检察机关转隶的人员都是监察工作的专业人员。《中华人民共和国监察法》第 14 条规定“国家实行监察官制度”，国家可能会

---

① ［美］汉密尔顿、杰伊、麦迪逊：《联邦党人文集》，程逢如、在汉、舒逊译，商务印书馆 1980 年版，第 396 页。

通过制定《监察官法》的方式对监察官的选录、培训等做详细规定，进一步加强监察官队伍的专业化建设。

三是拥有足够的权力和资源。反腐败机构必须拥有发挥其职能的足够的权力和资源。权力包括开展教育活动的、实施调查行为的、采取强制性措施的，甚至对腐败犯罪行为起诉的权力；资源包括该机构应获得足够的物力和财力支持。我国制定《中华人民共和国监察法》，明确了监察机构履行监督、调查、处置的职责，明确了监察范围和可以采取的 12 项权限，这些都为新的监察机构能够有效履行职责赋予了足够的权能。

四是法定化。上述几项原则也必须通过制定法律来予以保障，只有法定化才能使监察机构获得长期的、稳定的权力基础和人财物保障。我国 2018 年监察体制改革，通过修宪为监察委员会的设立奠定宪法基础，通过制定《中华人民共和国监察法》为监察机关的组织和运作提供全方位的法律依据，确保了改革在法治化的轨道上运行。

二、检察机关反贪污贿赂、反渎职侵权部门转隶后对检察职能的影响

1954 年新中国制定的第一部宪法第 81 条第 1 款规定："中华人民共和国最高人民检察院对于国务院所属各部门、地方各级国家机关、国家机关工作人员和公民是否遵守法律，行使检察权。地方各级人民检察院和专门人民检察院，依照法律规定的范围行使检察权。"同年 9 月颁布的《人民检察院组织法》第 3 条规定："最高人民检察院对于国务院所属各部门、地方各级国家机关、国家机关工作人员和公民是否遵守法律，行使检察权。"该法第 4 条则详细规定了地方各级人民检察院的职权，第 1 项就是"对于地方国家机关的决议、命令和措施是否合法，国家机关工作人员和公民是否遵守法律，实行监督"。可见，当时检察院的监督属于"一般监督"。随着我国《宪法》和《人民检察院组织法》的变迁，1979 年时，检察院的"一般监督"权被取消。

我国现行宪法即 1982 年《宪法》第 134 条规定："中华人民共和国检察院是国家的法律监督机关。"这是我国宪法规定的检察机关的职能定位。1982 年宪法并没有阐释"法律监督"的明确含义，也没有列举检察院的职责具体包括哪些，但《人民检察院组织法》对此有详细的规定。经 1986 年修改后的《人

民检察院组织法》第5条规定："各级人民检察院行使下列职权：(一)对于叛国案、分裂国家案以及严重破坏国家的政策、法律、法令、政令统一实施的重大犯罪案件，行使检察权。(二)对于直接受理的刑事案件，进行侦查。(三)对于公安机关侦查的案件，进行审查，决定是否逮捕、起诉或者免予起诉；对于公安机关的侦查活动是否合法，实行监督。(四)对于刑事案件提起公诉，支持公诉；对于人民法院的审判活动是否合法，实行监督。(五)对于刑事案件判决、裁定的执行和监狱、看守所、劳动改造机关的活动是否合法，实行监督。"

何为上述法条规定的属于检察院"直接受理的刑事案件"？《刑事诉讼法》有明确规定。2012年修改后的《刑事诉讼法》第18条第2款规定："贪污贿赂犯罪，国家工作人员的渎职犯罪，国家机关工作人员利用职权实施的非法拘禁、刑讯逼供、报复陷害、非法搜查的侵犯公民人身权利的犯罪以及侵犯公民民主权利的犯罪，由人民检察院立案侦查。对于国家机关工作人员利用职权实施的其他重大的犯罪案件，需要由人民检察院直接受理的时候，经省级以上人民检察院决定，可以由人民检察院立案侦查。"因应国家监察体制改革和国家监察机关的成立，2018年修改后的《刑事诉讼法》关于检察院职权的条款，删去了人民检察院对贪污贿赂等案件行使侦查权的规定，保留人民检察院"在对诉讼活动实行法律监督中发现的司法工作人员利用职权实施的非法拘禁、刑讯逼供、非法搜查等侵犯公民权利、损害司法公正的犯罪"案件的侦查权，显示检察机关的职权收窄。

由上述规定可见，我国《人民检察院组织法》和《刑事诉讼法》对于检察机关的"法律监督"职权实际上给予了明确限定，而早已经不是通常意义上的"一般监督"了。

对于将原隶属于检察院的贪污贿赂案件、失职渎职案件的侦查权转移至监察机关(称为"调查权")，一些学者持不同意见。他们认为，对职务犯罪的侦查权是检察机关行使法律监督职权的重要体现和保障，检察机关的权威亦来自于此，如果没有对贪污贿赂、失职渎职等职务犯罪的侦查权，失去对从数量上占多数的职务犯罪案件侦查这个"对人"的"利器"，检察机关会变成"没有牙齿的老虎"，职能出现空心化，其法律监督职能将大打折扣，其行使职权常用的"检查建议"和"纠正违法通知书"将更不会受到重视，其民事行政监督、刑事侦查监督、立案监督、审判监督、监所监督的职能均难以取得实际效果。

有些学者则提出折中的解决方案，建议仅将贪污受贿案件的调查权转由监察机关行使，检察机关仍保留渎职侵权案件的侦查权，这样一方面使反腐败的主要案件统一由新的机构（监察机关）查办，另一方面检察机关保留必要的自侦权，使上述两机关在反职务犯罪方面的职能有所平衡和制约。但不容置疑的一个现实是，渎职侵权案件往往与贪污受贿案件交织在一起，分开办理往往会徒增查办成本，不利于将案件及时审结，造成不必要的法律资源的浪费。况且，随着司法体制改革的需要，在2015年，最高人民检察院已经将反贪污贿赂总局、渎职侵权检察厅、职务犯罪预防厅予以合并，组建了新的反贪污贿赂总局。在因时因需制宜将反贪污贿赂相关职能已经合并的情况下，我们再次将其职能予以分解、分拆，交由不同的机关行使，这是罔顾职务犯罪查办需要、逆历史潮流而动的行为，不足为取。

笔者认为，将贪污贿赂案件、失职渎职案件的查办权交由监察机关行使后，不会削弱检察机关的法律监督权，理由如下：

首先，设立监察委员会后，检察机关仍将保留一部分犯罪案件的直接侦办权。检察机关原有的侦查权涉及三个方面：一是根据2018年修改前的《刑事诉讼法》第18条第2款所行使的对贪污贿赂案件和渎职侵权案件的侦查权；二是根据同上条款，对国家机关工作人员利用职权实施的其他重大的犯罪案件，经由省级以上人民检察院决定可立案侦查；三是同时根据第171条第2款的规定，检察机关审查起诉时，对于需要补充侦查的案件，可以退回公安机关补充侦查，也可以自行侦查。而2018年国家监察体制改革，在将贪污受贿、失职渎职类案件的调查权在整体上赋予给监察机关的同时，仍赋权检察机关可以行使部分侵权类案件的侦办；①第二、三类型的侦查权，虽多为有限性、补充性的侦查活动，但检察机关基于其有效行使检察权的实际需要，将予以保留。且《中华人民共和国监察法》第47条第3款亦明确规定，对监察机

① 2018年修订后的《刑事诉讼法》第19条第2款规定："人民检察院在对诉讼活动实行法律监督中发现的司法工作人员利用职权实施的非法拘禁、刑讯逼供、非法搜查等侵犯公民权利、损害司法公正的犯罪，可以由人民检察院立案侦查。"

关移送的案件，“人民检察院经审查，认为需要补充核实的，应当退回监察机关补充调查，必要时可以自行补充侦查。”这样，设立监察委员会后，检察机关可自侦的案件实际上包括四种类型。这实际上构成了对监察机关行使职权的一定程度上的监督，尤其是检察机关对监察机关移送的案件可自行补充侦查的规定，更是对监察机关调查行为的直接制约。从境外制度设计及其实践经验来看，比如德国、日本和我国澳门特别行政区，这些地方都设计由专门的监察机关（如我国澳门特别行政区的廉政公署），行使对公职人员的监察，但这并不妨碍检察机关自身侦查职能的行使，[①]所以职权上并不冲突，但我们国家层面在设计监察体制时，尽量厘清监察机关和检察机关的案件管辖职权，以提高监察效能。

其次，将贪污贿赂案件、失职渎职案件交由监察机关查办，有利于将检察机关的职权重心由侦办案件转到监督上来，使其能够更好地发挥法律监督机构的职能。贪污贿赂案件、失职渎职案件查办权转移后，检察机关依旧行使批准逮捕、侦查监督、审查起诉、提起和支持公诉、审判监督、执行监督和监所监督的职权，而这些职权大部分是监督性的权力，剥离贪污贿赂案件、失职渎职案件的办案权，将使得检察机关有更多的时间和精力聚焦于监督职能，提高监督水平，保证法律监督的效果得到有效彰显。而且，将贪污贿赂案件、失职渎职案件办案权与审查起诉权分开，由不同的机关行使，可以在侦查权和审查起诉权之间形成良好的制约，促进司法公正，避免由于不同性质的权力集中于一个机关行使而带来的法治和“自然公正”方面的质疑。

当然，也有学者提出，由于监察委员会是行使国家监察职能的专责机关，其行使的职权部分来源于作为法律监督机关的检察机关原行使的职权，而且这些职权属于检察机关工作的重中之重，是其最为核心的职能，故而应该修改检察机关作为国家“法律监督机关”的宪制定位，使其只保留作为公诉机关（包括对职务犯罪案件的公诉权）的地位。笔者认为，并无这个必要。因为，“法律监督”的概念是宽泛的，除却对贪污贿赂案件、失职渎职案件的查办外，

① 澳门特别行政区第10/2000号法律《澳门特别行政区廉政公署组织法》第3条第1款第2项规定：“针对由公务员实施的贪污犯罪及与贪污相关联的欺诈犯罪，依刑法及刑事诉讼法进行调查及侦查，但不影响法律赋予其他机构就该等事宜进行调查或侦查的职责。”

民事行政监督、刑事侦查监督、立案监督、审判监督等都属于法律监督的范畴，这些职能都不会随着监察委员会的成立而转移，而继续保留由检察机关行使。所以，并无修改宪法中检察机关作为国家“法律监督机关”定位的必要。

第二节 审计机关应否并入监察委员会

一、我国设立审计机关的历史实践

在新中国成立初期的相当长一段时间内，我国实际存在审计工作，但没有设置独立的审计机关，监察机关部分行使了审计职能。如在“三反”“五反”运动时期的1952年1月8日，政务院监察委员会发布了《关于反贪污、反浪费、反官僚主义的指示》，要求各级监察委员会围绕“三反”重点工作开展监察，并且要求在政府的经济部门中设置专门的监察机构。1952年12月，政务院颁布了《省（市）以上各级人民政府财经机关与国营机关财经企业部门监察室暂行组织通则》，规定凡省（市）以上各级人民政府财经机关及国营财经企业部门均应设立监察室，而该监察室的基本任务是，着重对本部门所属单位执行国家计划情况以及国家资财的收入、使用、保管、统计和管理工作加强监督，同时通过对国家计划执行情况的检查，监督国家政策是否贯彻，并与干部的各种违法失职行为进行斗争。由此可见，当时在省（市）以上各级人民政府财经机关及国营财经企业部门中设立的监察室，主要起审计职能。

1954年9月制定了《中华人民共和国国务院组织法》，将“监察部”列为国务院的组成部门。1955年11月国务院批准了《监察部组织简则》，第2条规定：“监察部为了维护国家纪律，贯彻政策法令，保护国家财产，对国务院各部门、地方各级国家行政机关，国营企业、公私合营企业，合作社实施监督。其任务如下：……（二）检查国务院各部门、地方各级国家行政机关、国营企业执行国民经济计划和国家预算中存在的重大问题，并对上述部门、机关、企业和公私合营企业、合作社的国家资财的收支、使用、保管、核算情况进行监督;……”由是观之,实施审计也是当时监察部的重要职能之一。

监察审计一体化,审计附属于监察职能,这种体制直到1982年宪法颁布后才有了彻底改变。1982年《宪法》第91条规定:“国务院设立审计机关,对国务院各部门和地方各级政府的财政收支,对国家的财政金融机构和企业事业组织的财务收支,进行审计监督。审计机关在国务院总理领导下,依照法律规定独立行使审计监督权,不受其他行政机关、社会团体和个人的干涉。”宪法的规定为专职审计机关的成立奠定了基础。1983年9月,我国最高审计机关中华人民共和国审计署正式成立,在随后的2年内,全国县级以上各级地方政府也纷纷建立起专职的审计机构。新成立的审计机构,虽然仍然隶属于各级政府,但其已不再依附于监察部门,而是政府的一个独立部门,且中央审计机关审计署是在国务院总理领导下开展审计工作。

事实上,虽然新中国成立伊始,便成立了监察机关,但由于政治原因和认识方面的因素,监察机关曾一度被废,从1959年4月第二届全国人大第一次会议决定撤销监察部,到1986年12月第六届全国人民代表大会第十八次会议决定恢复设立监察部,1987年7月监察部正式成立,在长达28年的时间内,我国监察机关处于机构设立的空白状态。而审计机关虽然成立较晚,1982年宪法才予以规定,1983年才成立国家审计署,但后来者居上,其成立的时间比监察部恢复设立的时间要早。两者虽都属于监督机关,但其职能有显著的不同:监察部主要就政治纪律和行政守法方面开展监督,而审计则是在财经领域监督政府守法,两者分工不同,但存在相互协作与配合的关系。

审计机关成立后,为使审计工作有法可依,仅有宪法的原则性规定是不够的,有必要就监察工作单独立法。1988年国务院颁布了《中华人民共和国审计条例》,对审计机关的职责、任务、权限和审计工作程序等都作了规定。该项行政法规于1994年上升为法律,全国人大常委会通过了《中华人民共和国审计法》,自1995年1月1日起正式施行,并于2006年做了修改。该法规定,国务院各部门和地方各级人民政府及其各部门的财政收支,国有的金融机构和企业事业组织的财务收支,以及其他依照本法规定应当接受审计的财政收支、财务收支,依照本法规定接受审计监督;审计机关对上述所列财政收支或者财务收支的真实、合法和效益，依法进行审计监督。

二、审计机关是否适合并入监察机关

关于审计机关是否适合并入监察机关，抑或审计权统属于监察权，存在两种观点：一种观点认为，审计机关应该且可以并入监察机关；而另外一种观点则持相反的态度。

（一）认为审计机关应该且可以并入监察机关的观点

1. 审计是监察的重要手段，审计与监察工作具有内在的关联性、协同性

我国新成立的监察委员会实质上是反腐败机关，其主要职能是查处公职人员的腐败问题，而通过审计，尤其是账务、财务审计，履职和离任审计，可以有效发现腐败线索，为反腐败工作的开展提供重要依据。事实上，我国好多腐败案件的发现和查处，都肇始于审计发现的问题，审计机关在审计中发现有违纪、违法嫌疑的，移送监察机关处理。《中华人民共和国监察法》第 34 条第 1 款规定："人民法院、人民检察院、公安机关、审计机关等国家机关在工作中发现公职人员涉嫌贪污贿赂、失职渎职等职务违法或者职务犯罪的问题线索，应当移送监察机关，由监察机关依法调查处置。"纪检监察机关在查处腐败案件时，也会委托审计机关提供专业的审计意见，为查处案件提供证据。当然，审计机关在履职时，也会请求监察机关予以协助。《中华人民共和国审计法》第 37 条规定："审计机关履行审计监督职责，可以提请公安、监察、财政、税务、海关、价格、工商行政管理等机关予以协助。"

监察机关和审计机关都是监督机关，只是监督的内容不同而已，而且都是代表国家对公共机构或公职人员实施监督，都是为了维护公权力的正常运行。既然如此，把二者合并起来，便于两者发挥各自优势，形成监督合力。现在监察和审计机构虽也有协作机制，但毕竟分属于不同的系统，有不同的领导机关，实现有效合作肯定不如隶属于同一机构更为顺畅和高效，双方合并后，可以实现信息互通、优势互补、资源共享，大大提升监察和审计的效率。

2. 将审计机关并入监察机关可解决审计机关的独立性问题

2018 年的国家监察体制改革，解决了长期困扰我国监察工作的两大体制性难题：一是监察机构的独立性问题，监察机构完全从行政机关中独立出来，

与同级政府、法院、检察院处于同一位级，便于对所有公权力机关的所有公职人员实施监察；二是反腐败资源的整合问题，此次改革将原隶属于两个系统的五个机构整合在一起，形成了反腐败的统一专门机构。其实，正如改革之前我国的行政监察体制存在独立性不强的问题一样，我国的审计机构至今仍存在一定的独立性不强的问题。虽然，它由国务院总理直接领导，不受任何其他行政机关、社会团体和个人的干涉，但它毕竟隶属于行政系统，对政府部门的监督仍然跳不出"同体监督"的窠臼。

如果能够将审计机关并入监察机关，而监察机关现时已具有了较高的独立性，审计机关也将会获得空前的独立地位，以更有效地开展审计工作。因为毕竟审计的对象除了《审计法》规定的"国务院各部门和地方各级人民政府及其各部门的财政收支，国有的金融机构和企业事业组织的财务收支，以及其他依照本法规定应当接受审计的财政收支、财务收支"外，根据中共中央办公厅、国务院办公厅 2010 年 10 月 12 日关于印发《党政主要领导干部和国有企业领导人员经济责任审计规定》的通知（中办发〔2010〕32 号），需要对党政主要领导干部和国有企业领导人员实施经济责任审计，而"党政主要领导干部经济责任审计的对象包括：（一）地方各级党委、政府、审判机关、检察机关的正职领导干部或者主持工作一年以上的副职领导干部；（二）中央和地方各级党政工作部门、事业单位和人民团体等单位的正职领导干部或者主持工作一年以上的副职领导干部；上级领导干部兼任部门、单位的正职领导干部，且不实际履行经济责任时，实际负责本部门、本单位常务工作的副职领导干部。"由此可见，审计机关不仅要对政府的主要领导干部，而且要对党委、审判机关、检察机关的主要领导干部实施经济责任审计。这都要求审计机关必须具有较为独立和超脱的地位，而将其并入地位已经非常独立的监察委员会无疑是个较为理想的选择。

3. 我国和其他国家都存在过监审合一的体制

我国在相当长一段时间内，实行的是监审合一的体制，且审计附属于监察权。民国时期，根据孙中山"五权宪法"的理论，在"国民大会"之下，设立"行政院""立法院""司法院""考试院""监察院"。"监察院"为行使监察权享有同意权、调查权、弹劾权、纠正纠举权和审计权五项权力。为此，在"监察院”下设专门机构审计部,监督行政部门的收支合法性。即便在新中国成立初期的相当长一段时间内,我国也保留了监审合一的体制,审计的权力由监察机关行使,这种局面一直到 1982 年宪法颁布和 1983 年成立审计署才告结束。

无独有偶,别的国家也有实行监审合一体制的,如韩国、波兰。《大韩民国宪法》①第 97 条规定:“为监督国家年度财政收入、财政支出决算、国家及法律规定的会计情况、行政机关及公务员的情况,在总统的领导下设立监察院。”第 99 条规定:“监察院应每年检查财政收入、财政支出决算,并向总统和下一年度国会报告结果。”《波兰共和国宪法》②第 202 条第 1 款规定:“最高监察机关为国家审计机关”,第 203 条规定:“一、最高监察机关应审查政府行政机关、波兰国家银行、国家法人及其他国家机关行为的合法性、经济节俭、效能和勤勉问题。二、最高监察机关应审查地方政府、公法人及其他公共组织行为的合法性、经济节俭、效能和勤勉问题。三、最高监察机关亦可以审查其他组织或经济体在其利用国家或公共财产或资源,或履行国家财政义务的范围内行为的合法性和经济节俭义务。”第 204 条规定:“一、最高监察机关应向众议院提交:(一)国家预算实施的分析及货币政策目标;(二)关于部长委员会提交的前一财政年度财政账目的投票意见;(三)法律规定的审计结果、结论和意见书。”

基于上述分析,审计机关应该且可以并入监察机关。

(二)认为审计机关不应也不宜并入监察机关的观点

另一种截然不同的观点是,审计机关不应也不宜并入监察机关,主要基于以下几点理由。

1. 审计权与监察权是性质不同的两种权力,虽工作内容有交叉,但工作重点并不一致

审计权和监察权虽然都属国家监督权,但却是性质和宗旨不同的两种公

---

① 《大韩民国宪法》,1948 年 7 月 12 日通过,1987 年 10 月 29 日全面修改并经全民投票通过,1988 年 2 月 25 日生效。

② 《波兰共和国宪法》,1997 年 4 月 2 日国民大会通过,1997 年 5 月 25 日波兰全民公投批准,1997 年 7 月 16 日总统签署,1997 年 10 月 17 日生效。

权力,两者的工作内容、工作范围和工作重点并不一致,虽有交叉,但其异处远大于其共同之处。监察权侧重于监督和促进公权力的依法行使和廉洁行使,而审计权则侧重于监督和促进财政资金的合理有效利用。这一点在两个机关据以履职的最重要法律《中华人民共和国监察法》和《中华人民共和国审计法》的立法宗旨中即可见一斑。《中华人民共和国监察法》第1条规定:“为了深化国家监察体制改革,加强对所有行使公权力的公职人员的监督,实现国家监察全面覆盖,深入开展反腐败工作,推进国家治理体系和治理能力现代化,根据宪法,制定本法。”第3条规定:“各级监察委员会是行使国家监察职能的专责机关,依照本法对所有行使公权力的公职人员进行监察,调查职务违法和职务犯罪,开展廉政建设和反腐败工作,维护宪法和法律的尊严。”由此可见,监察机关的工作中心是反腐败,这跟党和国家领导人一直强调的“新成立的监察委员会实际上是反腐败机构”的机构职能定位是完全一致的。而《中华人民共和国审计法》第1条规定:“为了加强国家的审计监督,维护国家财政经济秩序,提高财政资金使用效益,促进廉政建设,保障国民经济和社会健康发展,根据宪法,制定本法。”显而易见,审计工作侧重点或首要的目的是“维护国家财政经济秩序,提高财政资金使用效益”,其虽也有“促进廉政建设”的从属目的或客观效果,但这并非其工作重点。

再联系到近几年党和国家关于加强审计工作的指导意见和工作部署,就更能够看出审计工作担负的“维护国家财政经济秩序,提高财政资金使用效益”的中心使命。如2014年10月9日发布的《国务院关于加强审计工作的意见》要求,发挥审计促进国家重大决策部署落实的保障作用,推动政策措施贯彻落实,促进公共资金安全高效使用,维护国家经济安全,促进改善民生和生态文明建设,推动深化改革等。2015年12月8日印发的《关于实行审计全覆盖的实施意见》①提出,对公共资金实行审计全覆盖,对国有资产实行审计全覆盖,对国有资源实行审计全覆盖,对领导干部履行经济责任情况实行审计全覆盖。2015年1月6日审计署下发的《关于2015年地

① 参见2015年12月8日《中共中央办公厅、国务院办公厅印发〈关于完善审计制度若干重大问题的框架意见〉及相关配套文件》。

方审计机关开展审计业务工作的指导意见》(审办发〔2015〕1 号)要求,加大对中央重大政策措施落实情况的跟踪审计力度,深化财政审计,深入开展民生审计,加强经济责任审计,深化政府重大投资项目审计,推进资源环境审计,加大对经济运行中风险隐患的揭示力度等。审计署办公厅于 2015 年 9 月 7 日印发了《关于加强审计监督进一步推动财政资金统筹使用的意见》(审办财发〔2015〕122 号)。该意见要求实事求是,着力推动财政资金的统筹使用;坚持客观分析,着力推动消除阻碍财政资金统筹使用的制度障碍;坚持严肃查处重大违法违规问题、着力维护财政资金安全。审计署 2016 年 2 月 5 日印发的《关于适应新常态践行新理念更好地履行审计监督职责的意见》(审政研发〔2016〕20 号),提出“进一步突出审计重点,推动深化改革和创新发展”,包括:持续组织对国家重大政策措施落实情况的跟踪审计,加强公共资金绩效审计,加大对经济运行中风险隐患的审计力度,加强对扶贫、卫生、教育、就业、社会保障等民生资金和项目的审计,加大资源环境审计力度,深化领导干部经济责任审计,加大对权力集中、资金密集、资源富集、资产聚集的重点部门、重点岗位、重点环节的审计力度,加大对体制机制性问题的揭示和反映力度,等等。由上可以看出,审计机关的职能绝非“反腐败”三个字可以概括,它在绩效审计和政策审计方面也发挥了重要作用,这些审计结果为政府督促落实国家重大政策措施,为人大实施有效监督,为提高国家治理绩效,促进实现国家治理体系和治理能力的现代化,提供了重要依据。

意图将审计机关并入监察机关,实际上反映了“监察本位”的思想,或言之,一切以反腐败为中心,其他工作都要围绕廉政建设和反腐败工作展开,服从和服务于这一中心工作进行布局和安排。单纯地强调审计的反腐功能,而将其并入监察权,将使审计权其他(核心)功能得不到有效实现。

2. 监察和审计,两者的监督对象(客体)并不相同

我国当前的审计对象,既包括机关,主要是国务院各部门、地方各级人民政府及其各部门、国有金融机构和企业事业组织;也包括个人,例如,我国针对党政主要领导干部和国有企业领导人员的经济责任审计的对象

就是个人。[①] 对机关的审计，仅针对国务院各部门、地方各级人民政府及其各部门、国有的金融机构和企业事业组织，不针对其他的机关、企业和组织；对个人的审计，仅针对党政主要领导干部（正职领导干部或者主持工作一年以上的副职领导干部）和国有企业领导人员（国有和国有控股企业的法定代表人）进行，除此之外的其他领导干部或普通工作人员都不属于审计对象。但无论审计对象是单位还是个人，其审计客体都是一样的，那就是财政收支、财务收支以及有关经济活动。

但2018年国家监察体制改革之后，我国的监察对象发生了很大变化，覆盖到“所有行使公权力的公职人员”，监督的客体就是上述人员的依法履职、秉公用权、廉洁从政从业以及道德操守情况。

由上述对比可见，无论是监督的对象，还是监督的客体，监察和审计都有差异。罔顾这些差异，将两种机关混合在一起，不仅不利于提高监督的效率，反而会造成新的工作体制的不顺畅。

3. 我国和其他国家监审合一的历史实践恰恰说明监审合一是不成功的

“中华民国”1947年宪法规定设立五院，“监察院”行使审计职能，具体是由唯一隶属于“监察院”的中央政府部门——审计部实施的，审计部是“中华民国”有关政府审计事务的最高主管机关，主要职责为审核各级政府机关之财务收支、考核财务效能、审定决算、稽查财务上之违失、核定财务责任等。审计权之行使对象，与“监察院”之行使弹劾权、纠举权相同，为中央至地方政府所属全国各机关及有关人员；范围为中央至地方政府所属全国各机关、基金会及公有（营）事业、公私合营事业及受公款补助之私人团体暨公设财团法人等。虽然在宪法规定上，审计权依然由“监察院”保留，但“监察院”在“中华民国”实际政治生活中的地位和作用越来越不受到重视，因此将审计权从监

① 《党政主要领导干部和国有企业领导人员经济责任审计规定》第2条规定：“党政主要领导干部经济责任审计的对象包括：（一）地方各级党委、政府、审判机关、检察机关的正职领导干部或者主持工作一年以上的副职领导干部；（二）中央和地方各级党政工作部门、事业单位和人民团体等单位的正职领导干部或者主持工作一年以上的副职领导干部；上级领导干部兼任部门、单位的正职领导干部，且不实际履行经济责任时，实际负责本部门、本单位常务工作的副职领导干部。”第3条规定：“国有企业领导人员经济责任审计的对象包括国有和国有控股企业（含国有和国有控股金融企业）的法定代表人。”

察权中剥离而并入行政机关,似乎更便于发挥其作用。

新中国成立后,直到 1983 年前,我国一直实施监审合一的体制,由监察机关直接行使审计职能。但是,经过几十年的实践,成立专门的审计机关的需要和呼声日趋强烈,最终促成了 1982 年宪法关于审计机关独立的规定和 1983 年国家审计署的成立。由于国家审计仅仅是对公共财产的审计,不涉足私有财产,而我们国家是社会主义国家,按照《宪法》第 12 条的规定:“社会主义的公共财产神圣不可侵犯。国家保护社会主义的公共财产。禁止任何组织或者个人用任何手段侵占或者破坏国家的和集体的财产。”故我国国家审计的任务实际上非常繁重,专业性也非常强,非常有必要建立专门机构去行使这一职权。故新中国的实践亦表明,监审合一的体制不适应社会发展的需要。

就其他国家而言,虽然在监察机构与审计机构分与合的模式上存在不同选择,有行政监察和财务审计合一设置的国家,也有监察与审计分开设置的国家,但不容否认的一点是,后者的国家占绝大多数,世界范围内仅有韩国、波兰等屈指可数的国家实行监审合一的体制,并不具有普遍性,这足以看出,审计与监察的分立,是历史发展的趋势,也是大部分国家的选择。

4. 审计权是一项独立的权力

审计权之所以不适合与其他权力合并,或者附属于其他权力,归根结底是因为它是一项独立的权力。甚至有人将其称为“第四种权力”。翻查各国宪法文本可知,多数国家没有在宪法中规定监察机关,却规定了国家的审计机关。也就是说,世界各国宪法明确审计机关独立存在的占多数。

综合以上的分析可知,审计机关与监察机关虽同属于国家监督机关,但审计机关不适宜并入国家监察机关,亦不适宜由监察机关直接行使审计职能。这既是世界上绝大多数国家政治实践的一致选择,也是适应我们国家因其社会主义性质而对公共财产进行特别保护的实际需要,更是审计工作本身专业化的必然要求。2018 年我国监察体制改革,未将审计机关并入监察机关是正确的做法,我们不能因为审计机关部分具有反腐功能,就一叶障目,不及其余,将其与监察机关混为一谈。开展监察工作,推进廉政建设和反腐败斗争,有时候需要审计工作的配合,但这种配合并不要求一定要将两个机构合并起来,可以采取其他协作的方式来进行。

三、监察机关与审计机关的工作配合

监察机关与审计机关的工作交集就是反腐败。2018 年监察体制改革以后，监察机关实际上就是我国的反腐败机构，其核心工作就是反腐败，而审计机关主要职能是维护国家财政经济秩序，提高财政资金使用效益，反腐败仅是其次要功能、附属功能抑或客观效果。两者职能发生交叠关系的领域就是反腐败。

在反腐败工作中，两者的关系是相互的。一方面，审计机关在审计工作中发现的腐败线索需转交监察机关调查处理，以追究公职人员的违纪违法甚至犯罪责任。就此而言，审计是腐败案件查处的重要线索来源。我国《中华人民共和国监察法》第 34 条规定："人民法院、人民检察院、公安机关、审计机关等国家机关在工作中发现公职人员涉嫌贪污贿赂、失职渎职等职务违法或者职务犯罪的问题线索，应当移送监察机关，由监察机关依法调查处置。"另一方面，监察机关在调查处理腐败案件时，也需要审计机关的配合，甚至需要审计机关提供专业性的专项审计报告，来作为办案的重要证明材料。以上谈的都是监察机关与审计机关之间的个案合作。实际上，长远考虑，监察机关可探索与审计机关建立常态化的合作机制，例如实现部分信息情报的互通和共享。

第三节　监察委员会与纪委合署办公

2018 年国家监察体制改革，监察委员会与同级党的纪律检查委员会合署办公。

一、监察委员会与纪委合署办公的必要性

（一）是由中国共产党领导一切的政治体制决定的

我国各级监察委员会之所以与同级党的纪律检查委员会合署办公，归根

结底是中国共产党领导一切的政治地位决定的。中国共产党是我国的执政党。党的领导是全方位的。2017 年 10 月党的十九大修改后的《中国共产党章程》规定:“中国共产党的领导是中国特色社会主义最本质的特征,是中国特色社会主义制度的最大优势。党政军民学,东西南北中,党是领导一切的。”2018 年 3 月修宪将“中国共产党领导是中国特色社会主义最本质的特征”写入宪法正文第 1 条。

由于党的领导是全面领导,国家监察工作作为对公权力行使的重要监督,自然离不开党的领导,而且首先必须突出和维护党的领导。由于纪委是党内负责纪律检查和反腐败的专责机构,由纪委与监察委员会合署办公,是加强党对监察工作领导的直接体现,也便于实现国家监察和党内监督相结合,依法治国与依规治党相结合。

(二)便于提高监察委员会的地位

由于我国实行党领导一切的体制,党在整个国家体制中处于核心地位。在实际的政治生活中,党的机关的地位实际上要高于其他同级国家机关。而纪委作为党的纪律检查机构,组织协调反腐败工作,由其与监察委员会合署办公,实际上有助于提高监察委员会的实际地位,便于监察委员会开展工作。

(三)有利于提高监察效能

习近平总书记 2016 年 1 月 12 日在第十八届中央纪律检查委员会第六次全体会议上的讲话中指出:“我国公务员队伍中党员比例超过 80%,县处级以上领导干部中党员比例超过 95%。”这充分说明我国针对公职人员的监督和针对党员的监督具有高度的重合性和一致性。如果两机关分开办公,针对相同的调查对象,经常会重复劳动,会造成监督资源的极大浪费。而如果合署办公,充分发挥纪委的“威”和监察委员会的“专”,将大大提高监察效能,一次性地将党纪、政纪责任甚至违法犯罪问题全部调查清楚。

二、纪委与监察委员会职责的分工

(一)纪委和监委的职责分工

纪委与监察委员会合署办公,虽为“合署”,实际上两者的职责依然存在分工，否则就没有必要保留"两块牌子"了。纪委属党的机构，是党内纪律检查机关，监督的是各级党组织和党员，纪委能且仅适合就党组织和党员的违纪行为进行调查处理，而不能也不适合以自己的名义单独对党外的组织和个人实施监督；而监察委员会是国家监察机关，是国家机构，有权对所有国家公职人员实施监督。所以，纪委和监察委员会虽合署办公，但不能相互替代，越俎代庖，由一方以自己的名义去包办仅属另一方管辖的事务。

但由于实行合署办公，构成了事实上的"两块牌子，一套人马"。纪委和监委统一行使监督职权，监督机构同时行使执纪监督和监察监督两项职权，审查调查部门统一行使执纪审查和监察调查两项职能；又由于两个机构经常会联合发文，两方的领导人员在事实上又存在双重身份或交叉任职的情况，这使两者的职权划分似乎已不再清晰。纪委和监委的主要负责人，在中央一级目前是由不同的人担任的；但在地方各级，按照目前实践中的做法，通常是由纪委书记兼任同级监委主任，监委的副主任亦由同级纪委副书记兼任，监委的委员大多由同级纪委的常委兼任。这种纪委和监委机构领导人员的双重身份和交叉任职，便于加强对两个机构的统一领导和工作协调，但也会引发类似"党政不分"或"以党代政"的质疑。

实际上这种担心是没有必要的。纪委和监委合署办公的必要性已经阐释，这是由我国的国体、政体和国情决定的，不如此不能够高效开展廉政建设和反腐败工作；但要合署，就必然会走向机构统一，双方领导人员的双重身份和交叉任职也是避免不了的。不仅不可回避，实际上亦是其工作所需，但并不会因此而混淆两个机构的不同职能。当按照管辖方面的规定，仅适合由一方机关进行调查处理时，自然应该由该机关以自己的名义进行处理。例如，对于非国家公职人员的普通党员的违纪行为，只能单独以纪委的名义进行处理；而对于非中共党员的国家公职人员的违纪违法犯罪行为，则只适合以监察委员会自己的名义进行调查处理。而由于我国公职人员尤其是领导干部与中共党员身份的高度竞合性，上述两种情况发生的概率不会太高，但实践中还是存在的。

（二）我们党和国家政权机关关系的发展

纪委和监委的关系实际上深刻反映着我们党和国家政权机关的关系。

如何正确处理党和国家政权机关之间的关系,是我们党长期思考和不断探索的问题。早在1928年,针对当时国民党"党国合一"的体制,毛泽东就进行了尖锐的批评。他说:"党在群众中有极大的威权,政府的威权却差得多。这是由于许多事情为图省便,党在那里直接做了,把政权机关搁置一边。这种情形是很多的。政权机关里的党团组织有些地方没有,有些地方有了也用得不完满。"[①]接受国民党以党代国的错误体制教训,毛泽东用极具前瞻性的眼光指出:"以后党要执行领导政府的任务,党的主张办法,除宣传外,执行的时候必须通过政府的组织。国民党直接向政府下命令的错误办法,是要避免的。"[②]

新中国成立后,中国共产党在全国范围内成为领导党和执政党,领导体制方面,首先要面对和回答的就是中国共产党和国家政权机关关系问题。这个问题应对得好,就不会重蹈国民党党国一体、独裁专制的覆辙;这个问题应对得不好,党权和政权的关系就很难理顺。董必武在1952年指出,"党领导着国家政权。但这决不是说党直接管理国家事务,决不是说可以把党和国家政权看做一个东西",[③]"党领导着国家政权,但它并不直接向国家政权机关发号施令,党对各级国家政权机关的领导应当理解为经过它,把它强化起来,使它能发挥其政权的作用",[④]"党无论在什么情况下,不应把党机关的职能和国家机关的职能混同起来。党不能因领导政权机关就包办代替政权机关的工作,也不能因领导政权机关而取消党本身组织的职能。"[⑤]那么,党和国家政权机关之间的正确关系是什么呢?董必武指出:"党对国家政权机关的正确关系应当是:(一)对政权机关工作的性质和方向应给予确定的指示;(二)通过政权机关及其工作部门实施党的政策,并对它们的活动实施监督;(三)挑选和提拔忠诚而有能力的干部(党和非党的)到政权机关中去工作。"[⑥]

1956年9月15日,在党的八大上,刘少奇所做的政治报告关注了党政关

---

① 《毛泽东选集》(第1卷),人民出版社1991年版,第77~78页。
② 《毛泽东选集》(第1卷),人民出版社1991年版,第77~78页。
③ 董必武:《论加强人民代表会议的工作》,载《人民日报》1952年1月30日,第1版。
④ 董必武:《论加强人民代表会议的工作》,载《人民日报》1952年1月30日,第1版。
⑤ 董必武:《论加强人民代表会议的工作》,载《人民日报》1952年1月30日,第1版。
⑥ 董必武:《论加强人民代表会议的工作》,载《人民日报》1952年1月30日,第1版。

系问题，他说："党应当而且可以在思想上、政治上、方针政策上对于一切工作起领导作用。当然，这不是说，党应当把一切都包办起来，对一切都进行干涉；也不是说，对于自己所不懂的事情，可以安于做外行。党要求我们的干部和党员进行艰苦的学习来学会自己工作中所不懂的事情。我们学习得愈多，就会领导得愈好。"

正如社会主义法制在"文化大革命"期间遭到严重破坏一样，党与国家的正常关系在"文化大革命"期间也被扭曲。"文化大革命"结束后，特别是十一届三中全会后，经过拨乱反正，使党和国家的关系重回正轨。在此过程中，作为改革开放总设计师的邓小平对党和国家的关系进行了深刻的反思，他指出："党要管党内纪律的问题，法律范围的问题应该由国家和政府管。党干预太多，不利于在全体人民中树立法制观念。"①"党管政府怎么管法，也需要总结经验。党政分开，从十一届三中全会以后就提出这个问题。我们坚持党的领导，问题是党善不善于领导。党要善于领导，不能干预太多，应该从中央开始。这样提不会削弱党的领导。干预太多，搞不好倒会削弱党的领导，恐怕是这样一个道理。"②

党的十八大以来，以习近平同志为核心的党中央，积极推进政治体制改革，积极推进依法治国进程，顺应时代潮流和国家实际需要，丰富和发展了党和国家关系的时代内涵。在2012年12月4日现行宪法颁行30周年纪念大会上，习近平指出："坚持党的领导，更加注重改进党的领导方式和执政方式。""党要善于通过国家政权机关实施党对国家和社会的领导，支持国家权力机关、行政机关、审判机关、检察机关依照宪法和法律独立负责、协调一致地开展工作。"

上述讲话具有重要的指导意义。今天我们进行监察体制改革，实行纪委和监委合署办公的体制，不是削弱监委的作用，恰恰相反，因为与纪委合署办公，监委的作用反而会得以提升和强化，纪委不会包办代替监委的工作，也不会因加强监委的工作而削弱纪委的职能。

---

① 《邓小平文选》（第3卷），人民出版社1993年版，第163页。
② 《邓小平文选》（第3卷），人民出版社1993年版，第163～164页。

第四节 监察委员会的领导体制和负责机制

监察委员会的领导体制和负责机制是与其产生机制紧密相关的,由谁产生,通常受其领导,对其负责。

一、监察委员会的产生机制

《中华人民共和国监察法》第8~9条规定了各级监察委员会的产生。国家监察委员会由全国人民代表大会产生。国家监察委员会由主任、副主任若干人、委员若干人组成,主任由全国人民代表大会选举,副主任、委员由国家监察委员会主任提请全国人民代表大会常务委员会任免;地方各级监察委员会由主任、副主任若干人、委员若干人组成,主任由本级人民代表大会选举,副主任、委员由监察委员会主任提请本级人民代表大会常务委员会任免。监察委员会领导成员由人大产生,是由我国各级人民代表大会是权力机关的地位决定的。其中既有选举产生的——各级监察委员会的主任,也有根据正职负责人的提请任免产生的——如各级监察委员会的副主任和委员。

这种任免产生的机制,体现了民主原则。因为任免机关是各级人大的常务委员会,监察委员会主任"提请任免",从法律上来说,各级人大常委会可任免,亦可不任免,人大常委会作为权力机关有权对提请任免的人员进行审查,若发现有不适合任免者,当然可以作出不予任免的决定。① 这种任免产生的机制,同时也体现和维护了统一、集中和效率的原则。因为由正职主任提出拟任免的副主任和委员人选,便于监察委员会整体开展工作。这种提请权力机关的常设委员会任免的机制与法院和检察院非常相似,如最高人民法院院长、最高人民检察院检察长由全国人大选举产生,但最高人民法院的副院长、

① 但在我们国家政治体制中,该种情况一般不会发生。因为在我们国家党领导一切,各级国家机关领导成员的人选,按照干部管理权限,都由相应的党委组织部事先进行严格的考察、推荐,推荐之前已经经过了严格的组织审查。

审判员和审判委员会委员，最高人民检察院的副检察长、检察员、检察委员会委员分别是由最高人民法院院长、最高人民检察院检察长提请全国人大常委会任免的。

二、监察委员会的领导体制

2018 年修正后的《宪法》第 3 条规定，我国的监察机关对人民代表大会负责，受其监督。《宪法》第 126 条进而详细规定："国家监察委员会对全国人民代表大会和全国人民代表大会常务委员会负责。地方各级监察委员会对产生它的国家权力机关和上一级监察委员会负责。"

地方各级监察委员会在对产生它的国家权力机关负责的同时，要对上一级监察委员会负责，这与监察机关的领导体制直接相关。按照我国宪法规定，上下级人大及其常委会之间为监督和指导关系[①]，上下级人民政府之间、上下级人民检察院之间实行领导关系，上下级人民法院之间实行监督关系。而上下级监察委员会之间亦实行领导关系。为了构建集中统一、权威高效的中国特色国家监察体制，维护法纪的统一和尊严，我国《宪法》第 125 条和《中华人民共和国监察法》第 10 条规定："国家监察委员会领导地方各级监察委员会的工作，上级监察委员会领导下级监察委员会的工作。"这样，就实际上构成了监察机关的双重领导体制——既因为产生关系，接受同级权力机关的领导；也因为业务关系，接受上级监察机关的领导。

这种体制最接近于我国检察机关的领导体制。检察机关除接受产生它的同级权力机关的领导外，还要接受上级检察机关的领导。《宪法》第 137 条第 2 款规定："最高人民检察院领导地方各级人民检察院和专门人民检察院的工作，上级人民检察院领导下级人民检察院的工作。"但也有些许差别，比如，我国 2018 年修正后的《宪法》第 101 条规定，地方各级检察院的检察长经同级人民代表大会选出后，须报上级人民检察院检察长提请该级人民代表大会常务委员会批准，而监察委员会主任一经同级人民代表大会选出后则立即

---

① 我国《宪法》第 67 条第 8 项规定，全国人民代表大会常务委员会有权撤销省、自治区、直辖市国家权力机关制定的同宪法、法律和行政法规相抵触的地方性法规和决议。《宪法》第 104 条规定，县级以上的地方各级人民代表大会常务委员会可以"撤销下一级人民代表大会的不适当的决议"。

生效。

在我国，原《行政监察法》第 11 条规定："县级以上地方各级人民政府监察机关正职、副职领导人员的任命或者免职，在提请决定前，必须经上一级监察机关同意。"也就是说，上一级行政监察机关虽没有对监察机关主要负责人的提名权，但却有任免的同意权。而 2018 年监察体制改革后，我国监察机关虽依然接受双重领导，但由于监察机关是由同级人大产生的，上级监察机关不能提名下级监察机关的主要负责人人选，所以从表面上看，上级监察机关对下级监察机关主要负责人的人选没有多少发言权。但在我国政治实践中，由于实行纪检监察合署办公，依照目前的做法，地方各级监察委员会主任通常由同级纪委书记兼任，副主任通常由同级纪委副书记兼任，而根据我国近年纪检监察体制改革的方向，地方"各级纪委书记、副书记的提名和考察以上级纪委会同组织部门为主"，①因此，实际上，上一级监察机关对下级监察机关主要负责人的人选还是具有较大影响力的，这就从组织和人事上加强了上级监察机关对下级监察机关的领导。

我国监察委员会的双重领导和双重负责制，是从中国自己的政体——人民代表大会制度出发，吸取了中国古代和西方国家监察机关独立设置的历史经验，而进行的有益嫁接。它一方面充分体现了我国具有自身特色的人民主权原则，即人民通过人民代表大会行使国家权力，由人民代表大会产生国家监察机关，实现了党的领导、人民当家作主、依法治国的有机统一；另一方面，这种制度设计在现有体制下，最能够保证监察委员会的相对独立，有利于构建在中国共产党统一领导下的国家反腐败工作体制，有利于建成集中统一、权威高效的监察体系。

我国近几年在积极推进监察体制改革的同时，亦在积极推动司法体制改革。2013 年 11 月 12 日中国共产党第十八届中央委员会第三次全体会议通过的《中共中央关于全面深化改革若干重大问题的决定》指出："改革司法管

① 2013 年 11 月 12 日中国共产党第十八届中央委员会第三次全体会议通过的《中共中央关于全面深化改革若干重大问题的决定》。该决定还同时规定："强化上级纪委对下级纪委的领导。查办腐败案件以上级纪委领导为主，线索处置和案件查办在向同级党委报告的同时必须向上级纪委报告。"

理体制,推动省以下地方法院、检察院人财物统一管理,探索建立与行政区划适当分离的司法管辖制度,保证国家法律统一正确实施。"为了破除司法保护主义,遏制司法的行政化和地方化倾向,在我国人民代表大会政治体制下又不能也不宜实行西方的三权分立和司法独立,在这种情况下,为了保证审判权和检察权的独立公正行使,实行省以下地方法院、检察院人财物的统一管理,是较为理想的改革方向,它能较大限度地减低地方对司法权行使的不当影响,便于建立统一公正的司法体系。

但随之可能产生的一个问题就是,若检察系统将来实行省级以下人财物统一管理,监察机关未来要否实行相同的改革?因为从机关性质和领导体制上来讲,监察机关最接近检察机关,且监察机关的职能部分亦脱胎于原检察机关。笔者认为,目前尚没有这种必要。司法权是社会公平正义的最后一道屏障,将司法权尽量地非地方化,可以突破司法保护主义,维护国家法治的统一;但监察机关行使的是反腐败权力,目前的双重领导和双重负责体制既能实现上级对下级的领导,又能发挥地方反腐败和加强廉政建设的工作积极性,监察权行使的失误或错误可以通过最终的司法权得以校正和救济,故而无须在监察系统亦实行省级以下人财物统一管理的模式。

三、监察委员会的负责形式

我国宪法和监察法都规定,国家监察委员会对全国人民代表大会和全国人民代表大会常务委员会负责。地方各级监察委员会对产生它的国家权力机关和上一级监察委员会负责。

负责,按照《新华词典》的解释,就是"担负责任""尽到责任"的意思。[①]而"责任",按照《现代汉语大辞典》的解释,有两层意思:一是指"分内应做的事";二是指"做不好分内应该做的事,因而应该承担的过失"。[②] 也就是说,"责任"一词包含正反两方面的意思:该做的事和不做事应承担的过失。

必须看到,虽然监察机关实行的是双重领导的体制,双重负责,但两重

① 《新华词典》,商务印书馆2001年修订版,第293页。
② 《现代汉语大辞典》(下),上海辞书出版社2009年版,第2244页。

"负责"的含义却不尽相同。监察机关对产生它的权力机关负责,是就其整体工作向权力机关负责,主要负的是一种政治责任,这是人民主权原则的体现,是宪制层面的要求;权力机关对监察机关的整体工作实施监督,为保证监察机关独立开展工作,权力机关不能进行个案监督。而监察机关对上级监察机关负责,是具体工作或业务上的负责,上级监察机关可以对下级监察机关实施个案监督,可以督办个案,也可以自己直接办理,[①]因为他们之间不是产生与被产生的关系,故而无须负政治上的责任。

既然监察机关需要对产生它的权力机关负责,负责的形式是什么?监察机关是否需要对产生它的权力机关报告工作?回答这个问题之前,我们先对我国国家机关需要对权力机关负责和报告工作的情况进行一下梳理。对于由权力机关产生的机构,我国宪法只规定,各级人民政府需要对同级人大及其常委会负责并报告工作;法院和检察院需要对产生它的权力机关"负责",但宪法中并没有"报告工作"的要求,要求法院和检察院对同级人大及其常委会负责并报告工作,还是在《人民法院组织法》和《人民检察院组织法》中做出的规定。[②] 国家主席、副主席虽然也由全国人大选举产生,但宪法并没有规定国家主席、副主席需要对全国人大负责和报告工作。而由全国人大选举产生的中央军事委员会主席,宪法只是规定其须对全国人大及其常委会"负责",并没有规定其需要"报告工作",其他法律也没有规定。宪法条文亦没有国家主席、副主席和中央军委主席受全国人大"监督"的直接表述。[③] 但是,必须看到,国家主席和中央军委主席,只有中央一级有此机构设置,地方上并没有相对应的下属机构。

作为同是由权力机关产生的监察机关,宪法已经规定了其应该向权力机

---

① 《中华人民共和国监察法》第 16 条第 2 款规定:"上级监察机关可以办理下一级监察机关管辖范围内的监察事项,必要时也可以办理所辖各级监察机关管辖范围内的监察事项。"

② 经 2018 年修订后的《人民法院组织法》第 9 条第 1 款规定:"最高人民法院对全国人民代表大会及其常务委员会负责并报告工作。地方各级人民法院对本级人民代表大会及其常务委员会负责并报告工作。"经 2018 年修订后的《人民检察院组织法》第 9 条第 1 款规定:"最高人民检察院对全国人民代表大会及其常务委员会负责并报告工作。地方各级人民检察院对本级人民代表大会及其常务委员会负责并报告工作。"

③ 但《宪法》第 63 条规定的全国人民代表大会有权罢免的人员中,包括国家主席、副主席和中央军事委员会主席,这当然也是监督的方式。

关负责,但“负责”的形式是否包括“报告工作”呢?宪法没有作此明确规定,《中华人民共和国监察法》也没有规定。《中华人民共和国监察法》只是规定“各级人民代表大会常务委员会听取和审议本级监察委员会的专项工作报告”。“专项工作报告”肯定不同于“报告工作”。“报告工作”是一种更为正式的国家机关对产生它的权力机关负责同时也是权力机关对其进行监督的方式。通常,“报告工作”只会发生在人大开会的时候,而且是全面地报告工作,“报告工作”后要进行表决;而“专项工作报告”就没有这么严格,从时间上来说可以随时进行,从听取主体上来说是人大常委会,从内容上来说是“专项工作报告”,是就某方面的专项内容进行的报告,而且对“专项工作报告”通常无须表决。

一种意见认为,为什么工作需要更为独立性的法院和检察院尚需要对产生它的人大及其常委会报告工作,而同为由权力机关产生的监察机关却可以“独善其身”,不用“报告工作”呢?如果是因为监察机关的工作需要保密而不宜报告工作,理由是极为牵强的。这种“保密”的说法对于中央军事委员会不需向全国人大及其常委会报告工作来说,是完全成立的,但对于监察机关而言就很难自圆其说了。2018 年监察体制改革后成立的监察机关,是由原行政监察机关和检察机关的反贪部门合并组成的,原行政监察工作和反贪工作尚可以分别通过政府工作报告和检察机关的工作报告得以体现,接受权力机关的审查,为什么机构合并后反而不宜在权力机关会议上听取和审查其工作报告了呢?

笔者认为,上述质疑不无道理。但对监察委员会是否要向权力机关报告工作应结合我国目前司法体制改革的进程来理解。我国司法体制改革进行到现在这个阶段已经进入了深水区。按照相关法律的规定,我国司法机关(法院和检察院)要向产生它的权力机关报告工作。人大开会期间,会对两院的报告进行审议和表决,但我国目前所有的法律都没有规定,如果表决不获通过,法院或检察院应承担什么样的责任(不利后果)。实践中就出现了地方法院报告未获人大通过的情况,因找不到相应的机制解决,最终通过对报告进行修改、对相关工作进行整改、人大审议通过整改报告的形式予以解决。[①] 一方面，面对司法腐败和司法不公，权力机关不得不加强对司法机关的监督；另一方面，要想遏制司法腐败，维护司法公平，确保检察权和审判权的独立运行也符合司法运行的规律和时代发展的潮流。这就存在一定的悖论。但毋庸置疑的是，确保司法权的独立运行，是实现司法公正、减少司法腐败的最“不坏”的选项。正是认识到这一点，我国近几年确定了司法体制改革的方向，即实现法院和检察院省以下人财物统一管理，推进以审判为中心的诉讼制度改革，“让审理者裁判，让裁判者负责”。[②] 但新的问题也随之而来，既然强调主审法官和合议庭的审判主体地位，减少法院内部的行政制约和影响，那么若人大否决法院工作报告，究竟应由谁来承担责任，似乎责任并不清晰。

在我国的国家机构中，监察机关在领导体制、机构独立性方面与司法机关具有最高的相似度，如果规定其应向产生它的权力机关报告工作，则必然会带来与司法机关相同的问题，那就是若报告未获人大通过，监察机关应承担怎样的责任？是要像沈阳市中院那样，重新提交一个整改报告还是做出别的处理，并不清晰，法律上没有任何依据。必须注意的是，监察机关监督的是所有公职人员的廉洁情况，而相当一部分人大代表本身也是公职人员，这种双向的监督可能会使监察机关职权的有效行使受到一些影响。

我国1997年制定2010年修改的《行政监察法》第7条第2款规定：“县级以上地方各级人民政府监察机关负责本行政区域内的监察工作，对本级人民政府和上一级监察机关负责并报告工作，监察业务以上级监察机关领导为主。”原行政监察机构之所以可以向本级人民政府和上一级监察机关负责并报告工作，是因为它本身是一个行政机构，是政府系统内部的一个工作机构，

① 例如，2001年2月14日沈阳市第十二届人大四次会议对2000年沈阳市中级人民法院工作报告进行表决，因赞成票没有超过半数未被通过。之后，沈阳市中院起草了《关于沈阳市中级人民法院整改情况和2001年工作安排的报告》，在2001年8月9日举行的沈阳市第十二届人民代表大会第五次会议上，该整改报告以89.9%的赞成票获得通过。

② 2013年11月12日中国共产党第十八届中央委员会第三次全体会议通过的《中共中央关于全面深化改革若干重大问题的决定》规定：“改革审判委员会制度，完善主审法官、合议庭办案责任制，让审理者裁判、由裁判者负责。”2014年10月23日中国共产党第十八届中央委员会第四次全体会议通过的《中共中央关于全面推进依法治国若干重大问题的决定》规定：“推进以审判为中心的诉讼制度改革，确保侦查、审查起诉的案件事实证据经得起法律的检验。”

按照政府内部的隶属关系、领导—服从体制,它当然也必须向本级人民政府和上一级监察机关负责并报告工作。但必须看到,原行政监察机关只是政府的一个组成部门,它不存在与权力机关的直接关系;而 2018 年我国监察体制改革后新成立的监察机关完全脱离了政府体系,自然不能再用政府内部的管理体制来定位监察机关与权力机关之间的关系。

另外,原《行政监察法》中"监察业务以上级监察机关领导为主"的规定,虽未在《中华人民共和国监察法》中写明,但无疑上级监察机关的领导主要是业务领导而非政治领导,下级监察机关对上级监察机关所负上的责任主要是业务上的责任而非政治责任。

四、监察委员会实行集体负责制还是个人负责制

我国宪法规定的国家机关的责任制有三种:无须负责、个人负责制和集体负责制。

(1)无须负责。国家主席虽亦是由全国人民代表大会选举产生,但国家主席是国家元首,是整个国家的代表和象征,再加上其许多权力的行使要基于全国人大及其常委会的决定,[①]而全国人大及其常委会本身就是权力机关,故而我国宪法并没有规定国家主席的负责制。

(2)个人负责制。我国宪法规定的实行"个人负责制"的国家机关是国家行政机关和军事机关。《宪法》第 86 条规定:"国务院实行总理负责制。各部、各委员会实行部长、主任负责制。"第 93 条规定:"中央军事委员会实行主席负责制。"第 94 条规定:"中央军事委员会主席对全国人民代表大会和全国人民代表大会常务委员会负责。"这里需要说明的是,在国务院,虽然也有常务会议和全体会议,但这些会议都是辅助总理作出决策的机构,总理在这些会议讨论的基础上作出决策而不受制于会议的讨论情况。另外,作为国务院

---

① 我国《宪法》第 80 条规定:"中华人民共和国主席根据全国人民代表大会的决定和全国人民代表大会常务委员会的决定,公布法律,任免国务院总理、副总理、国务委员、各部部长、各委员会主任、审计长、秘书长,授予国家的勋章和荣誉称号,发布特赦令,宣布进入紧急状态,宣布战争状态,发布动员令。"第 81 条中规定,国家主席"根据全国人民代表大会常务委员会的决定,派遣和召回驻外全权代表,批准和废除同外国缔结的条约和重要协定。"

组成部门的各委员会，从名义上来说，“委员会”似应实行集体议决、集体负责，但实际上作为国务院组成部门的各委员会也实行首长负责制，即个人负责制，本质上与“部”无异。国家行政机关和军事机关实行个人负责制，与这两种机关的性质和职责有直接关系。行政机关需要进行社会管理，面对纷繁复杂又瞬息万变的社会事务，行政机关必须及时作出应对，行政系统需要具备较快的应变能力和有效的组织指挥能力，实行个人负责制是实现这种有效应对的唯一正确选择。而军事机关承担着抵御外来侵略、保卫国家安全的重要职责，高效集中的指挥体系是其履行职责的充分且必要条件，实行军委主席个人负责制别无选择。

(3)集体负责制。依据现行宪法规定，我国实行集体负责制的国家机构有人大及其常委会、人民法院、人民检察院。人大及其常委会是权力机关、民意机构，议决事项要根据少数服从多数的原则进行，不应也不适合实行个人负责制或首长负责制。而人民法院和人民检察院是我国的司法机关，在当前大力推进司法机关去行政化的改革背景下，更不应该由法院院长或检察院检察长个人承担责任。

国家监察机关实行的既非个人负责制，亦非完全意义上的集体负责制。首先，监察委员会由若干名委员组成，委员会实行少数服从多数的集体议决制，所以从理论上来说，它实行的是一种集体负责制。《中华人民共和国监察法》的一些规定鲜明地体现出这种集体负责制。如该法第31条规定：“涉嫌职务犯罪的被调查人主动认罪认罚，有下列情形之一的，监察机关经领导人员集体研究，并报上一级监察机关批准，可以在移送人民检察院时提出从宽处罚的建议。”第32条规定：“职务违法犯罪的涉案人员揭发有关被调查人职务违法犯罪行为，查证属实的，或者提供重要线索，有助于调查其他案件的，监察机关经领导人员集体研究，并报上一级监察机关批准，可以在移送人民检察院时提出从宽处罚的建议。”第43条第1款规定：“监察机关采取留置措施，应当由监察机关领导人员集体研究决定。设区的市级以下监察机关采取留置措施，应当报上一级监察机关批准。省级监察机关采取留置措施，应当报国家监察委员会备案。”上述条文均强调一些重大事项由“监察机关领导人员集体研究”决定，体现了集体决策和负责的体制。这一点在中共中央纪委、国家监察委员会2018年4月16日印发的《公职人员政务处分暂行规定》中也得到了印证，其第5条规定："给予公职人员政务处分……坚持民主集中制，集体讨论决定。"

但《中华人民共和国监察法》有些条款也彰显了个人负责制，如第38条规定："需要采取初步核实方式处置问题线索的，监察机关应当依法履行审批程序，成立核查组。初步核实工作结束后，核查组应当撰写初步核实情况报告，提出处理建议。承办部门应当提出分类处理意见。初步核实情况报告和分类处理意见报监察机关主要负责人审批。"第39条第2款规定："监察机关主要负责人依法批准立案后……"由上述条文可知，是否进行立案，完全由监察机关主要负责人审批决定，而非监察机关领导人员集体研究决定，这是个人决策和负责的表现。

综合上述分析，国家监察机关实行的是一种混合负责制——一种带有个人负责制成分的集体负责制。从整体上来说，它依然是一种集体负责制。

五、监察机关与派驻机构

（一）国务院部委原纪检监察机构的派驻情况

新中国成立后，国务院各部委纪检监察机构的领导体制，其变革经历了这样一个过程：从纪检、监察机构分署办公到合署办公，从分别管理到统一管理，从双重领导到单一领导，从双重负责到单一负责。纪检监察机构的派驻制就蕴含于以上的改革过程中。

1. 纪检监察机构的派驻与双重领导体制

我国行政监察系统很早就实行了派驻制，这种派驻制后来得到了1990年12月9日国务院发布的《行政监察条例》和1997年5月9日开始施行的《行政监察法》的确认。1988年10月24日《监察部关于监察部派出机构的领导体制及有关工作关系的几点意见》规定："派出监察局和监察专员办公室受监察部和驻在部（委、局）双重领导，既是监察部的派出机构，也是驻在部（委、局）负责内部行政监察工作的职能部门。监察业务工作以监察部领导为主，日常工作，受驻在部门领导。"这种双重领导体制在如下的规定中得到进一步强化和细化："派出机构应及时向驻在部门的领导请示、汇报工作。派出机构人员的行政关系、党团组织关系由驻在部门按统一规定负责管理。其办公用房、设备购置、用车、看阅文件、工资、职称评定,福利待遇、住房及离退休安排等,均由驻在部门负责并享受该部门同级干部待遇。”在这种体制下,实际上派驻机构的人(行政关系、党团组织关系、职称评定、离退休安排)、财(工资、福利待遇)、物(办公用房、设备购置、用车)均隶属于或依赖于驻在部门。这种所谓的派驻制,只是更换一下招牌而已,在监督效果上并无实际意义。由于设置上的非独立性,双重领导实际上更倾向于或强调驻在部门的领导,而监察部的领导似乎更多地体现在对业务工作的指导上。

随后,中央纪委派驻纪检组和各部门党组纪检组(纪委)的领导体制也进一步明确。1991 年 4 月 23 日,中共中央纪律检查委员会颁布了《关于中央纪委派驻纪检组和各部门党组纪检组(纪委)若干问题的规定(试行)》,强调:“中央纪委派驻纪检组、各部门党组纪检组(纪委)受中央纪委和所在部门党组(党委)的双重领导。”这种双重领导关系与派驻监察机构的双重领导如出一辙。

2. 纪检监察机构合署办公与双重领导体制的延续

党的十四大之前,我们党和政府的纪检监察机关是分开办公的,根据各自的职权分别行使权力。但是两者之间监督对象的重合、业务范围的交叉又使得两者的工作密不可分。为了理顺两者之间的关系,加强协作,中央纪律检查委员会、监察部于 1988 年 3 月 16 日颁布了《关于党的纪律检查机关和国家行政监察机关在案件查处工作中分工协作的暂行规定》,后来又于 1992 年 1 月 13 日颁布了该规定的《补充规定》。

党的十四大以后,根据党中央和国务院的决定,中央纪委与监察部合署办公。1993 年 5 月 18 日,中共中央纪律检查委员会、监察部颁布了《关于中央直属机关和中央国家机关纪检、监察机构设置的意见》,该意见规定:“中央直属机关、中央国家机关纪检、监察机构合署办公,实行一套工作机构,两个机构名称,履行两种职能的体制。”“派驻纪检、监察机构实行中央纪委、监察部和所驻在部门党组、行政领导的双重领导,纪检、监察业务以中央纪委、监察部领导为主。党组纪检组(纪委)与内设行政监察机构实行中央纪委、监察部和所在部门党组(党委)、行政领导的双重领导。”“派驻纪检、监察机构的人员，工资、福利待遇、住房及离退休安排等，由所在部门负责。”纪检监察机关合署办公的推行，只是加强了横向上的工作协调与融合，并没有改变纵向上实行的双重领导体制。这种领导体制在中共中央纪律检查委员会、中共中央组织部、中共中央机构编制委员会办公室、监察部于 2000 年 9 月 4 日下发的《关于加强中共中央纪委、监察部派驻纪检、监察机构管理的意见》中得到了印证。该意见规定：“中央纪委、监察部派驻纪检、监察机构是中央纪委、监察部的组成部分，受中央纪委、监察部和驻在部门党组（党委）、行政的双重领导，以中央纪委、监察部领导为主。”

双重领导有其好处，那就是便于取得驻在部门的支持，但这也要取决于部门领导对廉政工作是否重视、反腐决心是否坚定和强烈。与其优点比起来，似乎其弊端更多、更明显一些，那就是同体监督的实效性往往没法保障，我们不能奢望一个在人、财、物均隶属于或依赖于监督客体的监督主体会发挥多大的监督作用。

3. 对派驻机构的统一管理与单一领导体制的确立

2002 年开始，中央纪委、监察部先后在卫生部、国家发展和改革委员会等 8 个部门进行了派驻机构统一管理试点工作。通过试点，逐步明确了对派驻机构实行统一管理工作的指导思想和基本思路，积累了经验。2004 年 4 月 5 日，中共中央办公厅、国务院办公厅转发了《中央纪委、中央组织部、中央编办、监察部关于对中央纪委监察部派驻机构实行统一管理的实施意见》的通知，自此，对派驻机构的统一管理正式实施。2004 年当年，中央纪委、监察部对 36 个双派驻机构实行了统一管理，2005 年又对 20 个单派驻机构实行了统一管理。到 2005 年年底，中央纪委、监察部对派驻机构已经全面实行了统一管理。各省、自治区、直辖市纪委、监察厅派驻机构统一管理工作也同时进行，该项工作也于到 2005 年年底宣告完成。

实行统一管理后，其领导体制是，派驻机构由中央纪委、监察部和驻在部门双重领导改为由中央纪委、监察部直接领导。中央纪委监察部对派驻机构的业务工作和干部工作实行统一管理。比如，派驻机构实施监督和查办案件工作直接受中央纪委监察部领导，重要情况和问题直接向中央纪委监察部请示、报告；派驻机构的中管干部，其任免、考核、交流和管理等执行中央的有关规定；派驻机构其他干部的招考录用、考察任免、年度考核和奖励由中央纪委监察部负责。

4. 原纪检监察派驻体制存在的问题与改革的方向

在我国原派驻体制下，对派驻机构实行统一管理的改革并不彻底，表现在如下几个方面：派驻机构的后勤保障仍由驻在部门负责；派驻机构干部的工资关系、党（团）组织关系、群团关系由驻在部门负责管理；派驻机构干部工资外津（补）贴以及生活福利、住房、医疗、退休等事宜均由驻在部门负责。也就是说，实行统一管理后，派驻机构人、财、物三大要素中，人的要素已经基本独立，派驻机构的所有干部在人事上独立于所在的部委，其任免、考核、职务晋升等执行中央的有关规定或由中央纪委监察部负责，不再受所在部委影响，也就是说派驻人员的政治发展将不再受驻在部委的影响，这为他们消除了发展上的后顾之忧。但派驻机构财、物两大因素依然受制于所在部委，派驻机构的办公条件、办公经费和人员待遇等均依赖驻在部委解决，这正是纪检监察机构领导体制改革不彻底的地方。我国省一级纪委、监察厅在 2005 年年底前完成了对双派驻机构的统一管理，但体制与中央类似，所以独立性欠缺的问题同样存在。

从长远计，我国纪检监察机关领导体制改革的方向除了实行上下级的直接领导，实现人的独立外，还要尽量实现财与物的独立，实现财政与干部待遇的独立运作，由派出单位统一支付和保障，经费列入派出单位预算，斩断监督主客体之间的物质利益关系，以使监督对象对监督活动的影响与干涉降到最低。假如监督主体在财与物的方面受制于监督客体，监督主体将无法有效地行使监督职能，所谓“人”的独立也是不彻底的和脆弱的。

（二）国有企事业单位原纪检监察机构的领导体制

1. 我国国有企事业单位纪委设立的依据及其法律地位

我国国有企事业单位党组织纪律检查委员会的设立有其根本依据和直接依据。根本依据是《中国共产党章程》。2017 年 10 月 24 日中国共产党第十九次全国代表大会通过的《中国共产党章程》第 45 第 1 款规定：“党的中央纪律检查委员会在党的中央委员会领导下进行工作。党的地方各级纪律检查委员会和基层纪律检查委员会在同级党的委员会和上级纪律检查委员会双重领导下进行工作。上级党的纪律检查委员会加强对下级纪律检查委员会的领导。”第 46 条规定：“党的各级纪律检查委员会是党内监督专责机关，主要任务是：维护党的章程和其他党内法规，检查党的路线、方针、政策和决议的执行情况，协助党的委员会推进全面从严治党、加强党风建设和组织协调反腐败工作。”我国国有企事业单位不管其行政级别如何，都属于“基层单位”，企事业单位的党委被称为“基层党组织”，[①]相应地，企事业单位的纪委被称为“基层纪律检查委员会”。

国有企事业单位纪委设立的直接依据。比如，我国高校党组织纪律检查委员会设立的直接依据是《中国共产党普通高等学校基层组织工作条例》和《中共中央纪委、教育部、监察部关于加强高等学校反腐倡廉建设的意见》。2010 年 8 月 13 日修订后的《中国共产党普通高等学校基层组织工作条例》第 14 条规定：“高等学校设立党的基层纪律检查委员会。党的纪律检查委员会由党员大会或党员代表大会选举产生。”第 15 条规定：“高等学校党的纪律检查委员会设立专门工作机构，配备必要的工作人员。”《中共中央纪委、教育部、监察部关于加强高等学校反腐倡廉建设的意见》（教监〔2008〕15 号）规定：“高校纪委是高校党内监督的专门机关，要在同级党委和上级纪委的双重领导下开展工作。”

2. 我国国有企事业单位原监察机构设立的依据及其法律地位

对于我国国有企事业单位监察机构的设立，原《行政监察法》没有涉及。2010 年 6 月 25 日第十一届全国人民代表大会常务委员会第十五次会议修改后的《行政监察法》第 2 条开宗明义地申明：“监察机关是人民政府行使监察职能的机关，依照本法对国家行政机关及其公务员和国家行政机关任命的其他人员实施监察。”亦即是说，《行政监察法》中讲的“监察机关”是政府部门，监察的对象是行政机关及其公务员和国家行政机关任命的其他人员。企事业单位，不是行政机关，因此它的监察机构设立及其运作，不属于《行政监察法》的调整范畴。但这并不意味着国有企事业单位中所有工作人员不受该法

① 参见《中国共产党章程》第 29 条：“企业、农村、机关、学校、科研院所、街道社区、社会组织、人民解放军连队和其他基层单位，凡是有正式党员三人以上的，都应当成立党的基层组织。”

的约束。比如,教育部直属高校的校长、副校长都是由教育部任命的,属于"国家行政机关任命的其他人员",是国家监察机关的监察对象,因此也受《行政监察法》调整。

2010 年 6 月 25 日修改后的《行政监察法》,增补了第 50 条规定:"监察机关对法律、法规授权的具有公共事务管理职能的组织及其从事公务的人员和国家行政机关依法委托从事公共事务管理活动的组织及其从事公务的人员实施监察,适用本法。"乍看起来,似乎高校可以援引这条规定作为设立自身监察机构的依据。因为高校依据《教育法》《高等教育法》《学位条例》的规定,行使颁发学历证书、其他学业证书、学位证书的公共事务管理职能,因此属于"法律、法规授权的具有公共事务管理职能的组织",在行政法律关系中,高校在行使上述职权时可以作为行政主体出现,对其行为不服亦可以提起行政诉讼。但是,原《行政监察法》第 50 条规定的是"监察机关"对"法律、法规授权的具有公共事务管理职能的组织及其从事公务的人员"实施监察时可以适用本法,[①]而此处的"监察机关"根据《行政监察法》第 2 条的规定毫无疑问是行政机关,而行政机关对高校的监督范围仅限于行政机关任命的人员,即教育部任命的校长与副校长,其他人员并不适用。该条更不能作为高校监察机构本身设立的依据。

我国国有企事业单位设立监察机构的原有依据是 1992 年 8 月 6 日颁布实施的《监察部关于全民所有制企业事业单位监察工作若干问题的意见》。该意见规定:"企业、事业单位的监察机构是本单位行使监察职能的专门机构,在本单位主要负责人的领导下,负责对本单位非国家行政机关任命的工作人员进行监察。"可见,国有企事业单位监察机构是在本单位主要负责人的领导下,对除"国家行政机关任命的工作人员"之外的本单位其他工作人员实施监察的专门机构,其职责以及履行这些职责所拥有的检查权、调查权、建议权和一定的行政处分权也都是由监察部颁布的这个部门规章赋予的。[②]

---

① 本条规定主要适用于监察机关与依法成立的具有公共事务管理职能的社会团体之间的关系,比如司法行政机关的监察机构与当地律师协会之间的关系,律师协会及其工作人员的行为受到当地司法行政机关监察机构的监察。

② 参见《监察部关于全民所有制企业事业单位监察工作若干问题的意见》第 2 ~ 4 条。

综上所述,我国原企事业单位纪检监察机构设立的依据层次并不平衡。企事业单位党组织的纪律检查委员会的设立,有作为党内“宪法”的党章作为根本依据;但企事业单位监察机构的设立,只能依据作为部门规章的《监察部关于全民所有制企业事业单位监察工作若干问题的意见》,层次和效力较低,赋权也很有限。

3. 我国国有企事业单位纪检监察机构的双重领导体制

我国国有企事业单位党的纪律检查机构的领导体制是双重领导。以高校为例,2010 年 8 月 13 日修订后的《中国共产党普通高等学校基层组织工作条例》第 16 条第 1 款规定:“高等学校党的纪律检查委员会在同级党的委员会和上级纪律检查委员会领导下进行工作。”为具体体现这种双重领导体制,该条第 2 款规定:“高等学校党的纪律检查委员会要把处理特别重要或复杂的案件中的问题和处理的结果,向同级党的委员会和上级纪律检查委员会报告。”《中共中央纪委、教育部、监察部关于加强高等学校反腐倡廉建设的意见》(教监〔2008〕15 号)第 5 条也规定:“高校纪委是高校党内监督的专门机关,要在同级党委和上级纪委的双重领导下开展工作。要积极协助学校党委研究部署反腐倡廉工作,抓好任务分解和落实,加强组织协调和督促检查。要主动争取学校党委、行政对纪检、监察部门的领导和支持。”

我国国有企事业单位监察机构的领导体制并不明确。作为国有企事业单位监察机构设立依据的《监察部关于全民所有制企业事业单位监察工作若干问题的意见》第 1 条规定:“企业、事业单位的监察工作,是企业、事业单位内部管理的重要组成部分,是其自我约束机制的必要环节。”第 2 条规定:“企业、事业单位的监察机构是本单位行使监察职能的专门机构,在本单位主要负责人的领导下,负责对本单位非国家行政机关任命的工作人员进行监察。”根据上述规定,我国国有企事业单位监察机构似乎实行的是单一领导体制,也就是监察机构只接受本单位主要负责人的领导,对其负责。不过根据上述意见第 5 条的规定,“各级政府监察机关对企业、事业单位的监察工作给予必要的指导和支持……”,这种“指导和支持”虽没有《行政监察法》中关于监察机关双重领导体制规定的那么明确,[①]但是,形式上基本上也可以作“领导”来理解,因为就其“指导和支持”的内容而言,已与“领导”无太大区别。

与国家机关纪检监察机构设置亦步亦趋,长期以来,我国国有企事业单位纪委与监察处分别设置,各司其职,分工协作。党的十四大以后,根据党中央和国务院的决定,中央纪委与监察部合署办公。之后,我国国有企事业单位的纪检监察机构也逐步实现了合署办公,也就是所谓的“一套人马,两块牌子”。与这种体制相适应,国有企事业单位纪委同时领导纪委办和监察处的工作,纪委副书记一般情况下兼任监察处处长职务。但合署办公只是两个机构业务工作横向上的结合,并没有改变纵向上国有企事业单位纪检监察机构的双重领导体制。

不过,必须指出的是,我国国有企事业单位纪检监察机构名义上的“双重领导”体制,其形式意义要大于其实质意义。因为我国国有企事业单位纪检监察机构虽说接受上级机关的领导,但它从性质上而言主要还是单位的内设机构,其功能实质上与其他内设机构无异,并无独立性可言。它的人、财、物完全隶属于或依赖于所在的单位。从人的因素来讲,国有企事业单位纪检监察机构工作人员完全是单位内部职工,他们的任免、考核、职称评定、职级提升等关于个人发展的所有方面完全由所在单位决定,与其他部门职工无异,而与表面上同时领导他们的上级机关没有任何关系。从财的角度来讲,国有企事业单位纪检监察机构的办公经费及工作人员的工资、福利、住房、退休待遇等直接关系个人经济利益的方面完全由所在单位解决。从物的方面来说,国有企事业单位纪检监察机构的办公设备、办公条件均由单位提供。以上,人、财、物的依附性使得我国国有企事业单位纪检监察机构的监督很难发挥应有的作用。

(三)2018 年监察体制改革后的监察派驻体制

《中华人民共和国监察法》第 12 条规定:“各级监察委员会可以向本级中

---

① 参见原《行政监察法》第 7 条第 2 款规定:“县级以上地方各级人民政府监察机关负责本行政区域内的监察工作,对本级人民政府和上一级监察机关负责并报告工作,监察业务以上级监察机关领导为主。”

国共产党机关、国家机关、法律法规授权或者委托管理公共事务的组织和单位以及所管辖的行政区域、国有企业等派驻或者派出监察机构、监察专员。监察机构、监察专员对派驻或者派出它的监察委员会负责。”

监察机关的派驻来源于我国原行政监察体制。我国原《行政监察法》第8条规定:“县级以上各级人民政府监察机关根据工作需要,经本级人民政府批准,可以向政府所属部门派出监察机构或者监察人员。”只不过,2018年监察体制改革后,监察机关的派驻已不再局限于行政机关,而几乎面向所有行使公权力的人员所在的机关或组织。这就为实现我国对行使公权力的所有公职人员监察的全覆盖奠定了基础。

另外,《中华人民共和国监察法》第12条规定,各级监察委员会可以向“法律法规授权或者委托管理公共事务的组织和单位”及“国有企业”等“派驻或者派出监察机构、监察专员”,这一规定终结了长期以来我国国有企事业单位监察机构于法无据的情况,正式以国家法律的方式确认了国有企事业单位监察机构的法律地位。前已述及,在《中华人民共和国监察法》立法之前,我国国有企事业单位设立监察机构的依据是1992年8月6日颁布实施的《监察部关于全民所有制企业事业单位监察工作若干问题的意见》。该意见指出:“企业、事业单位的监察机构是本单位行使监察职能的专门机构,在本单位主要负责人的领导下,负责对本单位非国家行政机关任命的工作人员进行监察。”但该意见仅仅是个部门规章,从规范层级上来讲,层次较低,不利于树立国有企事业单位的地位和权威,不利于体现法治原则,因部门规章的赋权有限,其开展工作缺乏必要的权限。而《中华人民共和国监察法》首次明确提供了国有企事业单位监察机构设立的法律依据,给了该些机构正式的法律名分,便于他们“理直气壮”地开展监察工作。

2018年6月20日,中央纪委国家监委网站发布信息:“经党中央批准,根据党章党规和宪法、监察法有关规定,中央纪委国家监委统一设立派驻机构,名称为中央纪律检查委员会国家监察委员会派驻纪检监察组。对驻在部门新设或更名的,派驻机构名称作相应变更。派驻纪检监察组对中央纪委国家监委负责,履行党的纪律检查和国家监察两项职责。”

第七章　监察委员会职权的行使

第一节　监察的对象

一、公职人员的概念

（一）《联合国反腐败公约》中“公职人员”的概念

《联合国反腐败公约》第2条第1项指出，“公职人员”系指：“1. 无论是经任命还是经选举而在缔约国中担任立法、行政、行政管理或者司法职务的任何人员，无论长期或者临时，计酬或者不计酬，也无论该人的资历如何；2. 依照缔约国本国法律的定义和在该缔约国相关法律领域中的适用情况，履行公共职能，包括为公共机构或者公营企业履行公共职能或者提供公共服务的任何其他人员；3. 缔约国本国法律中界定为‘公职人员’的任何其他人员。但就本公约第二章所载某些具体措施而言，‘公职人员’可以指依照缔约国本国法律的定义和在该缔约国相关法律领域中的适用情况，履行公共职能或者提供公共服务的任何人员。”

可见，《联合国反腐败公约》所界定的“公职人员”是非常宽泛的。不仅包括国家机关（立法、行政、司法）的工作人员，而且包括“履行公共职能或者提供公共服务的任何人员”，而不限于该些人员是否在“公共机构”或者“公营企业”中履行职能或提供服务。由于《联合国反腐败公约》是一个国际公约，对所有缔约方均具有效力，它的许多规定包括监察对象范围的规定，对缔约各国（地区）的反腐败工作具有重要的规范和指引作用。许多国家为此修订了本国法律,以落实《联合国反腐败公约》的原则和规定。除了各国均接受和认可的在国家机关尤其是政府中任职的传统的"公职人员"之外,《联合国反腐败公约》极强调"依照缔约国本国法律的定义"来补充确定"公职人员"的范围,以尽量尊重各国的法律主权,扩大反腐败公约的规范和适用范围。

(二)其他国家和地区"公职人员"的概念

由于各国的政治体制不一,法律制度不同,"公职人员"在各国有不同的界定。

在法国,不仅是从中央到地方的国家机关(行政机关、立法机关、审判机关、检察机关)的公职人员,而且国立学校及医院、国有企业等部门的所有正式工作人员都统称为公务员。但对上述公务员的管理,却不统一适用《公务员法》。能够适用《公务员法》的,如中央和地方各级政府机关中从事行政事务管理的公职人员、外交人员、教师、医务人员等;不适用《公务员法》的公务员,如议会的工作人员、法院的法官和军事人员等,他们适用各自不同的管理规则。

在我国香港特别行政区,根据《防止贿赂条例》(第 201 章)第 2 条的规定,"公职人员"(public servant)是指"指订明人员,及公共机构的雇员官方雇员,及公共机构的雇员",而"不论该雇员、人员或成员属临时或永久性质,或是否有酬劳不论该雇员、人员或成员属临时或永久性质,或是否有酬劳"。上述的"官方雇员"是指"在英皇香港政府辖下担任受薪职位的人,不论该职位属永久或临时性质。"上述"公共机构"是指"政府、行政局、立法局、各区议会、由总督或总督会同行政局委出,或由他人代总督或总督会同行政局委出的各类委员会或其他机构,不论该委员会或机构是否获得酬劳;及附表 1 指明的各类委员会或其他机构。"该条例规定,"公共机构"(public body)指:"(a)政府;(b)行政会议;(c)立法会;(d)各区议会;(e)由行政长官或行政长官会同行政会议委出,或由他人代行政长官或行政长官会同行政会议委出的各类委员会或其他机构,不论该委员会或机构是否获得酬劳;及(f)附表 1 指明的各类委员会或其他机构"。而"订明人员"(prescribed officer)则指:"(a)指担任政府辖下的受薪职位的人,不论该职位属永久或临时性质;及(b)在以下人士不属于(a)段所指的人的范围内,指该等人士——(ⅰ)任何按照《基本法》委任的政府主要官员;(ⅱ)根据《外汇基金条例》(第 66 章)第 5A 条委任的金融管理专员及根据该条例第 5A(3)条委任的人;(ⅲ)公务员叙用委员会主席;(ⅳ)廉政公署的任何职员;(v)担任于《司法人员推荐委员会条例》(第 92 章)附表 1 指明的司法职位的司法人员和由终审法院首席法官委任的司法人员,以及司法机构的任何职员”。

由此可见,尽管政府主要官员并非公务员,但属于该法规定的适用对象“订明人员”,要受到该法例的规范和约束。该条例同时指明:“公职人员”及“官方雇员”的定义包括问责制主要官员,尽管他们并非公务员。而根据《〈廉政公署条例〉总督特派廉政专员公署条例》(第 204 章)第 2 条的规定,该法中的“公职人员”“公共机构”“订明人员”均具有与《防止贿赂条例》相同的含义。的“公职人员”(public servant)及“官方雇员”(crown servant)的含义跟《防止贿赂条例》相同。

(三)我国“公职人员”的概念

我国不同的法律,根据调整对象的不同,对公职人员的内涵和外延规定有所不同。从立法表述来看,《刑法》采用了“国家工作人员”的提法,《公务员法》则采用了“公务员”的概念。

我国《刑法》第 93 条规定:“本法所称国家工作人员,是指国家机关中从事公务的人员。国有公司、企业、事业单位、人民团体中从事公务的人员和国家机关、国有公司、企业、事业单位委派到非国有公司、企业、事业单位、社会团体从事公务的人员,以及其他依照法律从事公务的人员,以国家工作人员论。”

我国 2005 年制定,历经 2017 年、2018 年两次修订后的《公务员法》第 2 条规定:“本法所称公务员,是指依法履行公职、纳入国家行政编制、由国家财政负担工资福利的工作人员。”根据上述规定,《公务员法》规定的“公务员”大致包括以下七类机关工作人员:(1)党的机关工作人员;(2)人大机关的工作人员;(3)行政机关的工作人员;(4)政协机关的工作人员;(5)审判机关的工作人员;(6)检察机关的工作人员;(7)民主党派机关和工商业联合会机关工作人员。

《公务员法》第 112 条规定:“法律、法规授权的具有公共事务管理职能的事业单位中除工勤人员以外的工作人员，经批准参照本法进行管理。”这就是我们平时所说的“参公管理”。

二、我国国家监察机关的监察对象

《中华人民共和国监察法》第 1 条开宗明义地规定了该法的立法宗旨，“加强对所有行使公权力的公职人员的监督”，但其第 15 条规定“监察机关对下列公职人员和有关人员进行监察”，表述中多了“有关人员”几个字。这不是立法者的疏失，而是在法案起草过程中根据收集到的意见有意加入的。也就是说，我国监察机关的监察对象，不仅限于“公职人员”，而且包括“有关人员”，只要其行使公权力，其照样可能被纳入监察范围。具体如下。

（一）公务员及参公管理人员

这类人员就是我国适用《公务员法》规定的人员和参照适用《公务员法》的人员，如前面所论述，这类人员具体包括：中国共产党机关、人民代表大会及其常务委员会机关、人民政府、监察委员会、人民法院、人民检察院、中国人民政治协商会议各级委员会机关、民主党派机关和工商业联合会机关的公务员，以及参照《中华人民共和国公务员法》管理的人员，下面详细说明。

1. 中国共产党机关的公务员

中国共产党机关的公务员，具体包括：(1) 中央和地方各级党委、纪律检查委员会的领导人员；(2) 中央和地方各级党委工作部门、办事机构和派出机构的工作人员；(3) 中央和地方各级纪律检查委员会机关和派出机构的工作人员；(4) 街道、乡、镇党委机关的工作人员。

中国共产党是我国的领导党和执政党，行使领导权和执政权，实质上行使国家公共权力，尤其行使国家重大决策权力。1982 年宪法在 2018 年修正前，中国共产党的领导只体现在宪法序言中，正文中没有表述。2018 年 3 月 11 日第十三届全国人民代表大会第一次会议通过的《中华人民共和国宪法修正案》，直接将“中国共产党领导是中国特色社会主义最本质的特征”写进宪法正文第 1 条，这更是中国共产党行使国家公权力的直接体现。因此，中国共产党各级机关工作人员理应属于国家监察委员会的监察对象。

2. 人民代表大会和常务委员会机关的公务员

人民代表大会和常务委员会机关的公务员，具体包括：(1)县级以上各级人民代表大会常务委员会领导人员，乡、镇人民代表大会主席、副主席；(2)县级以上各级人民代表大会常务委员会工作机构和办事机构的工作人员；(3)各级人民代表大会专门委员会办事机构的工作人员。

我国各级人大及其常务委员会是我国的权力机关，依照宪法和组织法的规定行使国家权力，包括立法权(设区的市的人大及其常委会以上层级才享有①)、选举和罢免权、审查和批准国民经济和发展计划权、审查和批准预算和决算权，工作监督权，等等。人大及其常委会是会议制机构，即通过会议来行使职权，但其常设的工作机构，却从事了大量的日常工作，所以其工作人员属于行使公权力的“公职人员”。

监察对象中“各级人大机关工作人员”，依法律的文义解释，应不包含人大代表。笔者认为，虽然人大代表组成的机关整体依法行使国家立法权和监督权，行使的是国家公权力，但不应也不宜将人大代表列为监察对象。理由除了《中华人民共和国监察法》没有将人大代表明确列为监察对象，依照国家机关“法无授权不可为”的法治原则，不应对法律条文做扩大解释外，还有对人大代表作为民意代表职权的保障考虑。我国宪法和机关组织法对人大代表行使职权给予了充分保障。《宪法》第74条规定：“全国人民代表大会代

---

① 2018年3月修订后的《宪法》第100条第2款规定：“设区的市的人民代表大会和它们的常务委员会，在不同宪法、法律、行政法规和本省、自治区的地方性法规相抵触的前提下，可以依照法律规定制定地方性法规，报本省、自治区人民代表大会常务委员会批准后施行。”2015年3月修订后的《立法法》第72条第2款规定：“设区的市的人民代表大会及其常务委员会根据本市的具体情况和实际需要，在不同宪法、法律、行政法规和本省、自治区的地方性法规相抵触的前提下，可以对城乡建设与管理、环境保护、历史文化保护等方面的事项制定地方性法规。”由此可见，设区的市的人民代表大会及其常务委员会的地方立法权在立法事项范围上有严格的限制，仅限于上述三个方面，且在实施步骤上也有规定。《立法法》第72条第4项规定：“除省、自治区的人民政府所在地的市，经济特区所在地的市和国务院已经批准的较大的市以外，其他设区的市开始制定地方性法规的具体步骤和时间，由省、自治区的人民代表大会常务委员会综合考虑本省、自治区所辖的设区的市的人口数量、地域面积、经济社会发展情况以及立法需求、立法能力等因素确定，并报全国人民代表大会常务委员会和国务院备案。”但是，由于2015年3月修订前的《立法法》没有就设区的市的人民代表大会及其常务委员会制定地方性法规的事项范围作明确的限制，2015年3月修订后的《立法法》第72条第6款特别规定：“省、自治区的人民政府所在地的市，经济特区所在地的市和国务院已经批准的较大的市已经制定的地方性法规，涉及本条第二款规定事项范围以外的，继续有效。”

表，非经全国人民代表大会会议主席团许可，在全国人民代表大会闭会期间非经全国人民代表大会常务委员会许可，不受逮捕或者刑事审判。”第75条规定：“全国人民代表大会代表在全国人民代表大会各种会议上的发言和表决，不受法律追究。”这也符合各个国家关于民意代表法律地位的普遍规定。近代以来，在各国议会政治中已经确立起“代议自治”的理论和制度，“代议自治”通常包含议会的规则自治、议会机构人员自治和纪律惩戒自治等主要内容。不将人大代表列为监察对象，与上述对人大代表的特殊保障的立法规定一脉相承，体现了对人大作为权力机关（代议机关）、全国人大作为主权机关的尊重，以保证人大代表作为民意代表权力的正常行使。

同时，由于我国的人大代表多数是采用兼职制的，即通常意义上的“不脱产”，除参加人大会议外，其他时间基本不脱离自己的工作岗位，不将其直接列为监察对象，并不意味着其不受监督，对其的监督可以循原有的途径进行。如果人大代表本身属于行使公权力的公职人员，按照《中华人民共和国监察法》的规定，对其是可以实施监察的，但基于其人大代表的特殊身份，必须履行特殊的手续。中共中央纪委、国家监察委员会于2018年4月16日公布了《公职人员政务处分暂行规定》，其第11条第3项就规定了人大代表的政务处分的通报手续问题：“对各级人大代表、政协委员给予政务处分，应当向其所在的人大常委会或者政协常委会通报。”

3. 人民政府的公务员

人民政府的公务员，具体包括：（1）各级人民政府的领导人员；（2）县级以上各级人民政府工作部门和派出机构的工作人员；（3）乡、镇人民政府机关的工作人员。

我国各级人民政府工作人员，是国家公权力（行政权）的具体行使者，过去他们属于行政监察的对象，如今自然也属于国家监察委员会的监察对象，他们是最传统的也是最为主要的监督对象。

4. 监察委员会的公务员

监察委员会的公务员，包括：（1）各级监察委员会的组成人员；（2）各级监察委员会内设机构和派出监察机构的工作人员，派出的监察专员等。

我国各级监察委员会是行使国家监察职能的专职监察机关。《中华人民共和国监察法》在起草过程中,一开始并没有将监察委员会工作人员列为监察对象,可能是避免重复走自己监察自己的“老路”。但立法者很快觉察到这一漏洞,既然实现对所有行使公权力的公职人员的监督,当然包括对监察人员的自身监督。当监察人员出现腐败问题时,同样应由监察机关立案调查,而不应另辟蹊径,寻求另外一个机构对其实施监察。因为若由检察机关对监察人员实施监督,肯定不符合《中华人民共和国监察法》第2条规定的“构建集中统一、权威高效的中国特色国家监察体制”的目标和初衷,且会造成检察机关和监察机关之间不必要的牵制;若另设一个机关专门监察监察人员,谁又来监察这个新组建的机构的工作人员呢,如此下去,即便设立无数个机构,也不能解决这一问题。故而在体制内解决这一问题是最为科学和经济的。《中华人民共和国监察法》第55条特别规定:“监察机关通过设立内部专门的监督机构等方式,加强对监察人员执行职务和遵守法律情况的监督,建设忠诚、干净、担当的监察队伍。”

5. 人民法院和人民检察院的公务员

人民法院公务员,包括:(1)最高人民法院和地方各级人民法院的法官、审判辅助人员;(2)最高人民法院和地方各级人民法院的司法行政人员等。人民检察院公务员,包括:(1)最高人民检察院和地方各级人民检察院的检察官、检察辅助人员;(2)最高人民检察院和地方各级人民检察院的司法行政人员等。

人民法院和人民检察院是我国的司法机关,分别承担着审判权和检察权,这些都是重要的国家公权力,作为行使该权力的司法工作人员,当然属于监察委员会的监察对象。当然,为了保证审判权和检察权的独立运作,作为反腐败机构,监察委员会不能因为司法个案的合理与否,就对法院和检察院的工作人员启动监察程序,只有在司法机关工作人员涉嫌职务违法和职务犯罪,并属于监察委员会调查职权范围时,监察委员会才能介入。

那么,即便司法工作人员确实存在涉嫌腐败的违法和犯罪情况,但他正在办理案件当中,能否对其进行立案调查呢?有些人担心这样会影响司法权的独立行使,因为这样通过立案调查司法人员的方式很容易影响到司法人员正在经手的司法案件的处理。《中华人民共和国监察法》对此并没有做例外的规定。原因其实很简单,假如司法机关工作人员存在涉嫌腐败的违法犯罪情况,如不立即查处,将会造成更大的危害。就司法机关角度而言,如果其工作人员因为涉嫌职务违法或犯罪行为被立案调查,它完全可以更换案件的办理人员,以此来保证案件处理正常进行,所以不用担心审判权和检察权的独立运行原则会因此被破坏。

6. 中国人民政治协商会议各级委员会机关的公务员

中国人民政治协商会议各级委员会机关的公务员,包括:(1)中国人民政治协商会议各级委员会的领导人员;(2)中国人民政治协商会议各级委员会工作机构的工作人员。

政协行使的权力实际上也是国家公权力。2018 年 3 月 15 日中国人民政治协商会议第十三届全国委员会第一次会议修改后的《中国人民政治协商会议章程》第 3 条规定:"中国人民政治协商会议全国委员会和地方委员会的主要职能是政治协商、民主监督、参政议政。"根据该条规定,政治协商是"对国家大政方针和地方的重要举措以及经济建设、政治建设、文化建设、社会建设、生态文明建设中的重要问题,在决策之前和决策实施之中进行协商。中国人民政治协商会议全国委员会和地方委员会可根据中国共产党、人民代表大会常务委员会、人民政府、民主党派、人民团体的提议,举行有各党派、团体的负责人和各族各界人士的代表参加的会议,进行协商,亦可建议上列单位将有关重要问题提交协商。"民主监督是"对国家宪法、法律和法规的实施,重大方针政策、重大改革举措、重要决策部署的贯彻执行情况,涉及人民群众切身利益的实际问题解决落实情况,国家机关及其工作人员的工作等,通过提出意见、批评、建议的方式进行的协商式监督。"参政议政是"对政治、经济、文化、社会生活和生态环境等方面的重要问题以及人民群众普遍关心的问题,开展调查研究,反映社情民意,进行协商讨论。通过调研报告、提案、建议案或其他形式,向中国共产党和国家机关提出意见和建议。"

根据《中国人民政治协商会议章程》的上述规定和其他规定,在我国的实际政治生活中,人民政协已经超出"社会团体"的概念,实际行使了类似国家机关的职权,而且有制度化的途径保证政协职权的行使。政协全国会议每年举行一次,与全国人大会议同时召开,俗称我国的"两会",而且全国政协委员还可列席全国人大全体会议。对外交往中,在我国全国政协主席出访时,别的国家通常安排由上议院议长对等接待。上述充分证明,政协是实际履行公权力的机关。政协的工作人员作为日常负责政协运作的人员,属于“行使公权力的公职人员”,属于监察对象。

与人大代表一样,政协委员也面临同样的问题,那就是政协委员是否属于国家监察的对象?对这个问题的回答,可以参考人大代表是否属于监察对象的分析。《中华人民共和国监察法》本身没有将政协委员列为监察对象,但若政协委员本身属于行使公权力的公职人员,自然属于被监察的范围,但由于其作为政协委员的特殊身份,应履行特别的程序。中共中央纪委、国家监察委员会于2018年4月16日公布了《公职人员政务处分暂行规定》,其第11条第3项就规定了政协委员的政务处分的通报手续问题:“对各级人大代表、政协委员给予政务处分,应当向其所在的人大常委会或者政协常委会通报。”

7. 民主党派机关和工商业联合会机关的公务员

民主党派机关和工商业联合会机关的公务员,包括中国国民党革命委员会中央和地方各级委员会,中国民主同盟中央和地方各级委员会,中国民主建国会中央和地方各级委员会,中国民主促进会中央和地方各级委员会,中国农工民主党中央和地方各级委员会,中国致公党中央和地方各级委员会,九三学社中央和地方各级委员会,台湾民主自治同盟中央和地方各级委员会的公务员,以及中华全国工商业联合会和地方各级工商联等单位的公务员。

上述机关本身并不行使国家机关的职能,但是他们的工作人员依法履行公职、纳入国家行政编制、由国家财政负担工资福利,属于《公务员法》所规定的公务员范畴,因此也是国家监察的对象。

8. 参照《公务员法》管理的人员

参照《公务员法》管理的人员,实际上分为两类:一类是根据《公务员法》规定,法律、法规授权的具有公共事务管理职能的事业单位中除工勤人员以外的工作人员,经批准参照公务员法进行管理的人员,如中国证券监督管理委员会,就是参照公务员法管理的事业单位;另一类是部分人民团体和群众团体“参公管理”的工作人员。

针对上述第一类情况,如何审批,要按照2006年4月9日印发的《参照

〈中华人民共和国公务员法〉管理的单位审批办法》执行。至于上述第二类情况，2006 年 8 月 22 日，中组部、人事部联合下发了《关于印发〈工会、青年团、妇联等人民团体、群众团体机关参照中华人民共和国公务员法管理的意见〉的通知》（组通字〔2006〕28 号）批准了 21 个人民团体和群众团体的中央机关中除工勤人员以外的机关工作人员，列入参照《公务员法》范围。这些单位包括：中华全国总工会、中国共产主义青年团中央委员会、中国全国妇女联合会、中国文学艺术界联合会、中国作家协会、中国科学技术协会、中华全国归国华侨联合会、中国法学会、中国人民对外友好协会、中华全国新闻工作者协会、中华全国台湾同胞联谊会、中国国际贸易促进委员会、中国残疾人联合会、中国红十字会总会、中国人民外交学会、中国宋庆龄基金会、黄埔军校同学会、欧美同学会、中国思想政治工作研究会、中华职业教育社、中国计划生育协会。同时，该通知指出，上述团体机关所属事业单位，原则上不列入参照管理范围。

（二）法律、法规授权或者受国家机关依法委托管理公共事务的组织中从事公务的人员

一些组织本身不是国家机关，本身不具有公共权力，但基于法律、法规的授权或者国家机关的委托，而实际上行使管理公共事务的职能。这些组织的工作人员在法律、法规的授权或者国家机关的委托事项范围内，实际行使公共权力，也属于国家监察对象。这主要是指除参公管理以外的其他管理公共事务的事业单位。

理解这个问题，需要结合行政法有关“行政主体”的概念和《行政诉讼法》的有关规定进行。所谓“行政主体”，是一个行政法学上的学理概念，指的是享有行政职权，以自己的名义行使行政职权并独立承担责任的组织。正因为它能够独立承担责任，它可以成为行政诉讼中的被告。经 2017 年 6 月 27 日修改后的《行政诉讼法》第 2 条规定：“公民、法人或者其他组织认为行政机关和行政机关工作人员的行政行为侵犯其合法权益，有权依照本法向人民法院提起诉讼。前款所称行政行为，包括法律、法规、规章授权的组织作出的行政行为。”

《中华人民共和国监察法》将“法律、法规授权或者受国家机关依法委托

管理公共事务的组织中从事公务的人员”列为监察对象,与上面“行政主体”概念和行政诉讼被告有密切的关联性。正因为行政主体不限于行政机关,也包括法律、法规、规章授权的组织,这充分说明法律、法规、规章授权的组织也可以行使公权力,其工作人员行使公权力的行为也应受到监察。比如,高校依据《中华人民共和国教育法》[①]《中华人民共和国高等教育法》[②]《中华人民共和国学位条例》[③]的授权,行使颁发学历证书、学位证书、对学生进行学籍管理、实施奖励或者处分的权力,其依据法律法规授权而获得的公权力使其可以成为行政主体,从而有可能成为行政诉讼的被告。[④] 由于该些事业单位在依授权的情况下获得公权力,此类组织中从事公务的人员依法属于国家监察对象。当然,不是事业单位的所有人员都属于监察对象,只有从事公务的人员才属于监察对象,工勤人员不属于监察对象。不同的是,《中华人民共和国监察法》只规定了法律、法规的授权,并没有像《行政诉讼法》那样同时规定“规章”的授权,这主要是为了提高授权的等级。

另外不同的一点是,行政法中,受行政机关委托行使部分公共职权的组织,只能以委托机关的名义而不能以自身的名义作出行政行为,故而受委托组织不应被视为“行政主体”和作为行政诉讼的被告。而在监察法律中,监督的对象是个人而非组织,只要行使公共权力就要受到监察,故尽管受委托的组织不是适格的行政主体,其组织中从事公务的人员照样应受到监察。

---

① 2015 年修改后的《中华人民共和国教育法》第 22 条规定:“国家实行学业证书制度。经国家批准设立或者认可的学校及其他教育机构按照国家有关规定,颁发学历证书或者其他学业证书。”第 23 条规定:“国家实行学位制度。学位授予单位依法对达到一定学术水平或者专业技术水平的人员授予相应的学位,颁发学位证书。”第 29 条第 1 款第 4、5 项规定,学校可以“对受教育者进行学籍管理,实施奖励或者处分;对受教育者颁发相应的学业证书”。

② 2015 年修改后的《中华人民共和国高等教育法》第 22 条规定:“国家实行学位制度。学位分为学士、硕士和博士。公民通过接受高等教育或者自学,其学业水平达到国家规定的学位标准,可以向学位授予单位申请授予相应的学位。”

③ 2004 年修改后的《中华人民共和国学位条例》第 8 条规定:“学士学位,由国务院授权的高等学校授予;硕士学位、博士学位,由国务院授权的高等学校和科学研究机构授予。授予学位的高等学校和科学研究机构及其可以授予学位的学科名单,由国务院学位委员会提出,经国务院批准公布。”

④ 2014 年 2 月 24 日最高人民法院办公厅关于印发《行政审判办案指南(一)》的通知(法办〔2014〕17 号)第 9 条规定了“高等院校的适格被告问题”:“高等院校依据法律、法规授权作出颁发学历、学位证书以及开除学籍等影响学生受教育权利的行政行为,当事人不服提起行政诉讼的,以高等院校为被告。”

(三)国有企业管理人员

国有企业管理人员,主要是指国有独资企业、国有控股企业(含国有独资金融企业和国有控股金融企业)及其分支机构的领导班子成员,包括设董事会的企业中由国有股权代表出任的董事长、副董事长、董事,总经理、副总经理,党委书记、副书记、纪委书记,工会主席等;未设董事会的企业的总经理(总裁)、副总经理(副总裁),党委书记、副书记、纪委书记,工会主席等。

此外,对国有资产负有经营管理责任的国有企业中层和基层管理人员,包括部门经理、部门副经理、总监、副总监、车间负责人等;在管理、监督国有财产等重要岗位上工作的人员,包括会计、出纳人员等;国有企业所属事业单位领导人员,国有资本参股企业和金融机构中对国有资产负有经营管理责任的人员,也应当理解为国有企业管理人员的范畴。

我国是社会主义国家,国企即全民所有制企业,从企业资产的归属来说,应归于全体人民,由国家(政府)代表人民对这些企业进行管理。国企的管理人员,依法具体实施管理国企的权力,其实质是对国有资产进行管理、配置、运营和监督,行使的是公共权力,因此属于国家监察的对象。对这些人员实施监察,有利于国有资产保值增值,有利于维护全民的利益。但同时必须强调,国企中除上述指出的管理人员之外的其他的普通职工,虽在国企中工作,但并不承担管理责任,故不属于国家监察的对象。

(四)公办的教育、科研、文化、医疗卫生、体育等单位中从事管理的人员

作为监察对象的公办的教育、科研、文化、医疗卫生、体育等单位中从事管理的人员,主要是该单位及其分支机构的领导班子成员,以及该单位及其分支机构中的国家工作人员,比如,公办学校的校长、副校长,科研院所的院长、所长,公立医院的院长、副院长等。

公办教育、科研、文化、医疗卫生、体育等单位及其分支机构中层和基层管理人员,包括管理岗六级以上职员,从事与职权相联系的管理事务的其他职员;在管理、监督国有财产等重要岗位上工作的人员,包括会计、出纳人员,采购、基建部门人员涉嫌职务违法和职务犯罪,监察机关可以依法调查。此外,临时从事与职权相联系的管理事务,包括依法组建的评标委员会、竞争性

谈判采购中谈判小组、询价采购中询价小组的组成人员，在招标、政府采购等事项的评标或者采购活动中，利用职权实施的职务违法和职务犯罪行为，监察机关也可以依法调查。

（五）基层群众性自治组织中从事管理的人员

基层群众性自治组织包括城市和农村按居民居住地区设立的居民委员会和村民委员会两种。本来基层群众性自治组织就是区别于国家机关而设立的社会自治的组织，但由于我国实行强有力的社会管控，多年来出现了"上面万条线，下面一根针"的工作局面，所有社会管理职能都会向基层延伸，最终由这些基层群众性自治组织来承担。因此，基层群众性自治组织经常会行使公共权力，而在这些组织中从事管理的人员，顺理成章地被视为"行使公权力的公职人员"，从而成为监察对象。作为监察对象的基层群众性自治组织中从事管理的人员，包括村民委员会、居民委员会的主任、副主任和委员，以及其他受委托从事管理的人员。

这里的"从事管理"的事项可以参考2000年4月29日第九届全国人民代表大会常务委员会第十五次会议通过的《全国人民代表大会常务委员会关于〈中华人民共和国刑法〉第九十三条第二款的解释》所列举的事项。该解释指出："村民委员会等村基层组织人员协助人民政府从事下列行政管理工作，属于刑法第九十三条第二款规定的'其他依照法律从事公务的人员'：（一）救灾、抢险、防汛、优抚、扶贫、移民、救济款物的管理；（二）社会捐助公益事业款物的管理；（三）国有土地的经营和管理；（四）土地征用补偿费用的管理；（五）代征、代缴税款；（六）有关计划生育、户籍、征兵工作；（七）协助人民政府从事的其他行政管理工作。"该解释并规定："村民委员会等村基层组织人员从事前款规定的公务，利用职务上的便利，非法占有公共财物、挪用公款、索取他人财物或者非法收受他人财物，构成犯罪的，适用刑法第三百八十二条和第三百八十三条贪污罪、第三百八十四条挪用公款罪、第三百八十五条和第三百八十六条受贿罪的规定。"

（六）其他依法履行公职的人员

这主要是一个兜底性的条款，以防止挂一漏万。因为随着社会的发展，可能会有一些新的公职形式或行使公权力的人员出现。但是，必须要明确的是，有兜底条款并不意味着监察范围可以任意无限扩大，必须要明确"行使公权力"这个根本，正确认识党和国家推进监察体制改革的初衷，科学地理解和把握监察对象范围。

三、我国监察机关的监察对象是"人"而不是"机关"

我国监察机关的监察对象是"人"而不是"机关"。《中华人民共和国监察法》第15条关于监察对象的规定中列举的全是机关、企事业单位或组织的"人员"，而没有一个是"机关"、"企事业单位"或"组织"本身。这也印证了《中华人民共和国监察法》第3条中监察机关"对所有行使公权力的公职人员进行监察"的规定。

监察机关的监察对象是"人"而不是"机关"，也符合监察机关自身的宪制地位。因为监察机关是由人大产生的机构，对人大负责，其工作受人大监督，所以监察委员会不可能反过来监察人大机关的工作，否则违背主权原则，违背人民代表大会制度的基本逻辑。我国监察机关又是在中国共产党领导下开展反腐败工作，坚持党的领导是最根本的政治原则，监察机关当然不能对党的机关的工作进行监察，否则也会违背党的领导的基本逻辑。国家监察机关也没有对人民政府机关工作实施监督的权力。这与原行政监察机关的职权有着本质的区别。原《行政监察法》规定行政监察机关既可以监察个人，也可以监察机关。[①] 而《中华人民共和国监察法》中并没有任何对于行政机关实施监察的规定。

法律亦没有赋予国家监察机关对人民法院、人民检察院、中国人民政治

---

① 如经2010年修改后的《行政监察法》第2条规定："监察机关是人民政府行使监察职能的机关，依照本法对国家行政机关及其公务员和国家行政机关任命的其他人员实施监察。"第15条规定："国务院监察机关对下列机关和人员实施监察：（一）国务院各部门及其公务员；（二）国务院及国务院各部门任命的其他人员；（三）省、自治区、直辖市人民政府及其领导人员。"第16条第1款规定："县级以上地方各级人民政府监察机关对下列机关和人员实施监察：（一）本级人民政府各部门及其公务员；（二）本级人民政府及本级人民政府各部门任命的其他人员；（三）下一级人民政府及其领导人员。"而第18条规定"监察机关对监察对象执法、廉政、效能情况进行监察，履行下列职责"的第1项就是："检查国家行政机关在遵守和执行法律、法规和人民政府的决定、命令中的问题。"

协商会议各级委员会机关、民主党派机关和工商业联合会机关实施监督的权力。其中不对人民法院和人民检察院的工作实施监督,更是对这些机关独立行使审判权和检察权的一种尊重和保障。人民检察院和人民法院作为司法机关,通过行使审查起诉权和审判权对监察机关的工作进行监督,监察机关当然不能反向对司法机关的工作实施监督,否则违背监督的基本逻辑,导致检察院和法院的职权无法正常履行。至于法律没有规定监察机关可以对中国人民政治协商会议各级委员会机关、民主党派机关和工商业联合会机关实施监督的权力,则完全是对这些机关职能的尊重。

四、涉及贿赂犯罪的非公职人员是否纳入国家监察范围

如果公职人员涉嫌贿赂犯罪,依照《中华人民共和国监察法》的规定,毫无疑问应该由监察机关进行管辖。但如果是非公职人员涉嫌贿赂犯罪,应该由哪个机关立案侦查,这要针对非公职人员的身份,具体问题具体分析。

(一)公司、企业或者其他单位的工作人员

如果公司、企业或者其他单位的工作人员利用职务上的便利,索取他人财物或者非法收受他人财物,为他人谋取利益,数额较大;或是在经济往来中,利用职务上的便利,违反国家规定,收受各种名义的回扣、手续费,归个人所有,都可能构成"非国家工作人员受贿罪"。而为谋取不正当利益,给予公司、企业或者其他单位的工作人员以财物,数额较大的,则可能构成"对非国家工作人员行贿罪"。由于此类犯罪主体不涉及国家工作人员或没有利用国家工作人员的影响力,纯粹是一种商业贿赂行为,我国《刑法》将其放在"破坏社会主义市场经济秩序罪"一章的"妨害对公司、企业的管理秩序罪"节中进行规定,根据我国刑事法律的规定,由公安机关立案侦查。

近几年,随着我国反腐力度空前加大,现实生活中也出现了一些公职人员的消极不作为现象。当然,此处的"公司、企业或者其他单位",仅指非国有的公司、企业或者其他单位。如果是国有公司、企业或者其他国有单位中从事公务的人员和国有公司、企业或者其他国有单位委派到非国有公司、企业以及其他单位从事公务的人员有上述行为的,依照《刑法》第 163 条、第 385 条(受贿罪)、第 386 条的规定定罪处罚。

当然,近些年一直有社会声音,建议调整贿赂案件的侦查管辖范围,由目前的按照犯罪主体进行管辖工作分配,改为按照案件的性质进行管辖的重组。也就是说,不再按照犯罪主体是否为国家工作人员而分别由原检察机关(现监察机关)和公安机关分别侦查管辖,而改为,凡贿赂案件都统一由原检察机关(现监察机关)管辖。他们认为,这类案件的性质从本质上讲是一样的,都是通过给予不法利益的方式自身获得不正当利益,破坏正常的社会秩序和公共管理规则。而且由于公司、企业或者其他单位的工作人员的贿赂犯罪往往跟公职人员的贿赂犯罪关联在一起,由原检察机关(现监察机关)统一侦查,会更具效率。支持这种主张的另外一个理由是,我国 2018 年修改前的《刑事诉讼法》第 18 条第 2 款规定的是:"贪污贿赂犯罪,国家工作人员的渎职犯罪,国家机关工作人员利用职权实施的非法拘禁、刑讯逼供、报复陷害、非法搜查的侵犯公民人身权利的犯罪以及侵犯公民民主权利的犯罪,由人民检察院立案侦查。"这一规定中,渎职犯罪的主体是"国家工作人员",侵权犯罪的主体是"国家机关工作人员",而唯独没有对检察机关管辖的贪污贿赂犯罪限定主体。有学者据此认为,检察机关负责非国家工作人员贿赂犯罪的侦查,并不违反《刑事诉讼法》关于职能管辖的规定,至少从法律上来说不存在障碍。

笔者不同意这种观点。首先,之所以让原检察机关负责国家工作人员贿赂犯罪的侦查,是因为检察机关是法律监督机关,通过查处贿赂案件加强对国家工作人员的监督,是检察机关作为法律监督机关的职责所在和法律监督权的应有之义,成立国家监察机关后,由国家监察机关负责对这些案件进行调查处理;而涉及公司、企业或者其他单位的贿赂案件继续由公安机关侦查,便于使国家监察机关工作聚焦于对公职人员的监督,保证公权力行使的廉洁性,否则监察机关管辖范围过大,会使其工作难堪重负,影响主业。其次,涉及公司、企业或者其他单位的贿赂案件,犯罪的客体破坏的是公平竞争的市场规则和交易秩序,不涉及对公共权力廉洁性的破坏,没有必要将其与国家工作人员涉嫌贿赂的犯罪案件合并管辖。最后,从法律条文上来说,虽然 2018 年修改前的《刑事诉讼法》第 18 条第 2 款规定的由检察机关直接管辖的"贪污贿赂犯罪"案件,并没有主体方面的限定,但在刑事法律的实体法《刑法》第八章“贪污贿赂罪”中已经将贪污罪和受贿罪的主体限定于“国家工作人员”,故而我们对于作为程序法的《刑事诉讼法》没有必要进行扩大解释。

(二)利用国家工作人员影响力受贿或对其行贿的非公职人员

利用国家工作人员影响力受贿的非公职人员,主要是指国家工作人员的近亲属或者其他与该国家工作人员关系密切的人(如情人),或是离职的国家工作人员或者其近亲属以及其他与其关系密切的人。这些人本身不是(或已经不是)国家的公职人员,本身也不行使国家公权力,但他们通过国家工作人员职务上的行为,或者利用国家工作人员职权或者地位形成的便利条件,通过其他国家工作人员职务上的行为,为请托人谋取不正当利益,索取请托人财物或者收受请托人财物。

由于上述犯罪的手段牵涉国家公权力的行使,虽然犯罪主体不是公职人员,考虑到该类案件往往与国家工作人员的贿赂案件紧密联系,交织在一起,为了查处案件的方便,提升诉讼效率,该类案件原来也通常由检察机关统一受理,通常与国家工作人员的贿赂案件一起侦查处理。

2009 年 2 月 28 日第十一届全国人民代表大会常务委员会第七次会议通过的《中华人民共和国刑法修正案(七)》第 13 条正式确立了“利用影响力受贿罪”的犯罪种类。2015 年 8 月 29 日第十二届全国人民代表大会常务委员会第十六次会议通过的《中华人民共和国刑法修正案(九)》第 46 条正式确立了“对有影响力的人行贿罪”的犯罪种类。

由于《中华人民共和国监察法》的制定,原由检察机关侦查管辖的公职人员贿赂案件,统一转由监察机关调查处理。因此,上述“利用国家工作人员影响力受贿或对其行贿的非公职人员”的贿赂案件,也应由新成立的国家监察机关进行调查处理。《中华人民共和国监察法》对此预留了管辖空间。第 15 条规定的监察对象是“公职人员和有关人员”,而不仅限于“公职人员”,第 22 条第 2 款规定:“对涉嫌行贿犯罪或者共同职务犯罪的涉案人员,监察机关可以依照前款规定采取留置措施。”其中,用了“涉案人员”的表述,亦即是说,在查处国家公职人员腐败问题时,若有涉嫌行贿犯罪或者共同职务犯罪的其他涉案人员,均可以采取留置措施。当然,也有人认为,此处规定的仅是“对涉嫌行贿犯罪或者共同职务犯罪的涉案人员,监察机关可以依照前款规定采取留置措施。”并没有规定可以对这些“涉案人员”进行“立案调查”。也就是说，采取留置措施仅仅是为了配合监察机关对监察对象违法犯罪行为的调查，由于上述人员并非国家监察对象，监察机关不能对其进行立案，而应该在监察机关对监察对象有关违法犯罪行为调查清楚后，将这些“涉案人员”转交给有关机关另行立案处理。

笔者认为，上述理解是狭隘的。诚然，“立案”与“调查”确实是两个概念。国家监察机关只能对监察对象进行“立案”，但并不排斥其可以对非属监察对象的涉案人员开展调查，出于诉讼经济和法治效益方面的考虑，监察机关在对监察对象实施立案调查进行处理的同时，也会一并对有关涉案人员的违法犯罪行为进行调查处理。如有关涉案人员行为构成犯罪，则统一移交检察机关起诉；如这些涉案人员行为不构成犯罪，由于这些人不属于监察对象，则不能对其作出政务处分决定。

对于法律条文，要结合上下文做系统理解。上述监察机关可以对除监察对象之外的涉案人员开展调查的理解，在《中华人民共和国监察法》第 32 条中得到印证，该条规定：“职务违法犯罪的涉案人员揭发有关被调查人职务违法犯罪行为，查证属实的，或者提供重要线索，有助于调查其他案件的，监察机关经领导人员集体研究，并报上一级监察机关批准，可以在移送人民检察院时提出从宽处罚的建议。”

第二节　监察的限度

一、监察的“均衡”和“有限”

监察的限度，即监察到什么程度才算合适。这是个重要的理论问题和实践难题。一方面，监察权不能太弱，太弱发挥不到监察的作用，而这正是我们旧有的行政监察体制存在的重大弊端，也是我国成立国家监察机关的重要考虑；但同时，必须看到，监察权亦不能过大，过大则必然会影响到其他权力的正常行使,影响政府的运作效率。美国建国初期思想家汉密尔顿曾经说过:“决定行政管理是否完善的首要因素就是行政部门的强而有力……而软弱无力无非是管理不善的另一种说法而已;管理不善的政府,不论理论上有何诡辞,在实践上就是个坏政府”,“一切通情达理的人无不同意需要有强有力的行政部门。”①但是,如果监察权过于强大,很有可能造成行政部门和其他机关“步步惊心”。因为,如果监察权太大,其他机关会人人自危,“多一事不如少一事”“不求有功但求无过”的想法会甚嚣尘上,会极大挫伤其他机关公职人员的工作积极性,怠政、懒政会普遍开来甚至泛滥成灾,这是个人趋利避害的必然选择。我国历史上由于监察权过大导致的权力畸形运作的事例也不胜枚举。明朝在正式国家监察机构都察院之外,又增设了厂卫机构,结果整个国家官员和人民风声鹤唳、噤若寒蝉,整个帝国笼罩在恐怖的气氛之中,毫无生气可言,禁锢了国家思想文化的繁荣发展,再加上明朝对贪腐者实施严刑峻法,官场上普遍存在着“明哲保身”的处世哲学,对上溜须拍马、趋炎附势,官员庸碌无为,懒政风气大行其道。

近几年,随着我国反腐力度空前加大,现实生活中也出现了一些公职人员的消极不作为现象。中央敏锐地觉察到这一点。李克强总理在2014年10月8日国务院部门主要负责人会议上严肃指出:“有‘勤’无‘廉’,政失之于公,有‘廉’无‘勤’,政失之于慵。‘廉’和‘勤’是一枚硬币的两面,做不到‘廉’是腐败,做不到‘勤’也是变相腐败”,“尸位素餐本身就是腐败,不作为的‘懒政’也是腐败!”他说,“对那些混日子、不作为、得过且过的行为,要严厉问责”。为着力解决为官不正、为官不为、为官乱为等问题,推动形成能者上、庸者下、劣者汰的用人导向和从政环境,2015年7月28日中共中央办公厅印发了《推进领导干部能上能下若干规定(试行)》,当中提到,对于“不敢担当、不负责任,为官不为、庸懒散拖,干部群众意见较大的”干部,“经组织提醒、教育或者函询、诫勉没有改正,被认定为不适宜担任现职的,必须及时予以调整”。为进一步鼓励广大干部干事创业,减少懒政和不作为,2018年5月20

① [美]汉密尔顿、杰伊、麦迪逊:《联邦党人文集》,程逢如、在汉、舒逊译,商务印书馆1980年版,第356页。

日,中共中央办公厅印发《关于进一步激励广大干部新时代新担当新作为的意见》,当中提到,要"使政治坚定、奋发有为的干部得到褒奖和鼓励,使慢作为、不作为、乱作为的干部受到警醒和惩戒"。

关于"适度监察",其实世界各国都普遍面临着这一制度选择的难题。《联合国反腐败公约》第 30 条第 2 款规定了一个平衡原则:"各缔约国均应当根据本国法律制度和宪法原则采取必要措施以建立或者保持这样一种适当的平衡:即既照顾到为公职人员履行其职能所给予的豁免或者司法特权,又照顾到在必要时对根据本公约确立的犯罪进行有效的侦查、起诉和审判的可能性。"

一个宪制体制的有效运作,必须以各种权力保持一定的均衡为前提,一种权力不能影响到其他权力在法律框架内的有效实施,否则将对整个宪制体制构成破坏。因为,各种国家公权力都有其存在的合理性和必要性,都是为维护国家的有效运行而必需的,是为满足某方面的管理需要而设置的,很难说哪种权力应该优于其他权力。一种宪制权力的设置,不应该阻碍其他宪制权力的有效运行,而应该与其他权力既有制约又有配合。基于此,《中华人民共和国监察法》第 4 条第 2 款规定:"监察机关办理职务违法和职务犯罪案件,应当与审判机关、检察机关、执法部门互相配合,互相制约。"2018 年监察体制改革,针对旧有的监察弊端而生,致力提高监察的效率和效果,但同时我们也要在制度设计上注意约束其"运行成本",即新的监察体制的设计,只要其能够实现监察对象不敢腐、不能腐和不想腐的目标就可以了,保持监察权力与其他权力的相对平衡,实现"适度监察"就可以了。否则,极有可能出现监察过度的情况,监察过度从总体上讲反而会削弱国家职能。

这实际上牵涉一个国家的价值追求和工作重心问题。归根结底,廉政工作只是党和国家的各项工作之一,而不是其全部,也不可能是最核心、最重要的工作。当然,这也并不是削弱和否定廉政工作,廉政工作抓得好,可以更好地保障党和国家其他工作的顺利完成,如提高执政能力和管治水平、发展经济、改善民生、促进各项社会事业的全面发展,等等。党的十一届三中全会我们党拨乱反正,果断停止使用"以阶级斗争为纲"的口号,将党和国家的工作重心转移到以经济建设为中心上来。后来,党的十六大以后,党中央总结中国发展实践,借鉴国外发展经验,适应中国发展要求,提出了“科学发展观”的重大战略思想。即“坚持以人为本,树立全面、协调、可持续的发展观,促进经济社会和人的全面发展”。党的十八大后,以习近平同志为核心的党中央统筹推进“五位一体”(经济建设、政治建设、文化建设、社会建设、生态文明建设)总体布局,协调推进“四个全面”(全面建成小康社会、全面深化改革、全面依法治国、全面从严治党)战略布局,带领全国人民为实现“两个一百年”奋斗目标、实现中华民族伟大复兴的中国梦而奋斗。以上我们党和国家在不同历史时期提出的不同的路线、方针和政策,实际上就反映了我们党和国家工作重心的不断调整。反腐败工作不仅是政治建设,也是全面推进依法治国、全面从严治党的重要内容和重要体现,但其他方面的工作必须统筹协调推进。

我们重视廉政工作和反腐败斗争,但切不可以“唯廉政主义”,无限夸大廉政工作的重要性和意义,无限提高国家监察机关的地位并使其权限无限扩充。党和国家领导人提出,把所有的权力关进制度的笼子,这里的“权力”当然也包括监察权在内,监察权也必须按照“有限”“均衡”的原则科学配置、依法行使。

二、监察的内容

原《行政监察法》第 18 条规定:“监察机关对监察对象执法、廉政、效能情况进行监察。”原《行政监察法》之所以赋予行政监察机关行使执法监察和效能监察职能,实际上是由行政监察机关本身的性质和定位决定的。原行政监察机关是政府内部的监察机构,其权力行使不牵涉不同权力(同立法权和司法权)之间的关系,不涉及宪制体制的结构;而且行政监察的对象既包括机关,也包括个人,故行政监察可以将监察事项设定得宽泛一些。原《行政监察法》第 1 条开宗明义地规定了行政监察法的立法宗旨,“为了加强监察工作,保证政令畅通,维护行政纪律,促进廉政建设,改善行政管理,提高行政效能”,由此可见,“促进廉政建设”只是原行政监察机关的工作目标之一,行政监察机构还担负着“保证政令畅通”“维护行政纪律”“改善行政管理”“提高行政效能”等多重目标,所以行政监察机关担负执法监察和效能监察也就不足为怪了,而且执法监察和效能监察也主要是针对机关而言的。换言之,行政监察机构是政府内部的一条“鞭子”，不仅要监督政府及其公职人员的廉洁问题，更要保证法律、法规、政策得以贯彻，行政命令得以执行，管制绩效得以提升，政府的管理目标得以实现。简言之，行政监察的目标就是要确保令行禁止、廉洁高效。

但2018年监察体制改革后，新成立的各级监察委员会是否还承担执法监察和效能监察的责任？2016年11月，时任中共中央政治局常委、中央深化国家监察体制改革试点工作领导小组组长王岐山到北京、山西、浙江就开展国家监察体制改革试点工作调研时指出，“监察委员会实质上是反腐败机构”，这就为监察委员会的性质和主要任务一锤定音。后来于2018年3月通过的《中华人民共和国监察法》也凸显出这一点。《中华人民共和国监察法》总则部分第1条关于立法宗旨中“实现国家监察全面覆盖，深入开展反腐败工作”，第3条关于监察机构职能中“调查职务违法和职务犯罪，开展廉政建设和反腐败工作”，第6条关于监察工作方针中“严厉惩治腐败”和“构建不敢腐、不能腐、不想腐的长效机制”，以及第11条关于监察机关的职责中“对公职人员开展廉政教育，对其依法履职、秉公用权、廉洁从政从业以及道德操守情况进行监督检查”和“对涉嫌贪污贿赂、滥用职权、玩忽职守、权力“寻租”、利益输送、徇私舞弊以及浪费国家资财等职务违法和职务犯罪进行调查”的表述，都表明国家监察机关将工作重心放在廉政监察和反腐败职能上。

那是否就意味着此次监察体制改革之后，新成立的国家监察机关，就不再行使执法监察和效能监察职能呢？原《行政监察法》第18条规定，“监察机关对监察对象执法、廉政、效能情况进行监察，履行下列职责”，但列举的第1项内容“检查国家行政机关在遵守和执行法律、法规和人民政府的决定、命令中的问题”，明显是针对国家行政机关而非针对公务员个人的，本条规定中对“效能监察”的具体内容没有列举，但从“效能”本身的含义来看，其针对的主要也是行政机关而非个人。故而，原行政监察机关行使的三项职能中，执法监察和效能监察主要是针对行政机关的，而廉政监察虽主要是针对公务员个人的，但监察个人的同时也会对机关的廉政情况作出评价和提出意见。

新通过的《中华人民共和国监察法》第11条规定，监察委员会对公职人员个人实施监察，并没有对机关实施监察的表述，又由于上述执法监察和效能监察主要针对机关而展开,故而从法律条文的文义解释来看,监察机关并无权对其他机关开展执法监察和效能监察。但这并不意味着执法监察和效能监察不重要,而是主要由其他机关自己来行使这两项职能,通常是由各机关基于内部的行政管理自己来行使;当然,人大作为权力机关也可以行使一部分执法监督和效能监督的职权。比如,我国全国人大常委会经常组织执法检查组深入各地检查某专项法律的执行情况,就是执法监督的一种形式。我国各级人大通过听取"一府两院"工作报告,形成决议,对他们各自的执行法律情况、工作效率情况、工作成绩进行评价,也是执法监督和效能监督的形式。

根据新的《中华人民共和国监察法》,监察机关不对其他机关实施执法监察和效能监察,但也不意味着监察机关不可以对公职人员个人的执法情况和效率能力情况作出评价,因为《中华人民共和国监察法》第 11 条第 1 款中对公职人员"依法履职"情况进行监督检查的规定,已经内含了对其执法情况和效率能力情况作出评价的内容。

第三节　监察职责

国家监察委员会的监察职责包括监督、调查和处置。

一、监督职责

"监督"职责的具体表述是:"对公职人员开展廉政教育,对其依法履职、秉公用权、廉洁从政从业以及道德操守情况进行监督检查。"从《中华人民共和国监察法》的上述规定来看,监督职责应该包括廉政教育和监督检查两项内容。

对公职人员的廉政教育,从内容上来说,既包括法治教育,也包括道德教育;从时间上来说,既包括任前教育,也包括任中教育;从形式上来说,既包括正面引导教育,也包括反面警示教育;从针对性上来说,既包括泛泛教育,也包括有针对性的诫勉谈话。[①] 必须指出的是,公职人员所在的党组织承担党风廉政建设的主体责任,廉政教育主要应由党组织负责开展。2013 年 11 月 12 日中国共产党第十八届中央委员会第三次全体会议通过的《中共中央关于全面深化改革若干重大问题的决定》中指出:"落实党风廉政建设责任制,党委负主体责任,纪委负监督责任,制定实施切实可行的责任追究制度。各级纪委要履行协助党委加强党风建设和组织协调反腐败工作的职责。"2014 年 10 月 23 日中国共产党第十八届中央委员会第四次全体会议通过的《中共中央关于全面推进依法治国若干重大问题的决定》也强调:"深入开展党风廉政建设和反腐败斗争,严格落实党风廉政建设党委主体责任和纪委监督责任"。

监督检查的内容包括依法履职、秉公用权、廉洁从政从业以及道德操守情况。可见,监督检查的内容以"廉洁从政从业"为中心或主要内容,却又不限于对廉洁情况的监督,还包括"依法履职""秉公用权"和"道德操守"等情况。可见,相对于对职务违法和职务犯罪的调查内容而言,监督检查的内容更宽泛一些,这体现了党和国家对公职人员"严格监督"的原则。通过严格监督,将防止腐败的关口前移,重视事前和事中的监督,以尽量防患于未然,达到尽量保护和挽救干部的目的。重视监督检查的原则也与第十八届中央纪委六次全会提出的"要运用监督执纪'四种形态'"[②]是完全一致的,总的目标是尽量让干部不犯措施和少犯错误,这也因应了中国古代法律适用的一项重要原则"惩其未犯,防其未然"。[③]

无论是开展廉政教育,还是实施监督检查,其目的都是一样的,那就是预

---

① 中共中央办公厅 2005 年 12 月 19 日印发的《关于对党员领导干部进行诫勉谈话和函询的暂行办法》第 3 条规定:"党员领导干部有下列情况之一的,应当对其进行诫勉谈话:(一)不能严格遵守党的政治纪律,贯彻落实党的路线方针政策和上级党组织决议、决定以及工作部署不力;(二)不认真执行民主集中制,作风专断,或者在领导班子中闹无原则纠纷;(三)不认真履行职责,给工作造成一定损失;(四)搞华而不实和脱离实际的"形象工程""政绩工程",铺张浪费,造成不良影响;(五)不严格执行《党政领导干部选拔任用工作条例》,用人失察失误;(六)不严格执行廉洁自律规定,造成不良影响;(七)其他需要进行诫勉谈话的情况。"可见,诫勉谈话实际上也是教育的一种方式。

② 监督执纪"四种形态"指的是:"让咬耳朵、扯袖子,红红脸、出出汗成为常态,党纪轻处分、组织调整成为大多数,重处分、重大职务调整的是少数,而严重违纪涉嫌违法立案审查的只能是极少数。"

③ (唐)长孙无忌:《唐律疏议·名例一》。转引自《廉政格言警句》,中国方正出版社 2004 年版,第 85 页。

防腐败的发生,这正体现了《中华人民共和国监察法》第 6 条提出的反腐败“标本兼治,综合治理”的方针。正如美国当代法学家博登海默(Edgar Bodenheimer,1908 – 1991 年)所言:“健康观念使我们首先想到的并不是医院和疾病,手术和麻醉,而不论这些东西对于维护社会福利是多么重要。最好的医疗方法是预防疾病的发生,正如法律的真正益处在于它确保有序的平衡,而这种平衡能成功地预防纠纷。”①

当然,必须注意的是,教育方面,除了直接针对公职人员的廉政教育外,加强对社会的廉洁教育,加强社会的廉政文化建设也非常重要,而且是一项基础性工程。《联合国反腐败公约》第 13 条第 1 款规定:“各缔约国均应当根据本国法律的基本原则在其力所能及的范围内采取适当措施,推动公共部门以外的个人和团体,例如民间团体、非政府组织和社区组织等,积极参与预防和打击腐败,并提高公众对腐败的存在、根源、严重性及其所构成的威胁的认识。这种参与应当通过下列措施予以加强:(一)提高决策过程的透明度,并促进公众在决策过程中发挥作用;(二)确保公众有获得信息的有效渠道;(三)开展有助于不容忍腐败的公众宣传活动,以及包括中小学和大学课程在内的公共教育方案……”我国近年来高度重视廉政文化建设,中央纪委、中央宣传部、监察部、文化部、广电总局、新闻出版总署于 2009 年 12 月 29 日联合下发了《关于加强廉政文化建设的意见》(中纪发〔2009〕27 号),对廉政文化建设进行全面部署。

二、调查职责

所谓“调查”职责,指的是“对涉嫌贪污贿赂、滥用职权、玩忽职守、权力寻租、利益输送、徇私舞弊以及浪费国家资财等职务违法和职务犯罪进行调查”。在这里,有几个问题必须要明晰。

(一)监察机关行使的是“调查”职责,而非“侦查”职责

转隶之前,检察机关的反贪贿赂机构行使的是对腐败案件的“侦查”权,

---

① [美]E. 博登海默:《法理学　法律哲学与法律方法》,邓正来译,中国政法大学出版社 1999 年版,第 393 页。

适用的是《刑事诉讼法》。而新制定的《中华人民共和国监察法》赋予国家监察机关的是对腐败案件的“调查”权,而非“侦查”权。虽一字之差,却反映出国家监察机构职能的变化。前已分析,国家监察机关行使调查职责,并不适用《刑事诉讼法》的有关规定。监察机关所享有的一切实体性或程序性的权力,都规定在《中华人民共和国监察法》之中,按照国家机关职权法定的原则,国家监察机关只享有这些权力,并不享有或类推享有原《刑事诉讼法》所规定的检察机关作为腐败案件的侦查机关所享有的权力。《中华人民共和国监察法》与《刑事诉讼法》是完全并行的两部法律,不存在一般法(《刑事诉讼法》)与特别法(《中华人民共和国监察法》)的关系,故而国家监察机关的调查活动并不适用或补充适用《刑事诉讼法》的规定。

(二)调查的事项分为两类:职务违法和职务犯罪

“职务违法”指的是违反法律(非刑事法律,尤指行政法律)的普通违法行为;而“职务犯罪”指的是公职人员的行为触犯刑律,构成犯罪,需要承担刑事责任的行为。这是两类性质不同的行为。调查两种行为,适用的法律依据不同;导致的法律后果也不一样,对于职务违法行为要追究其政纪责任,而职务犯罪行为,则要追究其刑事责任。当然,职务违法行为与职务犯罪行为并不是泾渭分明的,两者往往寓于同一行为之中,有时往往只是量的差异或情节的轻重程度不同而已,需要经过认真细致的调查,才能确定行为是违法的抑或更严重构成犯罪的。有的案件往往是在违法调查的过程中,发现其已构成犯罪;有的正好相反,本以刑事案件立案调查,却在调查过程中,经过不断地排除证据,最终只能以普通违法案件定性处理。

(三)调查、起诉职责分开行使有助于实现诉讼关系的科学配置

将涉嫌腐败的职务犯罪案件从检察机关的管辖职能中分立出来,交由监察机关去行使,从根本上改变了原在公职人员腐败案件查办过程中侦查、逮捕、起诉一体化,查办主体“既当运动员又当裁判员”的体制弊端,实现了检察权对调查权的更好制约和诉讼关系的科学配置,体现了侦、诉、审独立运行的法治理念,有助于增强反腐工作的公信力。

三、处置职责

所谓"处置职责",就是"对违法的公职人员依法作出政务处分决定;对履行职责不力、失职失责的领导人员进行问责;对涉嫌职务犯罪的,将调查结果移送人民检察院依法审查、提起公诉;向监察对象所在单位提出监察建议。"

(一)处置权的国际法依据

《联合国反腐败公约》第 8 条第 6 款规定:"各缔约国均应当考虑根据本国法律的基本原则,对违反依照本条确定的守则或者标准的公职人员采取纪律措施或者其他措施。"这就是监察处置权的国际法依据。但必须注意上述规定的几个要点:一是法治原则,就是"各缔约国应当考虑根据本国法律的基本原则,对违反依照本条确定的守则或者标准的公职人员"采取措施,既坚持了国家主权原则和国内法治原则,又很好地结合了普世价值观和国际法治原则;二是可以采取"纪律措施或者其他措施"。或言之,对违纪违法的公职人员,既可以采取纪律措施,进行纪律追究,也可以采取其他方面的措施,比如对于严重违法构成犯罪的,当然可以采取刑事措施。而在我国,在对公职人员追究政纪责任同时,或可追究其党纪责任(如系党员,可以给予警告、严重警告、撤销党内职务、留党察看、开除党籍的处分),或进行组织处理(停职检查、调整职务、责令辞职、降职、免职)。①

(二)监察机关能否直接作出"政务处分决定"

《中华人民共和国监察法》第 11 条关于监察委员会的职责中,规定"对违法的公职人员依法作出政务处分决定"。何为"政务处分"?各级监察委员会能否直接作出"政务处分决定"?

《中华人民共和国监察法》中"政务处分"的提法,是首次在我国的法律文件中出现,之前是没有的。根据《中华人民共和国监察法》第 45 条第 1 款第 2

---

① 2016 年 7 月 8 日起施行的《中国共产党问责条例》第 7 条第 2 款第 3 项规定,对党的领导干部的问责方式包括"组织调整或者组织处理",即"对失职失责、情节较重,不适宜担任现职的,应当根据情况采取停职检查、调整职务、责令辞职、降职、免职等措施"。2009 年 7 月 13 日公布的《关于实行党政领导干部问责的暂行规定》第 7 条规定:"对党政领导干部实行问责的方式分为:责令公开道歉、停职检查、引咎辞职、责令辞职、免职。"

项的规定,政务处分决定包括“警告、记过、记大过、降级、撤职、开除”等形式。由此可见,“政务处分”实际上与《公务员法》《法官法》《检察官法》规定的纪律处分是一致的,与事业单位人员的纪律处分形式稍有不同。

经2018年修订后的《公务员法》第62条规定:“处分分为:警告、记过、记大过、降级、撤职、开除。”2007年6月1日起施行的《行政机关公务员处分条例》第6条规定:“行政机关公务员处分的种类为:(一)警告;(二)记过;(三)记大过;(四)降级;(五)撤职;(六)开除。”但针对事业单位工作人员的处分种类与公务员有稍微差异,没有“记大过”这一类别。[①] 针对法官和检察官的纪律处分类别完全同于公务员。经2017年9月修改后的《法官法》第34条规定:“处分分为:警告、记过、记大过、降级、撤职、开除。”[②]经2017年9月修改后的《检察官法》第37条规定:“处分分为:警告、记过、记大过、降级、撤职、开除。”[③]

《中华人民共和国监察法》立法之所以使用“政务处分”的提法,而没有使用“行政处分”或“政纪处分”的概念,原因可能有两个:一是提出一个区别于其他提法的新概念,这种“政务处分”只有国家监察机关才能做出;二是监察委员会相对于原来的行政监察机关而言,监察对象扩大了,不限于行政机关工作人员,若使用“行政处分”或“政纪处分”,可能会使人引起误解。

新成立的国家监察机关能否对违法的公职人员直接作出“政务处分决定”?从法律条文本身及监察实践来看,是可以的。2018年4月16日中共中央纪委、国家监察委员会发布了《公职人员政务处分暂行规定》,其第19条规定:“公职人员有违法行为的,任免机关、单位可以履行主体责任,依照《中华

---

① 2012年9月1日起施行的《事业单位工作人员处分暂行规定》第5条规定:“处分的种类为:(一)警告;(二)记过;(三)降低岗位等级或者撤职;(四)开除。”2014年7月1日起施行的《事业单位人事管理条例》第29条规定:“处分分为警告、记过、降低岗位等级或者撤职、开除。”

② 作为落实《法官法》和《检察官法》有关处分条款的其他规定,在处分种类上也采用了与《法官法》和《检察官法》完全相同的表述。2009年12月31日发布的《人民法院工作人员处分条例》第6条规定:“处分的种类为:警告、记过、记大过、降级、撤职、开除。”经2016年10月修订过的《检察人员纪律处分条例》第7条规定:“纪律处分种类:(一)警告;(二)记过;(三)记大过;(四)降级;(五)撤职;(六)开除。”

③ 2019年4月23日修订后的《法官法》和《检察官法》,删去了对法官和检察官给予纪律处分种类的直接规定。

人民共和国公务员法》等规定，对公职人员给予处分。对公职人员的同一违法行为，监察机关已经给予政务处分的，任免机关、单位不再给予处分；任免机关、单位已经给予处分的，监察机关不再给予政务处分。”

（三）我国原针对公职人员作出纪律处分的管辖及程序原则

在成立国家监察机关并赋权其作出政务处分决定之前，我国原针对各类公职人员作出纪律处分，在管辖和程序方面基本体现了两大原则。

1. 按照管理权限做出纪律处分的原则

我国原对公职人员管理和纪律处分的规定，都体现了“按照管理权限做出纪律处分”的原则。道理很简单，只有拥有管理上的权限，才有权对其作出纪律处分，这是个基本前提条件。而有管理权限的机关，一般指的是公职人员的任免机关，任免权是最大的管理权。

2018 年修订《公务员法》时，对公务员违法行为按照管理权限如何进行处理，基本因袭了该法之前的规定，第 63 条第 2、3 款规定：“公务员违纪违法的，应当由处分决定机关决定对公务员违纪违法的情况进行调查，并将调查认定的事实以及拟给予处分的依据告知公务员本人。公务员有权进行陈述和申辩；处分决定机关不得因公务员申辩而加重处分。处分决定机关认为对公务员应当给予处分的，应当在规定的期限内，按照管理权限和规定的程序作出处分决定。处分决定应当以书面形式通知公务员本人。”2007 年 6 月 1 日起施行的《行政机关公务员处分条例》第 34 条规定：“对行政机关公务员给予处分，由任免机关或者监察机关按照管理权限决定。”该行政法规第 39 条规定：“任免机关对涉嫌违法违纪的行政机关公务员的调查、处理，按照下列程序办理”，其中第 1 款第 5 项规定：“经任免机关领导成员集体讨论，作出对该公务员给予处分、免予处分或者撤销案件的决定。”

对事业单位工作人员的纪律处分，也采“管理权限”原则。2012 年 9 月 1 日起施行的《事业单位工作人员处分暂行规定》第 23 条规定：“对事业单位工作人员的处分，按照以下权限决定：（一）警告、记过、降低岗位等级或者撤职处分，按照干部人事管理权限，由事业单位或者事业单位主管部门决定。其中，由事业单位决定的，应当报事业单位主管部门备案。（二）开除处分由事业单位主管部门决定，并报同级事业单位人事综合管理部门备案。对中央和地方直属事业单位工作人员的处分，按照干部人事管理权限，由本单位或者有关部门决定；其中，由本单位作出开除处分决定的，报同级事业单位人事综合管理部门备案。”

以上规定，都体现了“管理权限”原则，即按照管理权限作出纪律处分的原则。

2. 对经各级人民代表大会及其常务委员会选举或者决定任命的人员的重纪律处分的特殊程序

对经各级人民代表大会及其常务委员会选举或者决定任命的人员实施重纪律处分（撤职或开除），必须走“特殊程序”，以体现对各级人民代表大会及其常务委员会选举权或者决定权的尊重。这实际上也是“管理权限”原则的延伸体现。

经2018年修订后的《公务员法》第3条第2款规定：“法律对公务员中领导成员的产生、任免、监督以及监察官、法官、检察官等的义务、权利和管理另有规定的，从其规定。”2009年7月13日公布的《关于实行党政领导干部问责的暂行规定》第21条规定：“对经各级人民代表大会及其常务委员会选举或者决定任命的人员实行问责，按照有关法律规定的程序办理。”

2007年6月1日起施行的《行政机关公务员处分条例》第35条规定：“对经全国人民代表大会及其常务委员会决定任命的国务院组成人员给予处分，由国务院决定。其中，拟给予撤职、开除处分的，由国务院向全国人民代表大会提出罢免建议，或者向全国人民代表大会常务委员会提出免职建议。罢免或者免职前，国务院可以决定暂停其履行职务。”第36条规定：“对经地方各级人民代表大会及其常务委员会选举或者决定任命的地方各级人民政府领导人员给予处分，由上一级人民政府决定。拟给予经县级以上地方人民代表大会及其常务委员会选举或者决定任命的县级以上地方人民政府领导人员撤职、开除处分的，应当先由本级人民政府向同级人民代表大会提出罢免建议。其中，拟给予县级以上地方人民政府副职领导人员撤职、开除处分的，也可以向同级人民代表大会常务委员会提出撤销职务的建议。拟给予乡镇人民政府领导人员撤职、开除处分的，应当先由本级人民政府向同级人民代表大会提出罢免建议。罢免或者撤销职务前，上级人民政府可以决定暂停其履行职务；遇有特殊紧急情况，省级以上人民政府认为必要时，也可以对其作出撤职或者开除的处分，同时报告同级人民代表大会常务委员会，并通报下级人民代表大会常务委员会。”第 37 条规定：“对地方各级人民政府工作部门正职领导人员给予处分，由本级人民政府决定。其中，拟给予撤职、开除处分的，由本级人民政府向同级人民代表大会常务委员会提出免职建议。免去职务前，本级人民政府或者上级人民政府可以决定暂停其履行职务。”以上这些规定，通过事先提请罢免或免职（撤销职务）并同时暂停职务的方式，解决了人大及其常委会的选举权、决定权与政府内部管理权限的张力问题，使得两种权力的行使可以并行不悖。

法官和检察官也是由各级人大产生的，因此，对其追究纪律责任，也必须顾及到人大的选举权、罢免权和任免权。经 2019 年修订后的《法官法》第 18 条规定：“法官的任免，依照宪法和法律规定的任免权限和程序办理。最高人民法院院长由全国人民代表大会选举和罢免，副院长、审判委员会委员、庭长、副庭长和审判员，由院长提请全国人民代表大会常务委员会任免。最高人民法院巡回法庭庭长、副庭长，由院长提请全国人民代表大会常务委员会任免。地方各级人民法院院长由本级人民代表大会选举和罢免，副院长、审判委员会委员、庭长、副庭长和审判员，由院长提请本级人民代表大会常务委员会任免。在省、自治区内按地区设立的和在直辖市内设立的中级人民法院的院长，由省、自治区、直辖市人民代表大会常务委员会根据主任会议的提名决定任免，副院长、审判委员会委员、庭长、副庭长和审判员，由高级人民法院院长提请省、自治区、直辖市人民代表大会常务委员会任免。新疆生产建设兵团各级人民法院、专门人民法院的院长、副院长、审判委员会委员、庭长、副庭长和审判员，依照全国人民代表大会常务委员会的有关规定任免。”第 46 条第 2 款规定：“法官的处分按照有关规定办理。”这里所谓的“有关规定”指的就是于 2009 年 12 月 31 日起施行的《人民法院工作人员处分条例》。经 2019 年修订后的《法官法》第 47 条规定：“法官涉嫌违纪违法，已经被立案调查、侦查，不宜继续履行职责的，按照管理权限和规定的程序暂时停止其履行职务。”

对检察官的纪律追究也是如此。经 2019 年修订后的《检察官法》第 18

条规定："检察官的任免，依照宪法和法律规定的任免权限和程序办理。最高人民检察院检察长由全国人民代表大会选举和罢免，副检察长、检察委员会委员和检察员，由检察长提请全国人民代表大会常务委员会任免。地方各级人民检察院检察长由本级人民代表大会选举和罢免，副检察长、检察委员会委员和检察员，由检察长提请本级人民代表大会常务委员会任免。地方各级人民检察院检察长的任免，须报上一级人民检察院检察长提请本级人民代表大会常务委员会批准。省、自治区、直辖市人民检察院分院检察长、副检察长、检察委员会委员和检察员，由省、自治区、直辖市人民检察院检察长提请本级人民代表大会常务委员会任免。省级人民检察院和设区的市级人民检察院依法设立作为派出机构的人民检察院的检察长、副检察长、检察委员会委员和检察员，由派出的人民检察院检察长提请本级人民代表大会常务委员会任免。新疆生产建设兵团各级人民检察院、专门人民检察院的检察长、副检察长、检察委员会委员和检察员，依照全国人民代表大会常务委员会的有关规定任免。"第 47 条第 2 款规定："检察官的处分按照有关规定办理。"这里所谓的"有关规定"主要是指《检察人员纪律处分条例》，该条例于 2004 年 6 月通过，2007 年 3 月和 2016 年 10 月两次修订。经 2019 年修订后的《检察官法》第 48 条规定："检察官涉嫌违纪违法，已经被立案调查、侦查，不宜继续履行职责的，按照管理权限和规定的程序暂时停止其履行职务。"

以上对法官和检察官给予重纪律处分，涉及去职（拟给予撤职或开除处分）的，总的原则是，提请人大或其常委会罢免或将其免职；否则径行给予纪律处分，必然构成对人大及其常委会作为权力机关所享有的选举权和任命权的不尊重，违背我国国体的人民主权原则，冲击了人大作为权力机关的地位。当然，为了有效衔接纪律处分与罢免（免职）之间的关系，有权限管理机关可以先行"暂时停止其履行职务"，以便于有关人员配合对其进行的调查，同时减少负面影响。

（四）由监察机关直接作出"政务处分决定"与人事管理机关自行作出纪律处分的关系

赋予监察机关对违法的公职人员直接作出"政务处分决定"，是否就意味着监察机关取代了公职人员的人事管理机关在纪律处分方面的权力？两者是什么关系？2018 年 4 月 16 日中共中央纪委、国家监察委员会颁布的《公职人员政务处分暂行规定》回答了这些问题。

首先，国家监察机关和公职人员所在的人事管理机关都有权作出纪律处分决定。如 2018 年 4 月 16 日印发的《公职人员政务处分暂行规定》第 19 条第 1 款规定："公职人员有违法行为的，任免机关、单位可以履行主体责任，依照《中华人民共和国公务员法》等规定，对公职人员给予处分。"不过监察机关与公职人员的任免机关、单位作出处分的名称不同，只有监察机关作出的才能被称为"政务处分"。其次，坚持"一事不再处分"原则，即对一个违法行为，一个机关已经作出处分决定的，另一机关不再进行处分。上述《公职人员政务处分暂行规定》第 19 条第 2 款规定："对公职人员的同一违法行为，监察机关已经给予政务处分的，任免机关、单位不再给予处分；任免机关、单位已经给予处分的，监察机关不再给予政务处分。"这就有效协调了两者之间的关系，避免了两个机关在行使公职人员处分权时可能发生的积极冲突。"一事不再处分"原则在中共中央办公厅印发并于 2019 年 1 月 1 日起施行的《党组讨论和决定党员处分事项工作程序规定（试行）》中也得到了佐证。该规定第 10 条第 2 款规定："派驻纪检监察组给予驻在部门党组管理的干部政务处分，参照本规定办理，并以派驻纪检监察组名义作出政务处分决定，或者交由其任免机关、单位给予处分。"派驻纪检监察机构作出政务处分决定，与其任免机关、单位作出处分决定，是选择关系，而非并列关系。

那么，国家监察机关直接作出政务处分决定是否合适呢？笔者认为，是可以做一些学理探讨的。国家监察机关的政务处分决定权与人事管理（任免）机关的纪律处分权还是存在一些微妙的关系。首先，由国家监察机关对违法的公职人员作出政务处分决定，有利于政务处分标准的统一适用，且较为高效，又有利于避免单位保护主义，对于严明纪律、迅速追究有积极意义。但也有其消极的一面，那就是，一般认为处分权来自于行政管理权或人事任免权，处分权是行政管理（人事任免）权衍生的权力，也是其重要内容。如果没有这种纵向上的管理（任免）权，双方处于横向的平行关系，在逻辑上很难解释一个机关为什么可以对另外一个与其没有管理（任免）关系的人，直接作出处分决定。也正因如此，我国在国家监察机关成立之前，政纪处分都是按照干部管理权限由任免机关作出的。从这一考虑出发,似乎由国家监察机关向涉嫌违法的公职人员所在机关提出处理建议,由该机关处理后向监察委员会反馈结果较为合适。即便是由国家监察机关作出政务处分决定,最终也必须通知公职人员人事管理机关去执行和落实。

且还有几个问题需要厘清,比如,2018 年 4 月 16 日印发的《公职人员政务处分暂行规定》已经确立了"一事不再处分"的原则,假如涉嫌违法的公职人员所在的任免机关、单位已经给予处分,但明显畸轻或畸重,监察机关能否重新作出决定或直接纠正呢?无论从法律制度的规定来看,还是从行政管理的一般原理来看,都是不可以的。唯一可行的处理方法是,监察机关就该处分决定向公职人员所在的任免机关、单位提出监察建议。

还有一个问题,同时赋予监察机关和公职人员所在任免机关作出纪律处分的权力,但循两种途径作出处分后救济的渠道却是不同的。比如,经 2018 年修订后的《公务员法》第 95 条第 1 款规定:"公务员对涉及本人的下列人事处理不服的,可以自知道该人事处理之日起三十日内向原处理机关申请复核;对复核结果不服的,可以自接到复核决定之日起十五日内,按照规定向同级公务员主管部门或者作出该人事处理的机关的上一级机关提出申诉;也可以不经复核,自知道该人事处理之日起三十日内直接提出申诉。"[①]而《中华人民共和国监察法》规定的接受复审、复核的机关都是监察机关。《中华人民共和国监察法》第 49 条规定:"监察对象对监察机关作出的涉及本人的处理决定不服的,可以在收到处理决定之日起一个月内,向作出决定的监察机关申请复审,复审机关应当在一个月内作出复审决定;监察对象对复审决定仍不服的,可以在收到复审决定之日起一个月内,向上一级监察机关申请复核,复核机关应当在二个月内作出复核决定。复审、复核期间,不停止原处理决定的执行。复核机关经审查,认定处理决定有错误的,原处理机关应当及时予以纠正。"

笔者认为,各级监察委员会作为监察机关,其权力的配置和行使应遵循

① 原来《公务员法》还提供了其他救济途径。例如,2018 年修订前的《公务员法》第 90 条第 3 款规定:"行政机关公务员对处分不服向行政监察机关申诉的,按照《中华人民共和国行政监察法》的规定办理。"但因《行政监察法》被废止,这条救济途径也就不复存在了。

“权力分立”原则,其处置权应偏重程序性质而非实体性质。除了发现调查对象涉嫌刑事犯罪移送司法机关处理外,对尚不构成犯罪的普通职务违法行为,在调查清楚后,应尽量转交公职人员的任免机关处理。我国香港特别行政区就是如此,廉政公署的处置权同样偏向于程序处置而非实体处置。在廉署调查完毕后,若认为构成犯罪的,转交律政司审查决定是否提出刑事检控;若认为不构成犯罪的,转介公务员纪律委员会及被调查对象所在部门首长,决定是否给予纪律处分或行政处理。我国澳门特别行政区亦如此。廉政公署在对由公务员实施的贪污犯罪及与贪污相关联的欺诈犯罪进行调查及侦查后,若认为构成犯罪,则移送检察院起诉;若认为不构成犯罪,但应当追究纪律责任的,则向有权限采取纪律行动的实体检举并作出跟进,[①]廉署本身并不对违纪行为直接作出处分决定。

另外,针对人大选举或者任命的公职人员的政务重处分(撤职或者开除公职),中共中央纪委、国家监察委员会于2018年4月16日印发的《公职人员政务处分暂行规定》第11条借鉴了《行政机关公务员处分条例》第35~37条的规定:“对经各级人民代表大会及其常务委员会选举或者决定任命的公职人员给予撤职、开除处分的,应当先由人民代表大会及其常务委员会依法罢免、撤销或者免去其职务,再由监察机关依法作出处分决定。”为了体现对权力机关选举和任命权的尊重,在对由其产生的公职人员作出政务处分之前,先提请人民代表大会及其常务委员会依法罢免、撤销或者免去相关人员职务的做法是正确的,避免了由权力机关产生的公职人员不经权力机关处理而直接由监察机关撤职或开除而产生的宪制尴尬。因为,由权力机关(民意机关)产生的人选,其任职的合法性来自于权力机关(民意机关)的选举或决定行为,其职务的去留也必须由原产生机关决定(罢免、撤职或免职),其他机关是无权决定的。

但2018年4月16日印发的《公职人员政务处分暂行规定》第11条的规定似乎也有考虑不周全的地方。对于拟给予由各级人民代表大会及其常务

---

① 澳门特别行政区第10/2000号法律《澳门特别行政区廉政公署组织法》第4条第6~7项规定,廉署有权“将其查清的违法行为迹象,向有权限采取纪律行动的实体检举”,“因应情况所需,跟进在有权限实体进行的刑事或纪律程序”。

委员会选举或者决定任命的公职人员以开除处分的，先由人民代表大会及其常务委员会依法罢免、撤销或者免去其职务，再由监察机关依法作出处分决定，这是没有任何问题的，因为开除处分，是开除公职（取消公职人员身份，使其离开公职队伍）的处分。相关人员被罢免、撤销或者免去其职务，取消的都是相关任职的资格，是其担任的职务被剥夺，但其作为普通公职人员的身份还在，此时监察机关在相关人员被罢免、撤销或者免去其职务的前提下，将相关人员开除出公职队伍，是顺理成章的。但如果拟给予由各级人民代表大会及其常务委员会选举或者决定任命的公职人员以撤职处分的，在人民代表大会及其常务委员会依法罢免、撤销或者免去其职务后，其职务已经消失，“皮之不存，毛将焉附”，此时监察机关就没有必要再作出撤职的处分决定了。故上述《公职人员政务处分暂行规定》第 11 条，应将拟给予由人大及其常委会产生的公职人员以撤职或开除处分的处理程序，分开对待，分别作出规定。

2018 年 4 月 16 日印发的《公职人员政务处分暂行规定》第 11 条第 2 款规定：“对经中国人民政治协商会议各级委员会全体会议及其常务委员会选举或者决定任命的公职人员给予撤职、开除处分的，应当先由政协全体会议及其常务委员会免去其职务后，再由监察机关依法作出处分决定。”也存在上述相同的问题，冀望在有关条文修改时能够一并作出处理。

当然，对人大、政协选举或者任命的公职人员轻处分（警告、记过、记大过、降级），由于不涉及职务的去留，不涉及人大或政协选举或者任命权的行使，因此不需要履行上述特别程序，对其的轻纪律处分可以径直由监察机关作出。尽管如此，笔者仍然认为，将对公职人员的所有处分权统一保留给其人事管理（任免）机关行使，监察机关只提出处分的建议，而不径行作出政务处分决定，是最理想的处理方式。

（五）要否赋予国家监察机关对案件的调解权

有些学者建议，应赋予国家监察机关对查处案件的调解权。他们的理据是，许多西方国家的监察专员都享有调解权，因此我们的监察委员会也应该具此权力。法国在 1973 年建立了行政调解专员制度，以协调政府和公民之间的关系。比利时《联邦监察专员法》规定，监察专员应尽可能地协调申诉者与申诉所涉及的行政机关之间的立场，对于能够采取其他快速的解决纠纷措施而无须深入调查确定责任的申诉,则可进行调解。通过开展调解,比利时监察专员发挥了良好的救济效果:在监察专员进行调解的申诉案件或者支持申诉请求的案件中,行政机关接受调解、遵守监察专员建议的情形占很高比重,2005 年为 84.8%,2006 年为 79.5%,2007 年为 75.2%,2008 年为 87.1%,2009 年为 92.6%。①

笔者认为,有的学者之所以提议赋予国家监察机关调解权,实际上误读了国家监察机关的性质,误解了国家监察机关处理的案件的性质。上述西方一些国家监察专员所从事的调解,是针对行政侵权行为给行政行为相对人造成的损害赔偿进行的调解,本质上属于行政诉讼中的调解,而非行政监察中的调解。这种调解,属于针对公权力行使造成的民事上的损害进行的调解,不涉及对所谓行为的违法性的调解,实际上,行政行为的违法性不存在调解的问题。按照法治原则,构成违法就是构成违法,不存在对行为“合法”和“违法”调解的可能性。

国家监察,是国家监察机关对公职人员实施的监察,或主动或接受举报对其违法犯罪行为进行调查处理,是“大政府”内部的惩治,是国家机器内部对违法犯罪行为的纠举。这种违法犯罪行为不以有具体的私权利受侵害者(公民、法人或其他组织)为前提,只要破坏了权力的公共性和廉洁性,该种行为就应该被追究责任。而行政诉讼是由行政行为的相对人启动的,要求行政机关对外(行政行为相对人)作出交代,对行政机关而言则完全是被动的,只要行政行为给相对人权利造成侵害,只要这种行为具有违法性,无论是否破坏了权力的廉洁性,都可以被追究。我国 2017 年修改后的《行政诉讼法》第 60 条规定:“人民法院审理行政案件,不适用调解。但是,行政赔偿、补偿以及行政机关行使法律、法规规定的自由裁量权的案件可以调解。调解应当遵循自愿、合法原则,不得损害国家利益、社会公共利益和他人合法权益。”由此可见,我国的行政诉讼原则非常清晰,行政行为合法与否不容调解,而由此行为引起的本质上属于民事范畴的赔偿和补偿数额可以调解。

① 数据来源:比利时 2006 年度、2007 年度、2008 年度、2009 年度联邦监察专员报告。转引自刘国乾:《作为非正式行政救济的监察专员制度:比利时联邦的经验》,载《行政法学研究》2012 年第 3 期。

公职人员的职务违法和职务犯罪案件,不应被混淆于行政诉讼案件,国家监察机关不应被混同于司法机关。国家监察活动主要是为公,维护公权力的廉洁性和公共性;行政诉讼活动目的主要是为私,维护行政相对人的合法权益不受侵害,间接为公,匡正行政行为的合法性。故而,无须也不应赋予国家监察机关对案件的调解权。

四、监察机关监察职责与纪检机关检查职责的关联性

赋权和规范国家监察机关履职的主要依据是《中华人民共和国监察法》和 2018 年 4 月 16 日印发的《公职人员政务处分暂行规定》;而规范和指导党的纪检机构具体工作的主要依据是 2018 年 10 月 1 日起施行的《中国共产党纪律处分条例》、2019 年 1 月 1 日起施行的《中国共产党纪律检查机关监督执纪工作规则》以及 2016 年 7 月 8 日起施行的《中国共产党问责条例》。从以上规范依据来看,监察委员会的“监督、调查、处置”三项职责中,监督职责更加侧重于事前和事中监督,调查和处置职责则明显属于事后监督的范围,这与纪委的三项职责“监督、执纪、问责”恰好对应,实际构成了某种程度的关联性。两者在指导思想、领导体制、监督对象、基本原则、工作流程、自身监督等方面存在一定的对应性,这也构成了国家监察机关与党的纪检机关合署办公体制的重要依据和基础。

从指导思想上,两者都坚持中国共产党对纪检监察工作的领导,以马克思列宁主义、毛泽东思想、邓小平理论、“三个代表”重要思想、科学发展观、习近平新时代中国特色社会主义思想为指导。从领导体制来看,两者都坚持双重领导,尤其强化上级领导。从监督对象上,两者有重大的竞合性,我国 80%的公务员、95%以上的领导干部是共产党员,纪委监督和监委监督具有高度内在一致性和互补性,本质上都是党和国家的自我监督。从开展工作的基本原则来看,两者都坚持以事实为依据,以法律(党规党纪)为准绳,强调宽严相济原则,惩戒与教育相结合(惩前毖后,治病救人);强化严格监督(严格工作程序、有效管控风险点,强化对监督执纪各环节的监督制约)。从工作流程上来看,两者都强调严格按程序制度开展工作,建立监察监督(执纪监督)、监察审查(执纪审查)、案件审理各部门相互协调、相互制约的工作机制,都区分和设

置了问题线索初核、立案、调查(审查)、审理和处置(处理)等程序。在自身监督方面,两者都强调加强纪检监察队伍自身建设,建设忠诚、干净、担当的干部队伍;都强调自我监督,健全内控机制,并自觉接受社会监督、群众监督、舆论监督;都要求建立打听案情、过问案件、说情干预的登记备案制度,都要求严格执行回避制度、保密制度、离职后的职业利益冲突禁止制度。

由于职责上的对应性,纪委与监委合署办公,可以共同设立综合部门和信访、案件监督管理、案件审理、执纪监察监督和审查调查等部门,尤其要赋予执纪监察监督部门执纪监督与监察监督双重职责,赋予审查调查部门执纪审查与监察调查两种权限,做到纪检监察两项工作同步进行,程序相应分开,以提高纪检监察工作效率。

第四节　监察委员会的权限

《联合国反腐败公约技术指南》第36条“专职机关”“二、2.”“何种类型的专职机关”中规定:“专职机构需要有一个适当的实质性和程序性法律框架。该框架应当赋予专职机构具体的当前的权力,可以披露文件或者其他相关信息和证据;查询财务报告;限制和没收资产。为履行职责,专职机构还需要拥有关于查询金融和犯罪情报、刑事调查、起诉和公民资产追回的权力。”

一、监察委员会自己可直接行使的十二项权限

(一)谈话

《中华人民共和国监察法》第19条规定:“对可能发生职务违法的监察对象,监察机关按照管理权限,可以直接或者委托有关机关、人员进行谈话或者要求说明情况。”

(二)讯问

《中华人民共和国监察法》第20条第2款规定:“对涉嫌贪污贿赂、失职

渎职等职务犯罪的被调查人,监察机关可以进行讯问,要求其如实供述涉嫌犯罪的情况。”

(三)询问

《中华人民共和国监察法》第 21 条规定:“在调查过程中,监察机关可以询问证人等人员。”

(四)查询、冻结

《中华人民共和国监察法》第 23 条规定:“监察机关调查涉嫌贪污贿赂、失职渎职等严重职务违法或者职务犯罪,根据工作需要,可以依照规定查询、冻结涉案单位和个人的存款、汇款、债券、股票、基金份额等财产。有关单位和个人应当配合。冻结的财产经查明与案件无关的,应当在查明后三日内解除冻结,予以退还。”

(五)搜查

《中华人民共和国监察法》第 24 条规定:“监察机关可以对涉嫌职务犯罪的被调查人以及可能隐藏被调查人或者犯罪证据的人的身体、物品、住处和其他有关地方进行搜查。在搜查时,应当出示搜查证,并有被搜查人或者其家属等见证人在场。搜查女性身体,应当由女性工作人员进行。监察机关进行搜查时,可以根据工作需要提请公安机关配合。公安机关应当依法予以协助。”

(六)调取、查封、扣押

《中华人民共和国监察法》第 25 条规定:“监察机关在调查过程中,可以调取、查封、扣押用以证明被调查人涉嫌违法犯罪的财物、文件和电子数据等信息。采取调取、查封、扣押措施,应当收集原物原件,会同持有人或者保管人、见证人,当面逐一拍照、登记、编号,开列清单,由在场人员当场核对、签名,并将清单副本交财物、文件的持有人或者保管人。对调取、查封、扣押的财物、文件,监察机关应当设立专用账户、专门场所,确定专门人员妥善保管,严格履行交接、调取手续,定期对账核实,不得毁损或者用于其他目的。对价值不明物品应当及时鉴定,专门封存保管。查封、扣押的财物、文件经查明与案件无关的,应当在查明后三日内解除查封、扣押,予以退还。"

以上规定实际上也回应了《联合国反腐败公约》对于扣押财产加强管理的要求。《联合国反腐败公约》第 31 条第 3 款规定:"各缔约国均应当根据本国法律采取必要的立法和其他措施,规范主管机关对本条第一款和第二款中所涉及的冻结、扣押或者没收的财产的管理。"

(七)勘验检查

《中华人民共和国监察法》第 26 条规定:"监察机关在调查过程中,可以直接或者指派、聘请具有专门知识、资格的人员在调查人员主持下进行勘验检查。勘验检查情况应当制作笔录,由参加勘验检查的人员和见证人签名或者盖章。"

(八)鉴定

《中华人民共和国监察法》第 27 条规定:"监察机关在调查过程中,对于案件中的专门性问题,可以指派、聘请有专门知识的人进行鉴定。鉴定人进行鉴定后,应当出具鉴定意见,并且签名。"

(九)留置

《中华人民共和国监察法》第 22 条规定:"被调查人涉嫌贪污贿赂、失职渎职等严重职务违法或者职务犯罪,监察机关已经掌握其部分违法犯罪事实及证据,仍有重要问题需要进一步调查,并有下列情形之一的,经监察机关依法审批,可以将其留置在特定场所:(一)涉及案情重大、复杂的;(二)可能逃跑、自杀的;(三)可能串供或者伪造、隐匿、毁灭证据的;(四)可能有其他妨碍调查行为的。对涉嫌行贿犯罪或者共同职务犯罪的涉案人员,监察机关可以依照前款规定采取留置措施。留置场所的设置、管理和监督依照国家有关规定执行。"

1. "留置"的性质

留置是监察机关为了调查案情的需要而针对被调查人和其他涉案人员人身采取的一种强制措施。它既非作为行政处罚的行政拘留,也不属刑事诉讼中作为刑事强制措施的刑事拘留,也不同于原纪检和行政监察机关作为调查取证手段运用的"两规"和"两指",而是一种兼具强制措施性质和调查取证措施性质的国家监察手段。

2.“留置”的法律渊源

在我国立法中,“留置”概念并非第一次出现。在《中华人民共和国监察法》立法之前,《中华人民共和国人民警察法》和《中华人民共和国海关法》中已经有了“留置”的提法,但针对的对象不同,《中华人民共和国人民警察法》中的“留置”针对人,与《中华人民共和国监察法》指向相同,而《海关法》中的“留置”针对物。1995 年制定经 2012 年修改后的《中华人民共和国人民警察法》第 9 条规定,为对违法犯罪的嫌疑人进行盘问,警察可以将其带至公安机关,经该公安机关批准,对其进行留置。1987 制定的《中华人民共和国海关法》在 2000 年进行修改时,加入了“留置”一词,其第 37 条规定:“海关监管货物,未经海关许可,不得开拆、提取、交付、发运、调换、改装、抵押、质押、留置、转让、更换标记、移作他用或者进行其他处置。”《中华人民共和国监察法》在立法时,吸收了《中华人民共和国人民警察法》的立法经验,将留置作为开展调查的一种强制措施写进法律,也是便于将其与刑事诉讼程序中的拘留和逮捕等羁押措施相区别。

3.“留置”的对象问题

根据《中华人民共和国监察法》第 22 条的规定,国家监察机关留置的对象包括两类:一类是“被调查人”,即国家监察机关的监察对象,且必须满足一定的条件才可实施留置措施,即“被调查人涉嫌贪污贿赂、失职渎职等严重职务违法或者职务犯罪,监察机关已经掌握其部分违法犯罪事实及证据,仍有重要问题需要进一步调查,并有下列情形之一的,经监察机关依法审批,可以将其留置在特定场所:(一)涉及案情重大、复杂的;(二)可能逃跑、自杀的;(三)可能串供或者伪造、隐匿、毁灭证据的;(四)可能有其他妨碍调查行为的。”另一类可以被留置的对象是“涉嫌行贿犯罪或者共同职务犯罪的涉案人员”,这些人员本身不是《中华人民共和国监察法》规定的监察对象,如向公职人员行贿的人或利用公职人员的地位和影响而实施共同职务犯罪的人,但为了查明案情的需要,监察机关需要他们的配合,将这些涉案人员予以留置。但将其留置,并不意味着将其作为监察对象,也不意味着监察机关不可以将其涉嫌犯罪的问题予以查清而移送检察机关起诉追究刑事责任。

4.“留置”的通知问题

《中华人民共和国监察法》第 44 条规定:“对被调查人采取留置措施后,应当在二十四小时以内,通知被留置人员所在单位和家属,但有可能毁灭、伪造证据,干扰证人作证或者串供等有碍调查情形的除外。有碍调查的情形消失后,应当立即通知被留置人员所在单位和家属。”

《中华人民共和国监察法》第 39 条第 3 款规定,“立案调查决定应当向被调查人宣布,并通报相关组织。涉嫌严重职务违法或者职务犯罪的,应当通知被调查人家属,并向社会公开发布。”这意味着立案毫无例外都要通知家属。既然立案都必须通知家属,而《中华人民共和国监察法》第 44 条规定的“有碍调查情形”实际上在立案时就已经存在。

我国《刑事诉讼法》经过不断的修改,对于犯罪嫌疑人合法权利的保护日趋完善。《刑事诉讼法》规定,对犯罪嫌疑人采取羁押措施后,以 24 小时内通知家属为一项严格的原则。2018 年修改后的《刑事诉讼法》第 85 条第 2 款规定:“拘留后,应当立即将被拘留人送看守所羁押,至迟不得超过二十四小时。除无法通知或者涉嫌危害国家安全犯罪、恐怖活动犯罪通知可能有碍侦查的情形以外,应当在拘留后二十四小时以内,通知被拘留人的家属。有碍侦查的情形消失以后,应当立即通知被拘留人的家属。”由此可见,只在涉嫌极个别种类犯罪情形下(危害国家安全犯罪、恐怖活动犯罪),才有例外暂不通知家属的规定,且适用例外情形的犯罪种类只包括上述两种,不能做扩大解释或进行类推。至于羁押的另一项强制措施逮捕,则并没有规定例外情形。2018 年修改后的《刑事诉讼法》第 93 条第 2 款规定:“逮捕后,应当立即将被逮捕人送看守所羁押。除无法通知的以外,应当在逮捕后二十四小时以内,通知被逮捕人的家属。”

5.“留置”的期限问题

我国不同的法律对留置规定的期限并不相同。1995 年制定,经 2012 年修改后的《中华人民共和国人民警察法》第 9 条规定:“对被盘问人的留置时间自带至公安机关之时起不超过二十四小时,在特殊情况下,经县级以上公安机关批准,可以延长至四十八小时。”此时,留置仅仅是为短时间的盘问而采取,当经留置盘问,公安机关认为对被盘问人需要依法采取拘留或者其他强制措施的,则改采取拘留或者其他强制措施。

《中华人民共和国监察法》第43条第2款规定:“留置时间不得超过三个月。在特殊情况下,可以延长一次,延长时间不得超过三个月。”由此可见,监察留置通常不超过3个月,特殊情况下经批准可延长至6个月。

2018年修改后的《刑事诉讼法》第91条规定:“公安机关对被拘留的人,认为需要逮捕的,应当在拘留后的三日以内,提请人民检察院审查批准。在特殊情况下,提请审查批准的时间可以延长一日至四日。对于流窜作案、多次作案、结伙作案的重大嫌疑分子,提请审查批准的时间可以延长至三十日。人民检察院应当自接到公安机关提请批准逮捕书后的七日以内,作出批准逮捕或者不批准逮捕的决定。”由此可见,在我国,刑事拘留的一般期限为10天(3天+7天),特殊期限为14天(3天+4天+7天),最长期限为37天(30天+7天)。

而对于检察院直接管辖的案件(在成立监察机关前,检察机关对贪污受贿案件的侦办也适用此规定),2018年修改后的《刑事诉讼法》第167条规定:“人民检察院对直接受理的案件中被拘留的人,认为需要逮捕的,应当在十四日以内作出决定。在特殊情况下,决定逮捕的时间可以延长一日至三日。”也就是说,检察院对自己侦办的案件,刑事拘留的一般期限为14天,特殊期限(最长)为17天(14天+3天)。而同属羁押措施的逮捕,根据2018年修改后的《刑事诉讼法》第156的规定,羁押期限一般不得超过2个月,案情复杂、期限届满不能终结的案件,可以经上一级人民检察院批准延长1个月,即可羁押3个月(2个月+1个月);符合2018年修改后的《刑事诉讼法》第158条规定的,羁押期限可以再延长2个月,即可羁押5个月(2个月+1个月+2个月);符合2018年修改后的《刑事诉讼法》第159条规定的,羁押期限可以在2018年修改后的《刑事诉讼法》158条基础上再延长2个月,即总共可羁押7个月(2个月+1个月+2个月+2个月)。

《中华人民共和国监察法》规定的留置期限显然与《刑事诉讼法》规定的刑事拘留和逮捕羁押期限都不一致。笔者认为,它更多的是参考了以前“两规”措施的期间规定。1994年5月1日起施行的《中国共产党纪律检查机关案件检查工作条例》虽没有直接规定“两规”的期间,但规定了案件调查的期限。该条例第39条规定:“案件调查的时限为三个月,必要时可延长一个月。案情重大或复杂的案件,在延长期内仍不能查结的,可报经立案机关批准后延长调查时间。”一般认为,该条例关于案件调查时限的规定也自然可以理解为“两规”的时限。即“两规”的期限通常为3个月,必要时可延长至4个月,只有在4个月内仍不能查结的,可报经立案机关批准后延长调查时间。但“案情重大或复杂”应如何界定,以及调查时间可延长至多少,该条例本身及其他规定均没有明确,实践中经常造成长期限制人身自由的情形出现。

必须注意的是,由于留置只是国家监察机关在实施监察调查中采用的手段,当案件涉嫌犯罪移送检察机关起诉后,依照《中华人民共和国监察法》第47条第1款的规定,检察院会依照《刑事诉讼法》对被调查人采取强制措施。而根据2018年修改后的《刑事诉讼法》第170条第2款规定,“对于监察机关移送起诉的已采取留置措施的案件,人民检察院应当对犯罪嫌疑人先行拘留,留置措施自动解除。人民检察院应当在拘留后的十日以内作出是否逮捕、取保候审或者监视居住的决定。在特殊情况下,决定的时间可以延长一日至四日。人民检察院决定采取强制措施的期间不计入审查起诉期限。”根据2018年修改后的《刑事诉讼法》第172条的规定,人民检察院对于监察机关、公安机关移送起诉的案件,应当在1个月以内作出是否起诉的决定,重大、复杂的案件,可以延长15日。假如监察机关对被调查人采取了留置措施,由于留置期限最长6个月,该案件后移送检察院审查起诉,检察院审查起诉的时限最长为1个半月,而检察院决定采取强制措施的最长14天时间不计入审查起诉期限,这样,起诉前,被调查人(犯罪嫌疑人)最长可被羁押近8个月。

根据2018年修改后的《刑事诉讼法》第170条规定,对于监察机关移送起诉的已采取留置措施的案件,检察院决定采取强制措施的期间最长为14天,审查起诉期间最长为一个半月,则对于该种案件,检察机关于起诉前最长羁押期限为近2个月。此不同于检察机关依法自己侦查处理案件的羁押期限。

经监察机关调查后移交检察机关起诉的案件,之所以要求检察院对移交起诉的对象依《刑事诉讼法》的规定采取强制措施,是为了使国家监察制度与刑事诉讼制度中的强制措施实现有效对接。通过变更强制措施的办法,把原来监察制度下的强制措施“留置”变更为刑事诉讼制度下的其他强制措施(刑事拘留、逮捕、取保候审、监视居住),以便开启刑事诉讼程序,继续推进对被调查人(犯罪嫌疑人)刑事罪行为的司法追究。而此时由监察机关移送检察机关起诉的被调查人犯罪案件的调查证明标准与作为普通刑事案件采取拘留或逮捕措施时的要求已经完全不同。

2018 年修改后的《刑事诉讼法》第 81 条规定,对有证据证明有犯罪事实,可能判处徒刑以上刑罚的犯罪嫌疑人、被告人,采取取保候审尚不足以防止发生社会危险性的,应当予以逮捕。也就是说,逮捕的条件只要“有证据证明有犯罪事实,可能判处徒刑以上刑罚”就可以了,并不要求犯罪事实已经查明,那是逮捕之后应该做的事情。这大体相当于《中华人民共和国监察法》第 22 条规定的留置的条件“已经掌握其部分违法犯罪事实及证据,仍有重要问题需要进一步调查”。从这个角度来理解,监察调查中的“留置”大体相当于刑事诉讼中的“逮捕”,为了与刑事诉讼中的“逮捕”相区别,使用另外一种称谓。

而根据《中华人民共和国监察法》第 45 条第 1 款第 4 项的规定,对涉嫌职务犯罪的,监察机关移送检察院提起公诉的标准,必须是“犯罪事实清楚,证据确实、充分”。这跟刑事诉讼中采取“逮捕”措施时的要求存在显著的质的差异,却与法律规定的监察机关的证明责任和标准有着直接关系。《中华人民共和国监察法》第 33 条第 2 款规定:“监察机关在收集、固定、审查、运用证据时,应当与刑事审判关于证据的要求和标准相一致。”众所周知,刑事审判是司法正义的最后一道防线,其对证据的要求和标准是最高的。依照 2018 年修改后的《刑事诉讼法》第 200 条的规定,认定构成犯罪必须达到“案件事实清楚,证据确实、充分”的要求。而《中华人民共和国监察法》规定监察机关移送检察机关提起公诉的案件必须达到这一证明标准。也就是说,监察机关移送检察院审查起诉的案件,检察机关在决定采取强制措施(如逮捕)时,其证明标准已经达到了审判标准。

6. “留置”取代“两规”的积极意义

原纪检机关采取“两规”措施的主要依据是 1994 年 5 月 1 日起施行的《中国共产党纪律检查机关案件检查工作条例》。该条例第 28 条规定,调查组有权要求有关人员在规定的时间、地点就案件所涉及的问题作出说明。但条例本身并没有详细规定哪些人员可以适用“两规”措施。随着纪委在办理案件过程中使用“两规”措施的日渐频繁,出现的问题也越来越多,2001 年中央纪委发布了《中共中央纪委关于进一步规范使用“两规”措施的通知》(中纪发〔2001〕15 号)。通知第 1 条就明确了“两规”措施适用条件:“(1)已经掌握了涉嫌违纪党员的一些严重违纪事实及证据,具备了给予其纪律处分的条件,但仍有重要问题需要使用“两规”措施深入调查的;(2)涉嫌违纪的党员有串通、逃匿的嫌疑,或者可能有隐藏、销毁证据以及其他妨碍案件调查的行为;(3)在查处大案要案中,重要涉案人中的党员不如实提供情况或者有其他严重妨碍案件调查的行为。”

由此可见,“两规”措施并不是随意采取的,必须符合上述条件方能采取。《中华人民共和国监察法》通过后,以“留置”取代了“两规”,法律也对“留置”规定了严格的适用条件,包括被调查人必须涉嫌贪污贿赂、失职渎职等严重职务违法或者职务犯罪,案情重大、复杂或可能逃跑、自杀的,或可能串供或者伪造、隐匿、毁灭证据的,才可以适用留置。由此可见,“留置”的适用条件与原来的“两规”有较大的相似性,这也是“留置”脱胎于“两规”的重要体现。当然,两者也有一些重要的区别。比如,从目标上来说,留置是为了追究被调查人的违法犯罪责任,“两规”是为了追究被调查人的党纪责任。从对象上来说,留置可以针对非国家监察对象而采取,对涉嫌行贿犯罪或者共同职务犯罪的涉案人员,监察机关可以对其采取留置措施;而“两规”仅针对中共党员而采取,2001 年中央纪委发布了《中共中央纪委关于进一步规范使用“两规”措施的通知》,其中规定:“对非党员一律不准使用‘两规’措施。如果非党员与案件有重要牵连,确需对其调查取证,而本人拒不配合的,应提请司法机关或有关行政机关协同办理。”

总体来说,“留置”代替“两规”,有重要的法治意义。留置是法定的调查措施,而“两规”仅是党内的调查措施;留置的采取主体是监察机关,而“两规”的采取主体是党内的纪检机关;《中华人民共和国监察法》规定了留置的对象和程序、期限等,而“两规”并没有明确的严格的期限,实践中存在一定的随意性;留置期间可依法折抵刑期,[①]而“两规”由于不是法定措施,当然不能折抵刑期;错误留置或留置期间监察机关及其工作人员行使职权侵犯公民合法权益造成损害的,可以申请国家赔偿,[②]而“两规”措施采取错误或被“两规”人合法权益受到损害,不能申请国家赔偿。以上两者的区别,彰显了“留置”作为法定措施替代“两规”的重要价值,在我们大力建设法治国家和法治政府的时代背景下,其具有的积极现实意义和深远的历史意义都不容小觑,其对推动人权保护的重要价值更值得肯定。

二、监察机关决定采取但需要其他机关执行的三项权限

(一)技术调查措施

《中华人民共和国监察法》第28条第1款规定:“监察机关调查涉嫌重大贪污贿赂等职务犯罪,根据需要,经过严格的批准手续,可以采取技术调查措施,按照规定交有关机关执行。”

使用技术侦查措施是取得客观证据的重要手段。2018年修改后的《刑事诉讼法》第150条第1、2款规定:“公安机关在立案后,对于危害国家安全犯罪、恐怖活动犯罪、黑社会性质的组织犯罪、重大毒品犯罪或者其他严重危害社会的犯罪案件,根据侦查犯罪的需要,经过严格的批准手续,可以采取技术侦查措施。人民检察院在立案后,对于利用职权实施的严重侵犯公民人身权利的重大犯罪案件,根据侦查犯罪的需要,经过严格的批准手续,可以采取技术侦查措施,按照规定交有关机关执行。”此条款较之修改前,删除了检察机关对于“重大的贪污、贿赂犯罪案件”采取技术侦查措施的规定,而该类案件的调查权正是因应国家监察体制改革而转归国家监察机关行使的。

监察机关实质上是国家反腐败专责机关,其自身并不具备技术侦查能力,技术侦查通常是由公安机关实施的。监察机关无须另起炉灶,自己也搞“一摊子”,造成资源的巨大浪费,需要时只需按照规定交有关机关(通常是公

---

① 《中华人民共和国监察法》第44条第3款规定:“被留置人员涉嫌犯罪移送司法机关后,被依法判处管制、拘役和有期徒刑的,留置一日折抵管制二日,折抵拘役、有期徒刑一日。”

② 《中华人民共和国监察法》第67条规定:“监察机关及其工作人员行使职权,侵犯公民、法人和其他组织的合法权益造成损害的,依法给予国家赔偿。”

安机关)执行即可。这也体现了《中华人民共和国监察法》第4条中规定"监察机关办理职务违法和职务犯罪案件,应当与审判机关、检察机关、执法部门互相配合,互相制约"和"监察机关在工作中需要协助的,有关机关和单位应当根据监察机关的要求依法予以协助"的原则。

实际上,采取技术调查措施也是《联合国反腐败公约》认可的缔约国可以采取的调查手段。《联合国反腐败公约》第50条"特殊侦查手段"第1款规定:"为有效地打击腐败,各缔约国均应当在其本国法律制度基本原则许可的范围内并根据本国法律规定的条件在其力所能及的情况下采取必要措施,允许其主管机关在其领域内酌情使用控制下交付和在其认为适当时使用诸如电子或者其他监视形式和特工行动等其他特殊侦查手段,并允许法庭采信由这些手段产生的证据。"

(二)通缉

《中华人民共和国监察法》第29条规定:"依法应当留置的被调查人如果在逃,监察机关可以决定在本行政区域内通缉,由公安机关发布通缉令,追捕归案。通缉范围超出本行政区域的,应当报请有权决定的上级监察机关决定。"

2018年修改后的《刑事诉讼法》第155条规定:"应当逮捕的犯罪嫌疑人如果在逃,公安机关可以发布通缉令,采取有效措施,追捕归案。各级公安机关在自己管辖的地区以内,可以直接发布通缉令;超出自己管辖的地区,应当报请有权决定的上级机关发布。"

通过以上的对比也可以佐证本书前面部分得出的结论,监察过程中的"留置"实际上大体相当于刑事诉讼过程中的"逮捕"。

(三)限制出境

《中华人民共和国监察法》第30条规定:"监察机关为防止被调查人及相关人员逃匿境外,经省级以上监察机关批准,可以对被调查人及相关人员采取限制出境措施,由公安机关依法执行。对于不需要继续采取限制出境措施的,应当及时解除。"

三、国家监察委员会是否具有立法权

2018 年 3 月修宪，在《宪法》中增设了“监察委员会”专门一节，并有其他关于监察机关的相应表述，却没有关于国家监察委员会可以制定监察法规的明确规定。2018 年 3 月通过的《中华人民共和国监察法》，也没有明确赋权国家监察委员会可以制定监察法规。作为国家监察机关最高领导机构的国家监察委员会应否具有制定监察法规的权限，是一个值得探讨的问题。

（一）国家机关的立法权

我国宪法和《立法法》规定的我国的法律制度体系包括宪法、法律、行政法规、军事法规、政府部门规章、地方性法规和地方政府规章。中央一级，全国人大及其常委会可以制定法律；国务院可以制定行政法规；国务院各部、委员会、中国人民银行、审计署和具有行政管理职能的直属机构，可以制定部门规章；中央军事委员会可以制定军事法规。地方上，省、自治区、直辖市的人民代表大会及其常务委员会，设区的市的人民代表大会及其常务委员会，可以制定地方性法规；[①]经济特区所在地的省、市的人民代表大会及其常务委员会根据全国人民代表大会的授权决定，制定法规，在经济特区范围内实施；民族自治地方的人民代表大会有权依照当地民族的政治、经济和文化的特点，制定自治条例和单行条例；省、自治区、直辖市和设区的市、自治州的人民政府，设区的市、自治州的人民政府，可以制定地方政府规章。[②]

---

① 省、自治区、直辖市的人民代表大会及其常务委员会，设区的市的人民代表大会及其常务委员会，虽都可以制定地方性法规，但他们的立法事项权限并不相同。2015 年修订后的《立法法》第 72 条第 1 款规定：“省、自治区、直辖市的人民代表大会及其常务委员会根据本行政区域的具体情况和实际需要，在不同宪法、法律、行政法规相抵触的前提下，可以制定地方性法规。”第 2 款规定：“设区的市的人民代表大会及其常务委员会根据本市的具体情况和实际需要，在不同宪法、法律、行政法规和本省、自治区的地方性法规相抵触的前提下，可以对城乡建设与管理、环境保护、历史文化保护等方面的事项制定地方性法规。”

② 与省、自治区、直辖市的人民代表大会及其常务委员会，设区的市的人民代表大会及其常务委员会，制定地方性法规的事项权限不同相对应，上述地方的政府制定政府规章的事项权限也不相同。2015 年修订后的《立法法》第 82 条第 1 款规定：“省、自治区、直辖市和设区的市、自治州的人民政府，可以根据法律、行政法规和本省、自治区、直辖市的地方性法规，制定规章。”第 3 款规定：“设区的市、自治州的人民政府根据本条第一款、第二款制定地方政府规章，限于城乡建设与管理、环境保护、历史文化保护等方面的事项。”

(二)党的机关的立法权

根据2013年5月27日发布的《中国共产党党内法规制定条例》第2条、第4条的规定,党内法规是党的中央组织以及中央纪律检查委员会、中央各部门和省、自治区、直辖市党委制定的规范党组织的工作、活动和党员行为的党内规章制度的总称;党内法规包括党章、准则、条例、规则、规定、办法、细则。党中央委员会可以制定中央党内法规(准则、条例),中央纪律检查委员会、中央各部门和省、自治区、直辖市党委就其职权范围内有关事项制定党内法规(规则、规定、办法、细则)。另外,根据《中国共产党党内法规制定条例》第34条的规定,中央军事委员会及其总政治部可以制定军队党内法规。

(三)国家监察委员会是否具有立法权的问题

关于应否授予国家监察委员会制定监察法规的权限,有一种观点认为,应当赋予其相应的立法权。原因有以下几个方面:一是国家监察委员会作为行使国家监察职能的最高专责机关,应该允许其制定和发布加强廉政建设、规范权力运行的规定。这既是其工作所需,其需要根据国家廉政建设的形势要求制定和更新规则;亦是其工作所长,它最了解国家廉政建设的现实情况,便于查漏补缺,堵塞漏洞。二是与其合署办公的中共中央纪委有制定党内法规的权力,①撤销之前的原监察部亦有制定部门规章的权力。三是其他中央国家机关,如国务院有制定行政法规的权力,中央军事委员会有制定军事法规的权力,②即便是最高人民法院、最高人民检察院亦有权作出司法解释,③如果最高国家监察机关无权制定监察法规,会出现与其他国家机关权力不平衡

---

① 2013年5月27日发布的《中国共产党党内法规制定条例》第3条第2款规定:"中央纪律检查委员会、中央各部门和省、自治区、直辖市党委就其职权范围内有关事项制定党内法规。"而该条例第4条第6款规定:"中央纪律检查委员会、中央各部门和省、自治区、直辖市党委制定的党内法规,称为规则、规定、办法、细则。"

② 《立法法》第103条第1款规定:"中央军事委员会根据宪法和法律,制定军事法规。"

③ 根据《立法法》第104条的规定,"最高人民法院、最高人民检察院作出的属于审判、检察工作中具体应用法律的解释,应当主要针对具体的法律条文,并符合立法的目的、原则和原意。"

的情况。四是许多西方国家的监察专员亦有制定规则的权力。①

另外一种观点认为，不应该也无必要授予国家监察委员会制定监察法规的权力。理由如下：一是2018年修订后的宪法和新制定的《中华人民共和国监察法》对此没有规定，《立法法》不应该为国家监察委员会创设新的权力。二是最现实的考虑，不应使国家监察委员会的权力过大。因为监察委员会已经享有了对公职人员履职的监督权、有关职务违法和职务犯罪的调查权和一定的处置权。如果监察委员会既执行规则，又制定规则，则必然导致其权力过大。正如法国思想家孟德斯鸠所言，“当立法权和行政权集中在同一个人或同一个机关之手，自由便不复存在了”。② 监察委员会行使的权力，涉及公职人员的基本权利和义务甚至人身自由，如果其权力过大，将会影响甚至打击公职人员的工作积极性，影响其他国家公权力的有效行使，此谓之“不可授之立法权”。三是在国家大力推进依法治国的时代背景下，监察机关据以执行的规则，由全国人大及其常委会通过制定法律的形式予以明确和完善，国家监察委员会就没有必要自己制定规则，自己制定规则会有借此扩大权力之嫌，此谓之“无必要授之立法权”。

国家监察机关是法定的国家机构，从职权法定的角度来讲，它确实是不享有立法权限的。但笔者认为，应明确赋予国家监察委员会的立法权。理由如下：

首先，赋予国家监察委员会以立法权，是为了与其宪制地位相统一。总览一下我国的宪制体系，在中央层级，除全国人大及其常委会有制定法律的权限外，由全国人大产生的国务院和中央军事委员会，都具有立法权，最高人民法院和最高人民检察院由于是司法机关，在我国这个恪守制定法而不是判例法制度的国家，不具有立法权，但可以作出司法解释。甚至国务院的组成部门和一定级别的地方权力机关和政府都享有一定的立法权。如果由作为

① 一些西方国家的监察专员，在追究行政机构及其官员不当行为的同时，将其工作经验进行总结概括，发布“监察专员标准”，对有关“善治”的行为准则进行阐释，以便指导公共管理。如英国1989年地方行政监察专员改革的法律授予了地方政府监察专员可以对其职权范围内的行政机构发布善政的指导，英国中央议会监察专员在2009年发布了《善政基本原则》(Principles of Good Adninistration)。

② ［法］孟德斯鸠：《论法的精神》(上册)，张雁深译，商务印书馆1961年版，第156页。

最高国家权力机关的全国人大产生的国家监察委员会不能够制定监察法规，将与其自身作为最高国家监察机关的宪制地位不相协调。

其次，对一个机关既拥有执法权又拥有立法权会导致滥权或扩权的担心，只是一种假设。实际上既享有执法权、又享有立法权的国家机构早已有之，国务院是国家权力机关的执行机关，是最高国家行政机关，可以制定行政法规；而国务院的组成部门作为行使某方面行政管理权的机构，也可以制定部门规章。但在实践中并没有出现这些机构有严重的滥权情况。《立法法》对行政法规、部门规章，也包括地方性法规、地方政府规章，规定了严格的权限限制，如部门规章只能进行执行性立法而不能进行职权性立法或创设性立法。

最后，国家监察委员会需要立法权限。这是因为国家法律不可能就所有的监察事务进行立法，亦不可能规定地非常详尽，许多方面都必须依靠监察机关自己规范，尤其是监察工作具体如何开展的规则、程序等，需要监察机关自己根据形势发展的需要，不断查漏补缺，完善有关工作规程。同时，必须看到，与国家监察委员会合署办公的中共中央纪委，具有党内法规制定权，可以就其职权范围内有关事项制定规则、规定、办法、细则。国家监察委员会与中央纪委合署办公，两者需要经常联合制定一些工作规则，若只有中央纪委具有党内法规制定权，国家监察委员会不具有监察法规立法权，则有失偏颇。需要时，只能由中央纪委以制定党内法规的形式来明确规则，国家监察机关来执行，此不符合依法监察的要求。若两者都具有立法权，联合制定和发布工作规则，就会使得国家监察法规立法与党内法规立法一体两面，名正言顺地同时起到规范党和国家监察事项的目的。

当然，为了防止监察机关借立法权为自己扩权和滥用权力，消除社会担忧，可以通过修改《立法法》的形式，在赋予国家监察委员会制定监察法规权的同时，对其立法权限进行严格规制。如规定其只能进行执行性立法而不能进行创设性立法，即只能就执行法律的事项进行具体的细则性立法；没有法律的依据，监察法规不得设定减损监察对象权利或者增加其义务的规范，不得增加监察机关自身的权力或者减少监察机关的义务，牢牢将监察立法权锁进制度的笼子里。事实上，原作为最高国家行政监察机关的监察部，就已经具备并行使了制定部门规章的权力，而且监察部在实践中也制定了不少部门规章，但监察部并没有因此而滥权。根据 2019 年 10 月 26 日，十三届全国人大常委会第十四次会议表决通过了《关于国家监察委员会制定监察法规的决定》，明确了“国家监察委员会根据宪法和法律，制定监察法规”，这意味着国家监察委员会获得了法规制定权。

第五节　监察委员会行使监察权的性质

在我国的宪制体制中，监察委员会虽不隶属于政府，也不隶属于司法机关（法院和检察院），但监察委员会行使的职权兼具行政性和司法性。说它具有行政性，是因为由它作出的许多行为实际上都是具有行政性质的管理行为，如作出政务处分的决定实质上就是人事方面的处理决定；说它具有司法性，则是因为它具有职务犯罪调查权力。

笔者认为，我国监察机关行使的权力是行政权与司法权的混合权，对此，我们可以从我国监察机关行使的监督、调查和处置三项职责中进一步得到印证。

第一项职责，“对公职人员开展廉政教育，对其依法履职、秉公用权、廉洁从政从业以及道德操守情况进行监督检查”，上述教育和监督检查的工作内容明显属于行政权的行使，是加强行政管理的重要内容。

第二项职责，“对涉嫌贪污贿赂、滥用职权、玩忽职守、权力“寻租”、利益输送、徇私舞弊以及浪费国家资财等职务违法和职务犯罪进行调查”。有学者认为，此处不管是对违法行为的调查，还是对犯罪行为的调查，行使的权力都属于行政权。监察机关在调查中可以采取的讯问、查询、冻结、调取、查封、扣押、搜查、勘验检查、鉴定、留置等措施，在性质上都类似于公安机关的职权，都属于调查取证的行为。但在笔者看来，应区分对待：对于职务违法行为的调查仍然属于行政权的范畴，其目的是确认是否给予行为人以行政处分（政务处分）；但是对于职务犯罪行为的调查则明显属于司法权的范畴，因为此调查权的目的是确认是否启动刑事诉讼程序、追究刑事责任。

第三项职责，“对违法的公职人员依法作出政务处分决定；对履行职责不力、失职失责的领导人员进行问责；对涉嫌职务犯罪的，将调查结果移送人民检察院依法审查、提起公诉；向监察对象所在单位提出监察建议”。分解来看，上述作出政务处分决定的行为、对领导人员问责的行为、提出监察建议的行为，都明显属于行政行为；只有移送审查起诉的行为具有司法性。

有学者认为，移送审查起诉本身也是行政行为。只有检察机关经审查认为应当追究刑事责任而作出起诉决定后，才真正进入司法诉讼程序，适用《刑事诉讼法》有关规定，而此时，办案主体已经由监察机关转移至检察机关。就监察机关的所有调查行为包括调查终结后的移送行为而言，只要是在检察机关决定起诉之前发生的，都属于行政权行使的范畴。此观点所认知的体制类似于我国澳门特别行政区的政制和司法体制。我国澳门特别行政区廉政公署对职务违法犯罪案件调查终结后，认为构成犯罪的，移送检察院审查起诉，由于在我国澳门特别行政区，检察院和法院同属于司法机关，案件在检察院决定起诉之后便转入了司法程序，而在此之前的廉政公署的调查和移送审查起诉行为都属于行政权力的行使范畴。当然，我国澳门特别行政区的廉政公署本身就隶属于政府系统，只是由于其直接对行政长官负责而具有较高的独立性而已。①

笔者认为，我国成立监察委员会后，虽监察委员会由人大产生，不隶属于政府系统，但并不能否认其行使的部分权力的行政性。同时，监察委员会对职务犯罪行为的调查，具有鲜明的“司法性”，其最终目的是为确认是否需对监察对象追究刑事责任，是为追究刑事责任做准备，此一点与我国公安机关和检察机关对有关案件的刑事侦查并无二致。即便监察委员会的调查行为不适用《刑事诉讼法》的规定（那是因为它具有自身的特点），不能因此否认监察委员会对职务犯罪行为的调查具有司法性，在此意义上，监察机关对职务犯罪行为的调查人员属于广义上的“司法人员”。实际上，《中华人民共和国

---

① 在我国香港特别行政区，由于实行普通法制度，检察权隶属于行政权。廉政公署调查终结后，认为需要追究刑事责任的，转交律政司审查起诉，律政司承担公诉职能，向法院提起诉讼并出庭支持公诉。在法院受理之前的所有调查行为和审查起诉行为都属于行政权力的行使。

监察法》对于监察机关许多权限的规定以及实施程序，都参考了《刑事诉讼法》的有关规定，或者贯彻了《刑事诉讼法》的有关原则。

有学者认为，监察委员会行使的权力，尤其是对职务犯罪行为的调查，是否属于“司法权”，“兹事体大”，会直接影响监察对象所享有的权利。他们认为，若将职务犯罪行为的调查认定为司法权的行使，监察对象在被第一次讯问或被采取强制措施后，即有权聘请律师为其提供辩护；若不然，则无法获得律师的法律帮助。笔者认为，上述判断是在将“调查”行为等同于“侦查”行为的前提下，基于《刑事诉讼法》的规定作出的推断。委托律师辩护是一项诉讼权利，在《中华人民共和国监察法》已经明确建立监察调查与刑事诉讼衔接机制，从而间接排除监察机关适用《刑事诉讼法》的情况下，律师的提前介入缺乏法律依据。但实然的规定或者监察实践，并不能阻止我们对律师提前介入监察调查的应然状态的理性探讨。这个话题将在后面部分予以分析。

另外，将国家监察机关称为“政治机关”，有其合理性，因为国家监察工作受中国共产党的领导；但同时必须看到，在我国的宪制体制和领导体制下，实际上所有的国家机关都受中国共产党的领导，而各级监察委员会依照《中华人民共和国监察法》的授权行使监察权，是行使国家监察职能的专责机关。作为我国宪制体制下的正式的国家机构，我们应该强调监察机关的国家属性，或曰宪制属性，或曰法律属性，而不应突出强调它的政治属性。在我国政制实践中，虽然各级监察委员会与同级党的纪律检查委员会合署办公，又是在党的集中统一领导下开展工作，但监察委员会毕竟属于国家机构序列。

第六节　监察机关的信访职能

《联合国反腐败公约》第 13 条第 2 款规定：“各缔约国均应当采取适当的措施，确保公众知悉本公约提到的相关的反腐败机构，并应当酌情提供途径，以便以包括匿名举报在内的方式向这些机构举报可能被视为构成根据本公约确立的犯罪的事件。”上述规定要求各缔约国建立反腐败的公众举报途径。

在我国,相当多的腐败案件是通过信访的渠道,被反腐败机关获知线索而开展查处的,因此畅通信访举报渠道是我国扩大反腐败线索来源,加强反腐败斗争和廉政建设的重要方面。

北欧实行监察专员制度的许多国家,监察专员除依职权主动监察外,亦接受公民申诉或举报,调查有关人员是否依法履职,也协助维护举报者的合法权益,实际上起到了监督行政、人权保障和反腐败的多重功能。我国应当借鉴其制度经验,在我国的监察机构中建立信访部门。

我国目前规范信访活动的依据依旧是2005年5月1日起施行的《信访条例》。其第3条第2款规定:"各级人民政府、县级以上人民政府工作部门应当畅通信访渠道,为信访人采用本条例规定的形式反映情况,提出建议、意见或者投诉请求提供便利条件。"其第6条第1款规定:"县级以上人民政府应当设立信访工作机构;县级以上人民政府工作部门及乡、镇人民政府应当按照有利工作、方便信访人的原则,确定负责信访工作的机构或者人员,具体负责信访工作。"

信访是非常具有中国特色的意见反映途径,有其悠久的历史和文化渊源,反映了我国人民自古以来就有的"青天"意识和情怀。信访所反映的问题多跟纠纷有关,甚至有大量的涉法涉讼事件,但还是有相当一部分是监督公职人员行为、给政府改进工作提意见和建议的,是能够起到一定的监督政府作用的,所以信访作为收集社会意见、监督政府施政的一种方式,有其存在的现实必要性、合理性和社会土壤。我国现行《信访条例》第14条第2款已明确将一些事项排除于信访受理范围:"对依法应当通过诉讼、仲裁、行政复议等法定途径解决的投诉请求,信访人应当依照有关法律、行政法规规定的程序向有关机关提出。"也就是说,信访的主要功能正如《信访条例》第3条所讲,是为了"倾听人民群众的意见、建议和要求,接受人民群众的监督,努力为人民群众服务",而不是面面俱到,包揽一切。

目前,除了政府的信访机构外,我国各级人大常委会、法院和检察院也都设有相应的信访机构,如全国人大常委会办公厅下设信访局,最高人民法院设有人民来访接待室,最高人民检察院设有控告检察厅。这些信访机构都在自己的职权范围内接受信访举报,处理信访事项。但我国目前的《信访条例》，由于是国务院制定的行政法规，只规范政府系统的信访事务。《信访条例》第 15 条规定："信访人对各级人民代表大会以及县级以上各级人民代表大会常务委员会、人民法院、人民检察院职权范围内的信访事项，应当分别向有关的人民代表大会及其常务委员会、人民法院、人民检察院提出。"建议全国人大常委会在国务院《信访条例》基础上，尽快制定《信访法》，提高规范的层级，同时扩大规范的对象，将政府、法院、检察院、监察委员会的信访活动统统纳入《信访法》调整的范畴，制定出科学、高效、透明、统一的信访办理程序。

我国各级党的纪检机构目前都有信访部门，或由相关部门处理信访事务，如中央纪委专门设有信访室。由于各级监察委员会与同级党的纪律检查委员会合署办公，所以信访室便集合了纪检信访和监察信访两种职能，统一接受人民群众对党员尤其是党的领导干部、党的各级组织及所有国家公职人员的信访举报。这对于从举报中发现公职人员违法犯罪的线索，有针对性地加强监察工作，查处腐败行为，具有积极的意义。

第七节　监察权的行使与人权保障

一、反腐败行动的人权之维

《联合国反腐败公约》第 13 条第 1 款第 4 项规定："尊重、促进和保护有关腐败的信息的查找、接收、公布和传播的自由。这种自由可以受到某些限制，但是这种限制应当仅限于法律有规定而且也有必要的下列情形：1. 尊重他人的权利或者名誉；2. 维护国家安全或公共秩序，或者维护公共卫生或公共道德。"上述规定，一方面保障公民对于反腐败的知情权和参与权，另一方面也对反腐败信息的公布和传播设置了限制条件，其中就包括对他人人权的尊重与保护。《联合国反腐败公约》对于人权的关注不止于此，除了信息披露和传播外，还包括所有诉讼权利的保障和维护。该公约第 44 条第 14 款规定："在对任何人就本条所适用的任何犯罪进行诉讼时，应当确保其在诉讼的所有阶段受到公平待遇，包括享有其所在国本国法律所提供的一切权利和保障。"

对于现代社会而言，民主和法治实际上既是国家治理的目标，也是实现有效治理的手段。民主实际上强调的是一种数量上的评价，即遵从少数服从多数的原则作出决策实现治理；而法治则强调规则的治理。两者的目标，从终极意义上来说，都是为了实现和保障人权——实现人的全面而自由的发展。我国2004年修宪时将"国家尊重和保障人权"写入《宪法》第33条。这是我国人权保护事业发展的重要里程碑，是国家对全体国民和国际社会的重要宣示。我国的一切立法、执法和司法活动都应该贯彻和体现这一原则。这既是当今世界人权事业发展的浩荡潮流，是不可逆转的历史趋势，也是我国作为人民当家做主的社会主义国家国体的内在逻辑和要求。党的十六大之后，党中央提出"科学发展观"的战略思想，强调以人为本；十八大之后，以习近平同志为核心的党中央强调"以人民为中心"的发展思想，实际上都体现了国家对人权保护的重视。

诚然，反腐败从直接意义上来说，是为了打击职务违法犯罪，澄清吏治，但从根本上来说，是为了捍卫公共权力的纯洁性和人民性，是为了维护人民的根本利益（多数人的利益），但这也绝不构成对个别人合法权益侵犯的正当理由。"由于人权是普遍的并且在道德上永远不可剥夺的，所以，否认某些人类成员享有人权就必然是错误的。依循并且凭靠这种否认的制度和管理在实际上永远是对人权的侵犯。"①"一个权利要求的核心……意味着一个个人，有权保护自己免受多数人的侵犯，即使是以普遍利益为代价时也是如此。"②如果不能体现和维护人权保护原则，则无法彰显当今民主政治体制下之监察与封建专制时代监察之本质区别，无法体现我们社会主义国家民主政体的优越性。

打击腐败同时不能以牺牲人权为代价，健全反腐败相关立法时应注意，

---

① ［英］A. J. M. 米尔恩：《人的权利与人的多样性——人权哲学》，夏勇等译，中国大百科全书出版社1995年版，第179页。

② ［美］罗纳德·德沃金：《认真对待权利》，信春鹰、吴玉章译，中国大百科全书出版社1998年版，第197页。

公职人员的人权应该得到重视和保护。虽然在大部分国家,公职人员特别是高级官员,由于其从事公务的公共性,其隐私权的保护受到不同程度的限制,但"受限"不等于剥夺,公职人员作为一个人的基本权利应该得到保障。美国当代法学家德沃金说:"个人权利是个人手中的政治护身符。"[①]尊重别人的个人权利,实际上就是在维护自身的权利。因为从法理上来说,我们每一个人都有可能成为犯罪嫌疑人,都有可能成为被监察权波及的对象,因此,坚定地捍卫个人权利,保护人权,应该是我们坚定不移的原则。

二、公职人员是否适用"特别权力关系"理论

也有学者认同保护公职人员的基本人权,但是同时认为,必须顾及到公职人员与国家、公职人员与监察机关之间存在着"特别权力关系",基于"特别权力关系"的理论,公职人员的许多权利都受到限制。

(一)何为"特别权力关系"

所谓"特别权力关系",指行政主体基于特别的法律原因,为实现特殊的行政目标,在一定范围内对行政相对人具有概括的命令强制权力,而行政相对人负有服从义务的行政法律关系。"特别权力关系"理论最早建立于19世纪后期的德国,是为了维护君主对官僚系统及军队的绝对统治权而建立起来的法学理论,在传入日本后,因其与日本军国主义绝对服从的理念不谋而合,而在日本备受推崇。"特别权力关系"理论最早适用的领域都是公法领域,包括公务员的法律关系,军人的法律关系,狱政管理的法律关系,教育相关的法律关系,等等。它具有权利义务的不对等性,具体表现在以下两个方面:

(1)相对人义务具有不确定性或概括性。在"特别权力关系"下,特别权力人对相对人有概括性的命令支配权,只要是出于达成行政目的,即使法律法规没有明确规定,也可以以内部规则的形式限制相对人的自由权利,为相对人设定各种行政法上的义务。

---

① [美]罗纳德·德沃金:《认真对待权利》,信春鹰、吴玉章译,中国大百科全书出版社1998年版,第251页。

(2)特别权力人权力的单向性和相对人权利的非法治救济性。特别权力人享有对相对人的惩戒权。在法治状态下,司法是公平正义的最后一道防线,纠纷最终都可以通过司法途径得以解决。但在“特别权力关系”下,特别权力人通过内部规则限制相对人的基本权利,并可以做出直接影响相对人权利义务的惩戒,但由于他们之间适用规则的内部性,相对人若认为自己受到了不公正待遇,通常只能循内部的申诉途径解决,不能向法院申请司法救济,排除了一切行为接受司法审查这一司法最终解决原则的适用。

但在“二战”以后,由于“法治国”观念的蓬勃兴起和人权意识的普遍增强,“特别权力关系”的理论逐渐遭到质疑、批判甚至被突破。人们逐渐意识到,“特别权力关系”理论不是绝对的,不能一概而论,许多方面也应受到宪法规定的基本权利和法律保留原则的限制。如德国学者乌勒(Carl Hermann Ule)就对传统的“特别权力关系”进行了细分,按照对相对人权利影响大小,将其分为“基础关系”与“管理关系”。所谓“基础关系”,是指那些有关“特别权力关系”发生、变更及消灭的事项,如公务员的任命、免职、退休,学生的入学、退学等,因这类事项事关某一特定身份的有无,关涉特定法律关系的建立和解除,对相对人权利影响较大,因此,应适用法律保留原则,纳入基本权利的保护范围;所谓“管理关系”,是指管理主体为维护组织的功能、运转和纪律,而作出的其他属行政内部的管理措施,如长官对下属的勤务指示、考绩,公立学校对于学生服装仪容与作息时间的规定、操行及学业成绩的评定等,这些事项对相对人权利影响较小,为了维持行政内部秩序与达成行政目的,这类事项不需要进行法律救济。乌勒的理论在国际上得到越来越多的认可。

“二战”后,随着对“特别权力关系”理论认识的不断深化,很多国家将政党组织与党员之间的关系也纳入“特别权力关系”调整范畴。例如,我国就有学者据此解释了党内“双规”措施的正当性:“该类关系中主体固然拥有一般公民的身份,享有宪法中所规定的公民的基本权利,但这并不意味着他们所享有的基本权利在性质上完全等同于一般权力关系下公民的基本权利。基于国家体系功能之维系的需要,国家公权力机关可以对置身于该类特殊关系中的公民之基本权利施加特殊的、非法律性的限制,同时,也可以对其行为作出不同于一般权力关系下公民之行为的处置。”[①]

(二)监察机关与公职人员之间是否适用“特别权力关系”理论

一般认为,“特别权力关系”的存在是以特别权力人与相对人之间存在内部管理关系为前提。[②] 若不存在这种内部管理关系,特别权力人就无权以内部规则对相对人进行规制,更无权对其进行惩戒,因此也就不享有什么特权了。从直接意义上来理解,监察机关与公职人员之间(除非当监察机关工作人员作为监察对象时)并不存在内部的管理关系,因此似乎不能适用“特别权力关系”理论。但从间接意义上来讲,监察机关由人大产生,对其负责,实际上它是代表人大对所有公职人员开展监督的。每个国家机关与其公职人员都存在内部管理关系,而所有的国家机关都由人大产生,因此从终极意义上来说,人大对所有的国家公职人员都有监督和间接管理的关系,而人大又把一部分监督的权力授予给专责的监察机关行使,因此监察机关与公职人员之间就构成了间接的“大政府”内部的管理关系,因此监察机关与公职人员之间是可以适用“特别权力关系”理论的。

套用乌勒对传统“特别权力关系”的分类理论,对于属“基础关系”的事项,如对于监察机关作出的撤职、开除这类导致“特别权力关系”发生、变更及消灭的决定,可考虑给予司法救济,使其具有可诉性;但对于本质上属“管理关系”的事项,比如对于监察机关作出的警告、记过、记大过、降级这几类对相对人权利影响较小的处分决定,可不必给予司法救济,以维护政府系统内部正常的管理秩序。

三、监察行为能否被诉

依《中华人民共和国监察法》第49条的规定,监察对象对监察机关作出的涉及本人的处理决定不服的,可以申请复审和复核,但没有规定可以诉至

---

① 刘志刚:《“双规”的合宪性》,载《法学》2005年第11期。

② 若存在的是外部管理关系,如行政机关对普通公民的管理关系,就属于“一般权力关系”,就当然地受“法律保留”原则和基本权利保护措施的保障,就可以寻求司法救济了。比如,在我国,公民、法人或者其他组织认为行政机关和行政机关工作人员的行政行为侵犯其合法权益,可以向法院提起行政诉讼。

法院。《中华人民共和国监察法》之所以这样规定,很大程度上继承了原《行政监察法》的救济途径,排除司法的救济,是为了维护监察的权威性和内部行政关系的稳定,是对行政系统内部管理行为的尊重,同时也是“特别权力关系”理论的体现。

但也应该看到,在公职人员的处理决定问题上,国家监察机关与原行政监察机关在权力上有本质的区别。根据原《行政监察法》第 18 条第 4 项的规定,原行政监察机关“受理国家行政机关公务员和国家行政机关任命的其他人员不服主管行政机关给予处分决定的申诉”;又根据原《行政监察法》第 39 条的规定:“监察机关对受理的不服主管行政机关处分决定的申诉,经复查认为原决定不适当的,可以建议原决定机关予以变更或者撤销;监察机关在职权范围内,也可以直接作出变更或者撤销的决定。”可见,原行政监察机关不可以直接对公务员作出处分决定,只有在受理有关申诉后,才可以享有极有限的变更或撤销权,通常只能向原决定机关提出变更或者撤销的建议。但根据《中华人民共和国监察法》第 11 条、第 45 条的规定,国家监察机关拥有直接作出政务处分决定的权力。在原《行政监察法》下,对原机关的人事处分决定,实际上有向监察机关申诉、不服监察机关决定再申请复审和复核的三级救济途径;而在《中华人民共和国监察法》下,若由国家监察机关直接作出政务处分决定,对被监察对象而言,则只剩下申请复审和复核这两级救济途径了。

监察机关对公职人员作出政务处分决定排除司法救济与《行政诉讼法》的规定保持了一致。2017 年修订后的《行政诉讼法》第 13 条第 3 项规定,“行政机关对行政机关工作人员的奖惩、任免等决定”不属于行政诉讼的范围。而根据《最高人民法院关于执行〈中华人民共和国行政诉讼法〉若干问题的解释》(法释〔2000〕8 号)第 4 条规定,[①]上述“对行政机关工作人员的奖惩、任免等决定”,“是指行政机关作出的涉及该行政机关公务员权利义务的决定”,解释已经非常宽泛,包括一般的管理决定和开除公职等。也就是说,只要是行政机关作出的涉及该行政机关公务员权利义务的所有决定,均不具有可诉

① 已废止。

性。此完整体现了“特别权力关系”理论的运用。

当然,也有学者认为,如果一概排斥司法审查,而监察决定又直接影响了监察对象的权利义务,那对于监察对象的权利保障来说,是有缺憾的。因此,随着《中华人民共和国监察法》今后的深入实施,在社会形势发展需对其进行修改时,可以考虑将监察机关作出的部分行为纳入司法审查范围。比如,监察对象对监察机关采取的限制人身自由的强制措施(如留置)、对财产的部分强制措施(如查封、冻结、扣押等)以及个别严厉的行政处分决定(如撤职和开除公职)不服,应赋予相对人向法院提起诉讼的权利。这并不需要创设新的诉讼类型,而是基于上述行为实际上均具有行政行为的性质这一根本特征,可将其视为一类特殊的行政诉讼,这在法理上是可以自圆其说的。他们认为,之所以将上述监察行为纳入司法审查,实际上也是与《行政诉讼法》的部分条款保持一致,如 2017 年修订后的《行政诉讼法》第 12 条第 1 款第 2 项规定,“对限制人身自由或者对财产的查封、扣押、冻结等行政强制措施和行政强制执行不服的”,公民、法人或者其他组织可以提起行政诉讼;而且将上述监察行为纳入司法审查,也是与《中华人民共和国监察法》规定的监察赔偿保持一致,便于确定赔偿责任。

但笔者不赞成上述观点。上述《行政诉讼法》第 12 条第 1 款第 2 项规定的“对限制人身自由或者对财产的查封、扣押、冻结等行政强制措施和行政强制执行不服的”都是行政行为,是行政管理过程中发生的行为,不是刑事诉讼中的司法行为,故不可相提并论。司法行为不可诉,这是世界各国诉讼的普遍原则。《最高人民法院关于执行〈中华人民共和国行政诉讼法〉若干问题的解释》(法释〔2000〕8 号)第 1 条①中即规定“公安、国家安全等机关依照刑事诉讼法的明确授权实施的行为”不属于行政诉讼的受案范围,也就是说,公安、国家安全等机关依照《刑事诉讼法》的明确授权实施的刑事案件侦查行为,是不可诉的。国家监察机关虽不属于司法机关,但国家监察机关对职务犯罪案件的调查行为具有司法性,其目的是为了确认监察对象是否应追究刑事责任,监察对象对监察机关采取的限制人身自由的强制措施(如留置)、对

① 已废止。

财产的部分强制措施(如查封、冻结、扣押等),应适用司法行为不可诉的原则,不应被诉至法院,否则正在进行的职务犯罪调查将无从正常进行。

但对于监察机关作出政务处分决定的行为,因为其本身本质上就属于行政行为,在是否可诉的问题上,应与司法行为区别对待,从给当事人司法救济的角度考虑,应纳入诉讼救济范围,但应与我国《行政诉讼法》的有关规定保持一致。

四、监察权行使的比例原则

为了体现人权保护原则,监察权的行使必须坚持比例原则。所谓比例原则,本是行政法上的一个学理概念,指的是行政主体实施行政行为应兼顾行政目标的实现和保护相对人的权益双重价值,如果行政目标的实现不可避免会对相对人的权益造成不利影响,则应当将这种不利影响尽量限制在较小的范围和程度之内,使之保持适当的比例。比例原则具体包含适当性原则、必要性原则和均衡原则三个子原则。

在笔者看来,监察权行使的比例原则,指的是所有监察过程中开展调查所采取的手段,处置的选择方向,政务处分的种类,问责的方式,等等,都应与监察对象行为的违法性、行为的社会危害性等相适应,保持适当及必要。可不对人身进行留置的,尽量不留置;可不对财产进行扣押、冻结、查封的,尽量不扣押、冻结、查封;可不采取技术调查措施查明案情的,尽量不采用技术调查手段,以便将监察行为对监察对象的负面影响尽量降低到最小限度。当然,这并不是说,当符合法定情形,有客观需要时仍然不采取必要之措施,否则,将纵容某些不法行为的继续发生,或拖延案件的及时查处,是对公共利益的不负责任。总之,一切以“适当”、“必要”及“均衡”为原则。

我国的《中华人民共和国监察法》不少条款已经贯穿和体现了比例原则。如第5条规定:“国家监察工作严格遵照宪法和法律,以事实为根据,以法律为准绳;在适用法律上一律平等,保障当事人的合法权益;权责对等,严格监督;惩戒与教育相结合,宽严相济”;《中华人民共和国监察法》中“监察权限”一章对每一种监察措施都规定了严格的适用条件和程序;《中华人民共和国监察法》第31条规定,对自动投案、真诚悔罪悔过的,积极配合调查工作、如实供述监察机关还未掌握的违法犯罪行为的,积极退赃、减少损失的,或具有重大立功表现或者案件涉及国家重大利益等情形的，监察机关在移送检察机关起诉时一并提出从宽处罚的建议；《中华人民共和国监察法》第45条规定，按照违法情节轻重，分别给予组织处理、政务处分、移送起诉等不同的处置处理。中共中央纪委、国家监察委员会2018年4月16日印发的《公职人员政务处分暂行规定》也鲜明地体现出了比例原则，其第5条规定："给予公职人员政务处分……与违法行为的性质、情节、危害程度相适应。"第8条规定："监察机关对公职人员中的中共党员给予政务处分，一般应当与党纪处分的轻重程度相匹配。"

实际上，不仅是国家监察的有关法律制度，党内的监督执纪有关规定也体现了比例原则。2017年1月8日中国共产党第十八届中央纪律检查委员会第七次全体会议通过的《中国共产党纪律检查机关监督执纪工作规则(试行)》，第4条明确提出："监督执纪工作应当把纪律挺在前面，把握'树木'与'森林'的关系，运用监督执纪'四种形态'，让'红红脸、出出汗'成为常态；党纪轻处分、组织调整成为违纪处理的大多数；党纪重处分、重大职务调整的成为少数；严重违纪涉嫌违法立案审查的成为极少数。"2018年修订并于2018年10月1日起实施的《中国共产党纪律处分条例》第5条再次列举了监督执纪的"四种形态"。2019年1月1日起施行的《中国共产党纪律检查机关监督执纪工作规则》第4条规定："坚持惩前毖后、治病救人，把纪律挺在前面，精准有效运用监督执纪'四种形态'，把思想政治工作贯穿监督执纪全过程，严管和厚爱结合，激励和约束并重，注重教育转化，促使党员自觉防止和纠正违纪行为，惩治极少数，教育大多数，实现政治效果、纪法效果和社会效果相统一。"由于我国监察机关与党的纪律检查机构合署办公，上述规定将对监察机关行使职权产生实质影响。

五、监察权行使的正当程序

美国当代法学家博登海默说："法律对权利来讲是一种稳定器，而对于失控的权力来讲则是一种抑制器。"[①]为了实现对监察权的限制，达到兼顾保护

---

① ［美］E. 博登海默：《法理学　法律哲学与法律方法》，邓正来译，中国政法大学出版社1999年版，第293页。

人权的目的,我们在对监察法律制度进行设计时,必须要对监察权的行使设置正当的法律程序。正如美国政治家史蒂芬·道格拉斯(Stephan Arnold Douglas,1813～1861年)所言,“正当程序决定了法治与任意或反复无常的人治之间的大部分差距。坚定的遵守严格的程序,是我们赖以实现人人在法律面前平等享有正义的主要保证”。①

《中华人民共和国监察法》对监察权的行使规定了严格的程序。第四章“监察权限”,除了对每一种监察措施都规定了严格的适用程序外,在第18条中规定“监察机关及其工作人员对监督、调查过程中知悉的国家秘密、商业秘密、个人隐私,应当保密”,在第33条中规定“以非法方法收集的证据应当依法予以排除,不得作为案件处置的依据”。在第五章“监察程序”中规定了“初核→立案→调查→处置”的完整监察操作流程,并在第36条中强调“监察机关应当严格按照程序开展工作,建立问题线索处置、调查、审理各部门相互协调、相互制约的工作机制”,这些都构成了对监察权行使的正当程序限制;根据《中华人民共和国监察法》第41条第2款的规定,“调查人员进行讯问以及搜查、查封、扣押等重要取证工作,应当对全过程进行录音录像,留存备查”,相较于《刑事诉讼法》的相关规定,录音录像的覆盖范围更加广泛;根据《中华人民共和国监察法》第44条第3款的规定,“被留置人员涉嫌犯罪移送司法机关后,被依法判处管制、拘役和有期徒刑的,留置一日折抵管制二日,折抵拘役、有期徒刑一日”,这就使得留置的天数可以在后续的司法程序中得到折抵。另外,《中华人民共和国监察法》第七章“对监察机关和监察人员的监督”中,第54条规定的监察工作信息公开制度,第57条规定的对“监察人员打听案情、过问案件、说情干预”的登记备案制度,第58条规定的监察人员回避制度,都体现了监察人员独立办案的正当程序原则。

尽管《中华人民共和国监察法》在正当程序方面做了一些规定,但仍然有需要完善的地方。如留置后案件移送检察机关审查起诉后,检察机关变更强制措施,如采取刑事拘留或逮捕的措施,但检察院经审查后,认为需要补充核实,按《中华人民共和国监察法》第47条第3款的规定,退回监察机

① 陈瑞华:《看得见的正义》,中国法制出版社2000年版,第4页。

关补充调查,此时已经采取的拘留或逮捕的措施是否需要反转,如何反转,并没有清晰的规定。再如,《中华人民共和国监察法》虽规定了留置的期限,但并没有规定监察机关的办案期限,这就使《中华人民共和国监察法》第 25 条第 3 款规定的"查封、扣押的财物、文件经查明与案件无关的,应当在查明后三日内解除查封、扣押,予以退还",在实践中可能需要较长时间。还有,检察院、法院的案件管辖通常采用以地域管辖为主的原则,而监察机关的案件管辖主要看干部的管理权限,这也可能在实践中带来一些管辖级别方面的问题。

六、监察过程中律师的介入

律师是维护诉讼当事人权益的重要力量,律师制度是社会公平正义的重要保障。律师的存在及其作用的发挥是国家制度文明和法治进步的重要体现。但在人类社会历史上,由于律师经常要为犯罪嫌疑人辩护,所以自律师职业产生以来,对这一职业的偏见和误解就一直随其左右。英国 19 世纪著名作家查尔斯·狄更斯(Charles John Huffam Dickens,1812～1870 年)有句名言:"假如没有坏的人,便不会有好的律师。"①埃布路塞·比尔斯(Abruzzi Beers)更是不留情面地指出:"律师就是一位受过特殊训练来规避法律的人。"②甚至有人(佚名)认为:"律师就是一位不仅为正义服务的人,也是为不正义服务的人。"③正是因为有这样那样的偏见,律师职业一直毁誉参半。但必须指出的是,如果没有律师为当事人提供法律专业服务,对当事人诉讼权利的保障就更难以实现;如果没有律师的积极推动,人类社会法治的文明进步更是无从谈起。所以,必须要以一种客观公正的态度来看待和审视律师职业。

(一)刑事诉讼中律师的介入

美国当代法学家德沃金有句名言:"社会无权在没有律师的情况下审判

---

① 陈新民:《公法学札记》,中国政法大学出版社 2001 年版,第 311 页。

② 陈新民:《公法学札记》,中国政法大学出版社 2001 年版,第 311 页。

③ 陈新民:《公法学札记》,中国政法大学出版社 2001 年版,第 311 页。

一个人,不管社会大多数人受益与否,一个被指控的嫌疑人在审判之前是自由的。”[①]这句话深刻揭示了程序正义的重要性和律师在诉讼中尤其是刑事诉讼中的重要作用。允许律师在整个刑事诉讼过程中全程参与,并为当事人提供辩护,是西方国家司法制度程序正义的重要内容。

我国刑事制度对于律师在诉讼过程中的参与也经历了一个发展的过程。我国1979年《刑事诉讼法》第27条第1款只是规定:“公诉人出庭公诉的案件,被告人没有委托辩护人的,人民法院可以为他指定辩护人。”至于律师可以最早在哪个阶段介入并没有做明确规定,这就导致,1996年修改《刑事诉讼法》之前,律师是不能在侦查阶段介入的。1996年对1979年《刑事诉讼法》进行修改,其第33条规定:“公诉案件自案件移送审查起诉之日起,犯罪嫌疑人有权委托辩护人。自诉案件的被告人有权随时委托辩护人。”也就是说,公诉案件必须是在案件移送审查起诉之日起,犯罪嫌疑人才能委托辩护人为其辩护,而在此之前,律师是不能介入的。这些法律规定实际上反映了立法者对于律师深深的戒备心理,考虑到诉讼中对于犯罪嫌疑人权益的侵害主要发生在案件侦查过程中这一现实,不允许律师提前介入到侦查阶段对于犯罪嫌疑人权利的保护是极不充分的。

2012年对《刑事诉讼法》的修改体现了巨大的进步,修改后的《刑事诉讼法》第33条规定:“犯罪嫌疑人自被侦查机关第一次讯问或者采取强制措施之日起,有权委托辩护人;在侦查期间,只能委托律师作为辩护人。”第36条规定:“辩护律师在侦查期间可以为犯罪嫌疑人提供法律帮助;代理申诉、控告;申请变更强制措施;向侦查机关了解犯罪嫌疑人涉嫌的罪名和案件有关情况,提出意见。”第37条第1款规定:“辩护律师可以同在押的犯罪嫌疑人、被告人会见和通信。”该条第3款规定:“危害国家安全犯罪、恐怖活动犯罪、特别重大贿赂犯罪案件,在侦查期间辩护律师会见在押的犯罪嫌疑人,应当经侦查机关许可。”该条第4款规定:“辩护律师会见在押的犯罪嫌疑人、被告人,可以了解案件有关情况,提供法律咨询等;自案件移送审查起诉之日起,

---

① [美]罗纳德·德沃金:《认真对待权利》,信春鹰、吴玉章译,中国大百科全书出版社1998年版,第120页。

可以向犯罪嫌疑人、被告人核实有关证据。辩护律师会见犯罪嫌疑人、被告人时不被监听。”第38条规定:“辩护律师自人民检察院对案件审查起诉之日起,可以查阅、摘抄、复制本案的案卷材料。”

由上述规定可见,在侦查阶段,在犯罪嫌疑人被侦查机关第一次讯问或者采取强制措施之日起,任何刑事案件的犯罪嫌疑人都有权聘请律师,即便是危害国家安全犯罪、恐怖活动犯罪、特别重大贿赂犯罪案件也是如此,只不过法律对这三类案件中律师会见在押的犯罪嫌疑人的权利有所限制罢了,其他并无约束。

必须注意的是,2018年修改《刑事诉讼法》时,将2012年《刑事诉讼法》第37条改为第39条,其中第3款修改为:“危害国家安全犯罪、恐怖活动犯罪案件,在侦查期间辩护律师会见在押的犯罪嫌疑人,应当经侦查机关许可。上述案件,侦查机关应当事先通知看守所。”删除了对“特别重大贿赂犯罪案件”的列举。

(二)认为律师不该介入监察调查的观点

有些学者认为,监察调查过程中是不允许律师提前介入的,理由有以下几个方面。

一是律师介入监察调查没有法律依据。这是最直接的原因。《中华人民共和国监察法》没有规定被调查人有权获得律师的辩护或法律帮助的权利。监察调查行为不同于刑事侦查行为,其应受《中华人民共和国监察法》规范,不受《刑事诉讼法》的规范,故不能援引《刑事诉讼法》的规定,允许律师在被调查人接受调查机关第一次讯问或者被采取强制措施后就介入提供法律帮助。况且2018年修改《刑事诉讼法》时,已经将“特别重大贿赂犯罪案件”从需事先经侦查机关许可才能会见在押犯罪嫌疑人的案件类型中予以删除。

二是律师不介入监察调查不等于被调查人在随后的刑事诉讼程序中不能获得律师提供的辩护服务。律师不介入监察调查,仅限于监察程序,一旦监察完结,对于构成刑事犯罪的案件,被移送检察机关后,检察机关将依照《刑事诉讼法》的规定对被调查人采取强制措施,从而完成从监察程序到刑事诉讼程序的转变。自此,犯罪嫌疑人(监察程序中的监察对象)就可以依据《刑事诉讼法》的规定委托律师作为辩护人了。

三是我国原政纪和党纪案件的被调查人是无权委托律师提供法律服务的。对于政纪调查案件,原监察部曾作出专门的答复:“最近一个时期,一些地方的监察厅、局反映,在查办案件过程中,律师受被调查人委托担任代理人,要求查阅案件档案或陪同被调查人接受调查的情况时有发生,询问如何处理。现答复如下:根据《中华人民共和国律师暂行条例》的规定,律师的业务范围主要是作为代理人或辩护人参加诉讼活动以及调解、仲裁等非诉讼活动。监察机关依法查处政纪案件是行政机关的内部行政行为,根据《行政诉讼法》等法律的规定,不属于法院的行政诉讼受理范围。同时,查处政纪案件也不属于调解、仲裁等非诉讼案件。因此,政纪案件的被调查人不能委托律师担任代理人,对于律师介入政纪案件调查活动的要求,监察机关可以依法予以拒绝。”①政纪调查案件如此,党纪调查案件由于是党组织内部的调查更是如此,党员与党组织之间是可以适用“特别权力关系”的,党纪调查案件就更不允许律师的介入了,即便被调查人被采取“两规”措施,被限制了人身自由,由于其不属于刑事诉讼强制措施,也不允许律师的介入。

四是律师介入并不是“防范所有风险的灵丹妙药”。有学者认为,即便允许律师介入,也并不能避免所有的不规范甚至侵犯被调查人权利的调查行为的出现,所以是否允许律师介入监察调查过程,并不是防范所有风险关键的、最重要的甚至是唯一的手段,不能夸大律师介入的作用。支持这一观点的学者还用实证的方法予以佐证,如我国《刑事诉讼法》规定了犯罪嫌疑人自被侦查机关第一次讯问或者采取强制措施之日起就有权委托律师作为辩护人,但也并没有完全避免非法证据和刑讯逼供现象的出现,所以,律师介入并非防止不规范监察调查行为的充分条件。

五是律师在监察调查中的缺位,并不意味着监察机关的调查行为不受约束。《中华人民共和国监察法》第 22 条规定了留置的严格适用条件,第 41 条第 2 款规定:“调查人员进行讯问以及搜查、查封、扣押等重要取证工作,应当对全过程进行录音录像,留存备查。”第 44 条第 2 款规定:“监察机关应当保

---

① 《监察部关于政纪案件的被调查人是否可委托律师担任代理人问题的答复》(监法复字〔1992〕7 号),载中华人民共和国监察部编:《中国监察年鉴:1992 ~ 1997 年卷》,中国方正出版社 2007 年版,第 548 ~549 页。

障被留置人员的饮食、休息和安全,提供医疗服务。讯问被留置人员应当合理安排讯问时间和时长,讯问笔录由被讯问人阅看后签名。”这些实体性和程序性的规定,对于保障被调查人员的合法权益具有重要作用。

(三)认为律师应该介入监察调查的观点

笔者并不赞同上面的观点,笔者认为,应该允许律师介入监察调查工作。理由是:

第一,允许律师介入有现实的需要。《中华人民共和国监察法》规定了谈话、讯问、询问、查询、冻结、调取、查封、扣押、搜查、勘验检查、鉴定、留置等12项调查措施。上述措施中,除了谈话和询问外,大多数具有较强的强制性,而且除了谈话这种非常具有“组织”特色的了解情况的方式外,[①]其他措施基本与《刑事诉讼法》的侦查措施一致,这些措施对被调查人的人身和财产构成限制和影响。特别是留置,期限通常不超过3个月,特殊情况下可延长至6个月,这种限制人身自由的强制措施和调查方式,会对被调查人的人身权利构成极大影响,应该允许被调查人在被采取留置措施后得到律师的法律帮助。案件侦查(调查)是查清事实和收集证据的过程,侦查(调查)机关为了取得有罪供述经常会不择手段,实践证明,与起诉、审判阶段相比,对于犯罪嫌疑人(被调查人)权利的侵犯更容易发生在侦查(调查)阶段。因此,该阶段律师的介入对保护当事人权利更具重要意义。

我国《刑事诉讼法》规定了犯罪嫌疑人自被侦查机关第一次讯问或者采取强制措施之日起就有权委托律师作为辩护人,这是我国刑事司法的巨大进步。监察调查中的讯问、留置虽不同于刑事诉讼中的讯问与逮捕,两者适用不同的法律,但两者的基本性质和目的都是一样的。《中华人民共和国监察法》第20条第2款规定:“对涉嫌贪污贿赂、失职渎职等职务犯罪的被调查人,监察机关可以进行讯问,要求其如实供述涉嫌犯罪的情况。”可见,讯问的

① 2019年1月1日起施行的《中国共产党纪律检查机关监督执纪工作规则》第34条规定:“核查组经批准可以采取必要措施收集证据,与相关人员谈话了解情况,要求相关组织作出说明,调取个人有关事项报告,查阅复制文件、账目、档案等资料,查核资产情况和有关信息,进行鉴定勘验。”2016年7月8日起施行的《中国共产党问责条例》第7条中规定:“对失职失责、情节较轻的,应当以谈话或者书面方式进行诫勉。”

调查措施适用于职务犯罪的被调查人，不适用于普通的职务违法行为人，这跟刑事诉讼中的讯问适用对象是一致的。而留置既可适用于涉嫌贪污贿赂、失职渎职等职务犯罪的被调查人，亦可适用于上述方面严重职务违法的被调查人，但因其对人身自由的高度影响性，其多数适用于职务犯罪的被调查人。留置的适用条件与刑事诉讼中逮捕的适用条件极为相似。

在原来贪污贿赂、失职渎职等职务犯罪案件由检察机关侦查的情况下，检察机关依据《刑事诉讼法》的规定，可以对涉嫌贪污贿赂、失职渎职等职务犯罪的犯罪嫌疑人采取讯问和逮捕措施，犯罪嫌疑人也可以依据《刑事诉讼法》的规定，在被侦查机关第一次讯问或者采取强制措施之日起委托律师作为辩护人。当随着监察体制的改革，这类案件的侦查权由检察机关转到监察机关后（改称"调查权"），与该调查权行使有关的强制措施也同时赋予给监察机关行使的情况下，按照权利义务对等的原则，法律应同时将刑事诉讼中犯罪嫌疑人的诉讼权利赋予给监察程序中的被调查人行使，包括聘请律师为自己辩护的权利。这是个人防御和对抗公权力可能做出的不规范甚至侵权行为的重要保障，是程序正义的应有之义和重要体现。如果不允许被调查人在被讯问或被采取强制措施后聘请律师为其提供法律帮助，无疑是对《刑事诉讼法》已经取得的立法进步的倒退之举，是"开历史倒车"。

2018 年修改《刑事诉讼法》时将"特别重大贿赂犯罪案件"从需事先经侦查机关许可才能会见在押犯罪嫌疑人的案件类型中予以删除，有观点据此认为，该类案件的犯罪嫌疑人无权获得律师帮助。笔者认为，这种观点是站不住脚的。因为监察体制改革后，贿赂案件的调查权由监察机关行使，监察机关的调查行为受《中华人民共和国监察法》规范，不受《刑事诉讼法》规范。

第二，律师的介入有助于在保障诉权和避免办案干扰之间保持平衡。制度文明和法治文明发展到今天，取得的成果来之不易，这也是符合世界发展潮流和普世价值的，我们应该坚守这些已经确立的理念和原则，坚定地维护和保障当事人应该享有的权利。刑事诉讼中律师的介入，是打破封闭侦查的一个重要的途径，有助于维护当事人的权利。监察调查在很大程度上相当于刑事诉讼中的侦查（对职务违法行为的调查除外），如果不允许律师介入，无疑使职务犯罪行为的调查进入封闭状态。我们原来党内的违纪调查和行政违纪调查都是封闭式的,是不允许律师介入的,但这是因为被调查者与调查机关存在“特别权力关系”或调查是内部行政行为导致的。对于已经涉嫌构成职务犯罪的人员,是不能适用“特别权力关系”制度或“内部行政行为”规则的,应该允许律师介入。有学者提出的律师介入会干扰监察人员办案的观点,笔者认为也是不能成立的。不能因为律师介入可能会干扰监察案件的调查,就不赋予被调查人获得律师法律帮助的权利。正如在刑事诉讼中,不能因为有个别律师实施了干扰办案的行为就取消当事人聘请律师为其辩护的权利一样。这是两个层次的不同问题,不能混为一谈,更不能因噎废食。保障当事人的诉权是国家的庄严承诺,是国家正义和制度正义的体现;至于个别律师实施干扰办案的行为,是律师的违规、违法甚至犯罪行为,应通过法治途径予以监督和惩处。

第三,按国际惯例,任何公民人身自由受到限制或者剥夺,都有权聘请律师。上文已述,我国原来贪污贿赂、渎职侵权案件由检察机关负责侦查时,律师是可以依法介入的。其他国家和地区也基本上确立了公民人身自由受到限制或者剥夺时有权聘请律师的制度和原则。比如,香港廉政公署查处贿赂案件时就会告知被调查人有权利聘请律师。《廉政公署(被扣留者的处理)令》第4条明确规定了廉政公署调查过程中的律师参与:“被扣留者须获给予合理机会,以便与法律顾问通讯,并在一名廉署人员在场但听不见的情况下与其法律顾问商议,除非此项通讯或商议对有关的涉嫌罪行的调查或执法会构成不合理的阻碍或延迟。”上述律令第17条规定廉政公署在办案场所须张贴中文及英文告示告知被调查人前述权利。

(四)律师介入监察调查应是有条件的

笔者同时认为,律师介入监察调查工作,必须是有条件的。也就是说,不是所有的监察调查都可以介入,也都适于律师介入。要与《刑事诉讼法》的规定相一致,根据监察调查的种类和性质区别对待。2018年修改后的《刑事诉讼法》第34条规定:“犯罪嫌疑人自被侦查机关第一次讯问或者采取强制措施之日起,有权委托辩护人;在侦查期间,只能委托律师作为辩护人。”笔者在前面部分已经分析,监察过程中的讯问适用条件与刑事诉讼中的讯问是一致的,指向的都是涉嫌犯罪的人员。而监察机关在监察调查过程中可以直接采取的针对人身的强制措施——留置，其适用对象不仅包括涉嫌贪污贿赂、失职渎职等职务犯罪的被调查人，也包括涉嫌上述方面严重职务违法的被调查人。而对属于职务违法的被调查人，监察调查实际上是为了对其进行政务责任的追究，不是刑事责任的追究，不属于司法行为，而是属于“大政府”概念下的内部调查和处理行为，根据内部行政行为不可诉的原则，不应也不宜由律师进行介入。

第八章　对监察委员会的监督制约

英国法理学家边沁(Jeremy Bentham,1748～1832年)认为:“为了被统治者的福利……无论权力握在谁的手中,在运用权力的全部领域,都必须适用这种或那种制约,如果这不是完全必要的话,也至少是非常有利的。”美国学者弗里德里希(Carl Joachim Friedrich)也认为:“为了维护自由,政府是需要的,但为了将统治者控制在保护人权的宪法秩序范围以内,对其强有力的限制也是需要的。”

监察委员会成立后,由于其获得了特有的权力,不仅可以调查职务违法行为,而且可以调查职务犯罪行为;不仅可以对涉案财物采取强制措施,而且可以对涉案人员采取限制人身自由的强制措施;不仅可以提出监察建议,进行问责,而且可以直接作出政务处分决定。法律赋予监察委员会这么多权力,为其有效开展工作提供了重要保障,但任何事情都有其两面性,拥有这么多权力的机构,谁来监督它?信任不能替代监督,对监督者的监督同样必须受到重视。美国建国初期思想家汉密尔顿认为:“人类有某种程度劣根性,需要有某种程度的慎重和不信任。”①任何一种权力都有自我膨胀的天然本能,监察权同样不能例外,如果其不受有效监督,其照样会成为一个新的腐败源。

基于以上对权力自身特点和人性弱点的分析,为保障监察机构自身也能够在法治的框架内依法廉洁开展工作,对其设立内外部的监督机制不可避免。《联合国反腐败公约技术指南》第36条“专职机关”“二、3.”“独立性和

① [美]汉密尔顿、杰伊、麦迪逊:《联邦党人文集》,程逢如、在汉、舒逊译,商务印书馆1980年版,第286页。

资源”规定:“另一种保障可能是可靠的内部和(或)外部审查制度,目的是避免任何不当影响。因此,各缔约国似宜从某些国家的经验获得启迪,这些国家依赖立法机构的专门委员会实施这种监督。另有一些国家已经设立了(外部)监督或者监察委员会。”结合我国的政治体制和实际情况,我国国家监察机关应受到以下几个方面的监督制约,以保证其不会滥权。

第一节 党的监督

在我们国家,“东西南北中,党政军民学,党是领导一切的。”新中国成立后,中国共产党既是我国的领导党,也是我国的执政党,党在我们国家处于领导核心地位。党领导人民制定宪法和法律,组织政权机构,进行社会管理,党的领导、人民当家做主、依法治国是统一的。所有国家机关都必须接受党的领导,而领导又内含着监督,因此所有国家机关在接受党的领导的同时,必然接受党的监督。我国各级监察委员会是在党的领导下行使国家监察职能的专责机关,接受党的领导既是监察机关的政治优势,也是其政治义务。

党对国家监察机关的监督表现在以下几个方面:各级监察委员会接受同级党委领导;党委听取监察委员会的工作汇报并对其工作进行指导;党委监督监察委员会对党的路线、方针、政策的贯彻落实情况;党委监督监察委员会对党确定的监察体制改革要求的落实和目标的完成情况;党通过开展巡视和巡察工作,对监察机关的工作进行监督;各级监察委员会与同级纪委合署办公,实行“一套人马,两块牌子”;等等。

第二节 人大的监督制约

党的监督毕竟是政治监督,加强对监察委员会的法治监督,必须从加强其他国家机关对其的监督制约入手。

我国实行的是人民代表大会的政治体制，以人大为中心，构建我国所有的国家机构，所有其他国家机构均由人大产生，对其负责，受其监督，国家监察机关也不例外。监察委员会由各级人大产生，由于人民代表大会代表的是人民，而监察委员会是经由人大授权行使监察职能的专责机关，根据授权理论，授权者当然有权力对被授权机关履行授权职能的情况进行监督。

一、监察委员会接受人大监督的方式

（一）《中华人民共和国监察法》规定的监督方式

《中华人民共和国监察法》第 53 条规定了人大及其常委会对监察委员会监督的各种方式，如听取和审议本级监察委员会的专项工作报告，组织执法检查，提出询问或者质询。

2007 年 1 月 1 日起施行的《中华人民共和国各级人民代表大会常务委员会监督法》规定了我国各级人大常委会对其他国家机关开展监督的方式，如听取和审议人民政府、人民法院和人民检察院的专项工作报告，审查和批准决算，听取和审议国民经济和社会发展计划、预算的执行情况报告，听取和审议审计工作报告，开展法律法规实施情况的检查，对规范性文件的备案审查，询问和质询，组织对特定问题的调查，对违法失职的负责人作出撤职决定等。《中华人民共和国监察法》在《中华人民共和国各级人民代表大会常务委员会监督法》规定的监督方式范围内开展监督，保持了与原有法律的一致性。

当然，必须明确的一点是，人大作为权力机关对监察机关的监督通常只能限于宏观领域，是总体上的监督，不能就个案进行监督，否则很有可能影响监察机关独立办案和职权的正常行使。特别是，人大机关的公务员也属于监察机关的监察对象，人大代表如果担任公职也会受到监察，这就形成了一定的利害关系，如果允许人大对监察机关实施个案监督，很可能发生利益冲突，这与《中华人民共和国监察法》的立法初衷不符。人大机关相对于监察机关的关系，类似于其对国家司法机关的关系，我国的司法机关（检察院和法院），依法独立行使检察权和审判权,人大机关对他们的监督也仅限于总体上的监督,而非个案监督。

(二)宪法规定的监督方式

2018 年 3 月修正后的《宪法》第 63 条第 4 项规定,全国人大有权罢免国家监察委员会主任。相应地,地方各级人大自然也有权罢免由其选举产生的同级监察委员会主任。这也是各级人大监督国家监察机关的一种方式。

(三)专门机构的监督

2018 年 3 月 13 日,十三届全国人大一次会议第四次全体会议表决通过了大会关于设立十三届全国人大专门委员会的决定,决定设立 10 个专门委员会,分别是:民族委员会、宪法和法律委员会、监察和司法委员会、财政经济委员会、教育科学文化卫生委员会、外事委员会、华侨委员会、环境与资源保护委员会、农业与农村委员会、社会建设委员会。其中的"监察和司法委员会"就是在原"内务司法委员会"基础上成立的,除了在全国人大及其常委会领导下研究、审议和拟订有关议案外,还协助全国人大常委会行使对特定机关(国家监察机关和司法机关)的监督权,开展执法检查等。

二、监察委员会向人大常委会作专项工作报告

《联合国反腐败公约》确立反腐败机构应该具有独立性,但同时指出,所谓"独立"并不是绝对的,独立应与问责结合在一起,两者是统一的,反腐败机构在独立运作的同时,亦应该建立内外部的制约机制,如向议会或其委员会提交报告,接受审查。《联合国反腐败公约技术指南》第 6 条"预防性反腐败机构""二、4.""独立和问责制"中规定:"独立性不应被视为与问责制背道而驰。反腐败机构应该在一个确定的治理体系内开展业务,该体系应该包含适当的、正常运作的制衡机制,体系内没有任何人、任何事凌驾于法律之上。需要以各种机制对独立性予以制衡,以确保机构的透明度和问责制,例如通过向例如议会委员会这样的主管机构提交报告或者接受其审查,或者向议会提交报告,接受年度外部审计,并在需要时接受法院的司法审查。"

在前面的章节中已经论述,基于监察委员会工作的特殊性,不宜在人大全体会议上要求监察委员会报告工作,但这并不免除监察委员会向人大常委会作专项工作报告的义务。世界各国的政治体制和反腐工作机制各有不同,《联合国反腐败公约》尚且能够建议,反腐败机构向议会或其委员会提交报告接受审查,在我国人民代表大会的政治体制下,基于人民主权原则,监察机构更应该以合适方式向人大报告工作,而向人大常委会提交专项工作报告的方式,契合了我国的需要,也回应了《联合国反腐败公约》的有关要求。

第三节　检察院的制约

人民检察院是我国宪法规定的法律监督机关,依法承担着侦查监督、批准逮捕、提起公诉、民事及行政审判监督等职权。虽然国家监察机关的成立,把公职人员腐败案件的调查权转交给各级监察机关行使,但这并没有改变人民检察院的法律监督机关性质,并不妨碍检察机关继续履行其法律监督职权,毕竟除了检察院自己侦查的案件外,检察院还有很多其他职权,而且这些职权的行使更能体现检察院作为法律监督机关的性质。

根据《中华人民共和国监察法》的规定,检察院对监察委员会的制约主要体现在以下几个方面。

一、依法对被调查人采取强制措施

《中华人民共和国监察法》第 47 条规定:“对监察机关移送的案件,人民检察院依照《中华人民共和国刑事诉讼法》对被调查人采取强制措施。”而根据 2018 年修改后的《刑事诉讼法》第 170 条第 2 款的规定:“对于监察机关移送起诉的已采取留置措施的案件,人民检察院应当对犯罪嫌疑人先行拘留,留置措施自动解除。人民检察院应当在拘留后的十日以内作出是否逮捕、取保候审或者监视居住的决定。在特殊情况下,决定的时间可以延长一日至四日。人民检察院决定采取强制措施的期间不计入审查起诉期限。”也就是说，虽然采取留置措施的条件与逮捕相仿，但采取留置措施由监察机关自己决定，无须提请检察院批准，检察院对留置措施的采取本身无法监督；但检察院对于监察机关移送的已经采取留置措施的案件，不是必须立即逮捕，而是先行拘留，再区别不同情况，决定是否逮捕、取保候审或者监视居住。也就是说，检察院会根据不同情况和需要采取强制措施。这实际上对监察机关也构成一定的监督，假如检察院认为监察机关采取的留置措施过重，可以采取取保候审或者监视居住的措施来取代。

二、对移送案件进行审查，决定是否起诉

《中华人民共和国监察法》第 47 条第 2 款规定：“人民检察院经审查，认为犯罪事实已经查清，证据确实、充分，依法应当追究刑事责任的，应当作出起诉决定。”第 4 款规定：“人民检察院对于有《中华人民共和国刑事诉讼法》规定的不起诉的情形的，经上一级人民检察院批准，依法作出不起诉的决定。监察机关认为不起诉的决定有错误的，可以向上一级人民检察院提请复议。”审查决定是否提起公诉是检察院制约监察机关最为重要和主要的方式。检察院对监察机关移送起诉的案件，不是形式审查，而是实质审查，只有“犯罪事实已经查清，证据确实、充分，依法应当追究刑事责任的”，才决定起诉。这个起诉标准跟《刑事诉讼法》规定的起诉标准是完全一致的。

不起诉的情形，实际上包括两种：一种是法定不起诉，当犯罪嫌疑人没有犯罪事实，或者有 2018 年修改后的《刑事诉讼法》第 16 条规定的情形之一的，[①]人民检察院应当作出不起诉决定；另一种是酌定不起诉，对于犯罪情节轻微，依照刑法规定不需要判处刑罚或者免除刑罚的，人民检察院可以作出

① 2018 年修订后的《刑事诉讼法》第 16 条规定：“有下列情形之一的，不追究刑事责任，已经追究的，应当撤销案件，或者不起诉，或者终止审理，或者宣告无罪：（一）情节显著轻微、危害不大，不认为是犯罪的；（二）犯罪已过追诉时效期限的；（三）经特赦令免除刑罚的；（四）依照刑法告诉才处理的犯罪，没有告诉或者撤回告诉的；（五）犯罪嫌疑人、被告人死亡的；（六）其他法律规定免予追究刑事责任的。”

不起诉决定。当然,必须注意的是,由于监察机关处理案件的敏感性,好多案件社会关注度高,为避免出现错误,引起不良社会反应,出于审慎考虑,检察院决定不起诉的,必须要经上一级人民检察院批准。监察机关认为不起诉的决定有错误的,可以向上一级人民检察院提请复议。

三、退回补充调查或自行侦查

《中华人民共和国监察法》第 47 条第 3 款规定:“人民检察院经审查,认为需要补充核实的,应当退回监察机关补充调查,必要时可以自行补充侦查。对于补充调查的案件,应当在一个月内补充调查完毕。补充调查以二次为限。”退回补充调查或自行侦查,也是检察院制约监察机关的重要方式。当然,笔者建议,出于对监察机关对于腐败案件专责调查权的尊重,当事实不清需要补充核实的,应以退回监察机关补充调查为原则,只有检察机关认为“必要”时才自行补充侦查。对于二次补充侦查的案件,人民检察院仍然认为证据不足,不符合起诉条件的,应当作出不起诉的决定。当检察院自行侦查时,实际上检察院就获得了法律已经授权给监察机关行使的对于贪污受贿、失职渎职案件的调查权。

四、对部分公职人员侵权案件的直接调查权

2018 年修改后的《刑事诉讼法》第 19 条第 2 款规定:“人民检察院在对诉讼活动实行法律监督中发现的司法工作人员利用职权实施的非法拘禁、刑讯逼供、非法搜查等侵犯公民权利、损害司法公正的犯罪,可以由人民检察院立案侦查。”此处之所以用“可以”,是因为这类案件本身属于公职人员滥用职权的案件,这类案件的调查权已经被《中华人民共和国监察法》赋予给了监察机关,一般应由监察机关行使,但 2018 年修改后的《刑事诉讼法》亦将此权赋予给检察机关行使,成为两个机关的共有权力。“可以”的意思包含两层,即是说,可以行使,也可以不行使,判断权在检察院。检察院通过分享部分公职人员侵权案件的调查权,实际上构成了对监察机关行使职权的一定程度的制约。

当然,2018 年修改后的《刑事诉讼法》的这个规定,与修改之前《刑事诉讼

法》第 18 条第 2 款中“国家机关工作人员利用职权实施的非法拘禁、刑讯逼供、报复陷害、非法搜查的侵犯公民人身权利的犯罪以及侵犯公民民主权利的犯罪，由人民检察院立案侦查”的规定有如下几个不同点：一是检察机关可管辖的此类案件犯罪嫌疑人主体不同，2018 年修改《刑事诉讼法》之前，是“国家机关工作人员”，修改后则仅限于“司法工作人员”；二是检察机关可管辖的案件涉嫌犯罪的客体不同，2018 年修改《刑事诉讼法》之前，规定的是对人身权利和民主权利的侵犯，而 2018 年修改《刑事诉讼法》后，则概括使用“侵犯公民权利”的提法，且没有列举“报复陷害”的情形，但增加了“损害司法公正”的表述；三是发现的时间不同，2018 年修改《刑事诉讼法》之前，没有限制，2018 年修改《刑事诉讼法》后，则仅限于“人民检察院在对诉讼活动实行法律监督中发现的”。

至于上面所述的“司法工作人员”是否包含监察人员，必须从监察工作的实质和性质上进行分析。我国《刑法》第 94 条规定：“本法所称司法工作人员，是指有侦查、检察、审判、监管职责的工作人员。”由此可见，依法从事刑事案件侦查的人员属于“司法工作人员”。在前面的部分已经论述，虽然监察机关工作人员从事职务犯罪案件的“调查”工作，不是“侦查”工作，而且其“调查”行为不适用《刑事诉讼法》的规定，从表面上看，似其不属于“司法工作人员”，但其工作毫无疑问具有司法性，因为其调查活动的目的就是为了确认是否使被调查人得到刑事追究，本质上与“侦查”无异，只是为了将监察机关的职权与其他机关区别开来而使用了“调查”一词而已。所以，笔者认为，此处应将“司法工作人员”的概念作广义理解，应包含监察机关工作人员，但仅限于从事职务犯罪调查的监察人员。

第四节　法院的制约

人民法院对于监察机关的制约，是通过审判活动中“非法证据排除规则”和裁判相关罪名是否成立来实现的。前者发生在审判活动之中，后者发生在审判活动结束时;前者从程序上,后者从结果上,倒逼监察机关要依法取证、依法办案。

一、非法证据排除

"非法证据排除规则"指的是通过非法手段获得的证据不能作为定案的根据。它体现了"毒树之果不能采"的理念。之所以一定要确立"非法证据排除规则",是因为不如此不能够从根本上消除刑讯逼供等非法取证行为发生,只要是非法手段获得的证据,不管证据本身是否是真实客观的,都必须予以排除。

我国《刑事诉讼法》的规定中就有"非法证据排除规则"。2018 年修改后的《刑事诉讼法》第 52 条中规定:"严禁刑讯逼供和以威胁、引诱、欺骗以及其他非法方法收集证据,不得强迫任何人证实自己有罪。"上述《刑事诉讼法》第 56 条中规定:"采用刑讯逼供等非法方法收集的犯罪嫌疑人、被告人供述和采用暴力、威胁等非法方法收集的证人证言、被害人陈述,应当予以排除。"在刑事诉讼立法中确立"非法证据排除规则",体现了我国的司法文明,是以程序正义确保实体正义的重要保障。

《中华人民共和国监察法》遵从诉讼的基本规律和基本原则,在立法中确立了"非法证据排除规则"。该法第 33 条规定:"监察机关依照本法规定收集的物证、书证、证人证言、被调查人供述和辩解、视听资料、电子数据等证据材料,在刑事诉讼中可以作为证据使用。监察机关在收集、固定、审查、运用证据时,应当与刑事审判关于证据的要求和标准相一致。以非法方法收集的证据应当依法予以排除,不得作为案件处置的依据。"这一规定实际上解决了三个问题:首先是非法证据的排除问题。其次是监察机关收集的证据材料可以直接在刑事诉讼中作为证据使用,而无须进行转换,避免了重复调查(侦查)问题,克服了原有体制机制的弊端,节省了司法资源,提高了诉讼效率。最后是因为监察机关收集的证据可以在刑事诉讼中直接适用,故而提高了对证据的要求——与刑事审判关于证据的要求和标准相一致。试想一下,如果监察机关收集的证据证明标准较低,将无法堪此大任,也无法将监察程序与刑事诉讼程序有机地、协调地衔接在一起。

二、法院判决的监督

案件由监察机关移送检察院,经审查提起公诉后,经法院审理,对于案件事实清楚,证据确实、充分,依据法律应当认定被告人有罪的,法院作出有罪判决;依据法律应当认定被告人无罪的,法院作出无罪判决;证据不足,不能认定被告人有罪的,法院应当作出证据不足、指控的犯罪不能成立的无罪判决。法院作出的有罪或无罪判决,是对监察机关调查结论的直接评价,是对监察机关办案水平和质量的检验,也是对其工作的制约。

当然,由于历史和法治发展水平的原因,我国的刑事诉讼过去一直以侦查为中心,侦查机关在刑事诉讼过程中享有较大的权力和强势的地位。甚至有一段时期,党内领导协调政法机关工作的政法委书记一度由当地的公安局长来兼任,领导协调包括检察院、法院在内的整个政法系统的工作,实际上构成了公安机关在整个刑事诉讼过程中的主导地位,检察院、法院对公安机关配合有余而监督不足,冤假错案难以避免发生,侵害当事人诉讼权利之事也屡禁不绝。为了更好地保护人权,推进司法制度文明与进步,我国近些年积极推动司法体制改革。2014 年 10 月 23 日中国共产党第十八届中央委员会第四次全体会议通过了《中共中央关于全面推进依法治国若干重大问题的决定》,当中提出:"推进以审判为中心的诉讼制度改革,确保侦查、审查起诉的案件事实证据经得起法律的检验。"这是我国司法制度的重大改革和巨大进步。以审判为中心,将正式确立法院在整个刑事诉讼过程中的中心地位和最终的裁判功能,正如美国当代法学家德沃金所言:"法院是法律帝国的首都。"①一切侦查(调查)、公诉行为及其结论都必须经过法院庭审的严格检验,庭审在查明事实、认定证据、保护诉权、公正裁判中发挥决定性作用,它对审前程序(侦查、调查、公诉)起到重要的引导和制约功能,纠正原诉讼制度之偏,重塑科学公正的诉讼体制。随着司法体制改革的推进,最高人民法院设立巡回法庭,推动省以下地方法院、检察院人财物统一管理,探索建立与行政区划适当分离的司法管辖制度,随着这些改革措施

---

① [美]罗纳德·德沃金:《法律帝国》,李常春译,中国大百科全书出版社 1996 年版,第 361 页。

的逐步落实，相信法院的审判独立性将不断提高，其对监察机关的制约将不断增强。

第五节　政协监督

一、政协监督的地位和作用

2018 年 3 月 11 日修正的《宪法》在序言中规定了政协的性质和作用："中国人民政治协商会议是有广泛代表性的统一战线组织，过去发挥了重要的历史作用，今后在国家政治生活、社会生活和对外友好活动中，在进行社会主义现代化建设、维护国家的统一和团结的斗争中，将进一步发挥它的重要作用。中国共产党领导的多党合作和政治协商制度将长期存在和发展。"这既是对政协历史和现实的描述，也是其开展工作的宪法依据。

政协的职能具体是在政协章程中规定的。2018 年 3 月 15 日修订的《中国人民政治协商会议章程》第 3 条第 1 款规定："中国人民政治协商会议全国委员会和地方委员会的主要职能是政治协商、民主监督、参政议政。"就"民主监督"而言，第 3 款规定："民主监督是对国家宪法、法律和法规的实施，重大方针政策、重大改革举措、重要决策部署的贯彻执行情况，涉及人民群众切身利益的实际问题解决落实情况，国家机关及其工作人员的工作等，通过提出意见、批评、建议的方式进行的协商式监督。"第 7 条规定："中国人民政治协商会议全国委员会和地方委员会密切联系各方面人士，反映他们及其所联系的群众的意见和要求，对国家机关和国家工作人员的工作提出建议和批评，协助国家机关进行机构改革和体制改革，改进工作，提高工作效率，克服形式主义、官僚主义、享乐主义和奢靡之风，加强廉政建设。"

很明显，政协的职能中包含了对国家机关及其工作人员工作的监督，包括协助国家机关克服形式主义、官僚主义、享乐主义和奢靡之风，加强廉政建设，等等。只不过这种监督并不是法定的、强制性的监督，而是"协商式"监督。据此,政协对国家机关之一的监察机关及其工作人员工作是可以开展监督的。

二、政协监督的方式

(一)视察、考察和调查

《中国人民政治协商会议章程》第 11 条规定:“中国人民政治协商会议全国委员会和地方委员会组织委员视察、考察和调查,了解情况,就各项事业和群众生活的重要问题进行研究,通过建议案、提案、社情民意信息和其他形式向国家机关和其他有关组织提出建议和批评。”①

(二)提出意见、批评、建议,检举和揭发

《中国人民政治协商会议章程》第 7 条规定:“中国人民政治协商会议全国委员会和地方委员会……对国家机关和国家工作人员的工作提出建议和批评”。第 27 条规定:“参加中国人民政治协商会议全国委员会和地方委员会的单位和个人,有通过本会会议和组织充分发表各种意见、参加讨论国家大政方针和各该地方重大事务的权利,对国家机关和国家工作人员的工作提出建议和批评的权利,以及对违纪违法行为检举揭发的权利,参加有关部门组织的调查和检查活动。”上述提出意见、批评、建议的监督方式,虽无法律强制力,但由于我国政协实际上的国家机关地位,政协的监督作用在我国的实际政治生活中依然是很重要的。其他机关对于政协的提案还是很重视的,办复率非常高,政协机关还设有专门的“提案委员会”来跟进有关提案工作。②至于对违纪违法行为检举揭发的权力,由于政协的特殊地位,也会更受到有关机关的重视。

---

① 根据《关于十二届全国政协提案工作情况的报告》,十二届全国政协任职期间,视察调研的监督性议题逐年增加,由 2015 年的 12 项占 11%,发展到 2017 年的 20 项占 28%。参见中国人民政协会议全国委员会网站:http://www.cppcc.gov.cn/,2018 年 12 月 8 日最后访问。

② 根据《关于十二届全国政协提案工作情况的报告》,在第十二届政协任职的五年间,共收到政协委员提案 29378 件,经审查立案 23975 件,办复率高达 99%。报告指出,有相当一部分提案是关于治理懒政怠政、打击商业贿赂和职务犯罪等建议,为深入推进党风廉政建设和反腐败斗争发挥了积极作用。参见中国人民政协会议全国委员会网站:http://www.cppcc.gov.cn/,2018 年 12 月 8 日最后访问。

（三）政协专门机构的监督

《中国人民政治协商会议章程》第49条规定："中国人民政治协商会议全国委员会根据工作需要，设立若干专门委员会及其他工作机构，由常务委员会决定。专门委员会在工作中应发挥基础性作用。"2018年3月十三届全国政协成立的专门委员会有10个，分别是提案委员会、经济委员会、农业和农村委员会、人口资源环境委员会、教科文卫委员会、社会和法制委员会、民族和宗教委员会、港澳台侨委员会、外事委员会、文化文史和学习委员会。除了提案委员会是对所有提案工作跟踪处理外，其他的委员会都专注于某个社会领域的工作，对该领域的工作提出意见建议，同时也会起到监督作用。其中，社会和法制委员会，更多的是对社会事业和法制工作进行监督，相信会对监察委员会的工作给予更多的关注。

第六节　社会监督和舆论监督

《中华人民共和国监察法》第54条规定："监察机关应当依法公开监察工作信息，接受民主监督、社会监督、舆论监督。"政协监督是民主监督的主要形式，在上一部分已经阐述。社会监督主要是指公民、法人和其他组织对监察机关及其工作人员履职行为的监督。舆论监督，主要是传统媒体（报纸、广播、电视等）和新兴媒体（网络）的监督，通过披露腐败事件，形成一定的舆论氛围，产生一定的压力，从而督促案件调查，起到监督作用。为了便于接受社会监督和舆论监督，监察机关应该主动公开监察工作信息，但以下几点应该注意把握。

一、政务公开的原则和例外

阳光是最好的杀毒剂和防腐剂，防止"暗箱操作"最好的办法就是将工作内容和程序尽可能地公开，这对于撇除社会的怀疑，提高国家机关社会公信力具有积极意义。政务公开是包括监察机关在内的所有国家机关的责任。

但与此同时,监察机关在公开监察信息时,也要兼顾到一些原则,这些原则构成了监察工作政务公开的例外情形。比如国家秘密、商业秘密和个人隐私不予公开原则。其中,国家秘密属于绝对不公开范围,商业秘密和个人隐私属于相对不公开范围。尊重和保护人权,是我国宪法确立的原则,坚定地维护这一原则是监察机关应尽的义务,监察机关应尽量减少甚至杜绝不当的披露,尤其是对个人隐私的不当披露。国务院于2007年4月5日通过了《中华人民共和国政府信息公开条例》,该条例自2008年5月1日起施行,并于2019年4月3日进行了修订。但该条例只规范行政机关的信息公开工作,①建议制定《国家机关信息公开法》,统一规范包括监察机关在内的所有国家机关的信息公开工作。

二、民众和舆论监督的法律规制

民众和舆论的监督,必须在法治的框架内进行。近些年,随着网络等新兴媒体的出现,新兴媒体在揭露腐败线索方面发挥了积极的作用,但也衍生了诸多的问题。事实上,互联网和民众反腐的积极性都是“双刃剑”,运用得当,会及时发现腐败线索,让腐败行为无处藏身,促进反腐败事业的发展;运用不当,会成为民粹主义宣泄的地方,成为造谣和抹黑、人身攻击、侵犯别人权益的阵地,成为社会不稳定的策源地。欧洲中世纪经院哲学家托马斯·阿奎那曾经说过:“人类法是为大多数人制定的,而大多数人在道德上都远不是完美无瑕的。”②美国当代法学家德沃金也认为:“多数人组成的专制不只是一种民主制的瑕疵,而且是对民主制的否定。”③而如何对待“多数人的专制”,德

① 经2019年4月3日修订后的《中华人民共和国政府信息公开条例》第2条规定:“本条例所称政府信息,是指行政机关在履行职责过程中制作或者获取的,以一定形式记录、保存的信息。”第54条规定:“法律、法规授权的具有管理公共事务职能的组织公开政府信息的活动,适用本条例。”第55条第1款规定:“教育、卫生健康、供水、供电、供气、供热、环境保护、公共交通等与人民群众利益密切相关的公共企事业单位,公开在提供社会公共服务过程中制作、获取的信息的,依照相关法律、法规和国务院有关主管部门或者机构的规定执行。全国政府信息公开工作主管部门根据实际需要可以制定专门的规定。”

② [爱尔兰]J. M. 凯利:《西方法律思想简史》,王笑红译,汪庆华校,法律出版社2002年版,第147~148页。

③ [美]罗纳德·德沃金:《自由的法:对美国宪法的道德解读》,刘丽君译,林燕平校,上海人民出版社2001年版,第95页。

沃金认为:"权利制度是至关重要的,因为它代表了多数人对尊重少数人的尊严和平等的许诺。"①

针对上述种种问题,国家监察机关必须牢牢掌握腐败调查的主动权和主导权,主动依法披露有关信息,独立公正地开展调查,避免被舆论牵着鼻子走,避免有关的调查活动误入歧途。同时,要健全个人权利尤其是隐私权的保护制度,对于任何个人信息的披露都必须接受法律的规制,对于任何侵犯别人隐私权的行为都必须依法进行追究。

第七节　监察委员会的内部监督机构

对监察机关的监督,除了外部监督——看上去更独立、客观、公正的监督外,大多数国家都设立了内部监督机构。事实证明,并不是有了外部监督机构后,就不需要再建立内部监督机制了,这是因为内部监督机构有其存在的必要性与合理性。外部监督,虽然较为独立,但外部监督往往具有事后性、延迟性等特征,发现问题时,往往违纪违法后果已经发生,社会影响已经造成,监督行为往往属于事后的矫治和追责。而内部监督机构,由于设置于被监督对象内部,可以开展日常监督,除了事后的监督外,更多的属于事前和事中的监督,可以更及时发现苗头性问题,随时提醒警示、干预和纠正违纪违法行为,避免严重后果的产生和进一步严重化。

事实上,加强对纪检监察干部的内部监督,防止出现"灯下黑",是我国纪检监察机关许久以来就积极探索解决的命题。党的十八届三中全会后,中央纪委决定成立纪检监察干部监督室,加强对中央纪委监察部机关、各省区市、中央和国家机关纪检监察干部的执纪监督。这一内部的监察机制在保证建设一支忠诚、干净、担当的纪检监察干部队伍方面发挥了重要作用。随着国

① [美]罗纳德·德沃金:《认真对待权利》,信春鹰、吴玉章译,中国大百科全书出版社 1998 年版,第 135 页。

家监察体制改革后各级监察委员会的成立,加强对新形势下监察人员的监督,成为一个摆在国家监察机关面前新的课题。《中华人民共和国监察法》第55条规定:“监察机关通过设立内部专门的监督机构等方式,加强对监察人员执行职务和遵守法律情况的监督,建设忠诚、干净、担当的监察队伍。”由于我国监察机关设立内部专门监督机构是在现有基础上进行的,故设立纪检监察干部监督室的做法得以保留。

第八节 完善对我国监察机关监督的内外部监督机制的建议

一、其他国家和地区对反贪机构建立内外部监督机制的探索

(一)马来西亚对反贪污委员会的五大制约机制①

反贪污委员会是马来西亚的专职反贪机构。为加强对该机构的监督,马来西亚建立了五大制约机制。包括反贪污顾问团、肃贪特别委员会、投诉委员会、运作评估小组、咨询与防范贪污小组。它们主要是监督及给予反贪污委员会咨询,以及确保反贪污委员会在有效率独立和透明下履行责任。这五个机构的成员都是本身廉洁、在自己的服务及专业领域表现良好的人士。其中咨询与防范贪污小组、运作评估小组是依据行政命令成立的,其他三个机构均是依据法律成立的。

反贪污顾问团是根据2009年马来西亚反贪污委员会法令(694号法令)第13条成立的。反贪污顾问团成员由最高元首委任,他们廉洁诚信,并在公共服务领域表现杰出或在相关专业领域取得卓越成就。根据该法令第13(1)(b)条文规定,反贪污委员会首席专员受委为反贪污顾问团的当然委员。反贪污顾问团的职权范围包括:针对国内任何贪污事件给予反贪污委员会劝告;针对反贪污委员会制定的反贪污政策和策略给予劝告;接受、评估和认可反贪污

① 此部分内容参见马来西亚反贪污委员会官方网站:http://www.sprm.gov.my/index.php/cn/,2018年5月11日最后访问。

委员会的建议,以提升反贪污委员会的效率;评估和认可反贪污委员会的资源需求以确保其绩效水平;评估反贪污委员会的常年报告,再提呈予肃贪特别委员会。

肃贪特别委员会是根据2009年马来西亚反贪污委员会法令(694号法令)第14条建立的。该委员会的所有成员由参众两院的议员组成的委员会予以任命。上述法律条款还申明,肃贪特别委员会的成员不能是行政机构的成员。关于肃贪特别委员会职权的条款包括:就马来西亚的反贪问题的任何方面向总理提出建议;检查反贪污委员会的年度报告;检查反贪污顾问团就反贪污委员会的职能运作给予的评价;就反贪污委员会的年度报告和反贪污顾问团就反贪污委员会的职能运作给予的评价,要求上述两机构予以澄清和解释。

投诉委员会是根据2009年马来西亚反贪污委员会法令(694号法令)第15条成立的,其成员由首相委任。投诉委员会的职权范围包括:监督反贪污委员会在接获投诉反贪污委员会官员行为不当(但非违法犯罪行为)的处理过程;以及鉴定反贪污委员会作业程序上可能引起投诉的缺点,并就有关作业程序提出认为恰当的改善建议。

行动评估小组是通过行政命令成立的,其成员由首相委任,他们拥有各自的专业及代表相关专业团体,并有能力监督反贪污委员会行动的独立与透明。行动评估小组对于调查案件被提控或结案起着制衡作用。若不满反贪污委员会提呈的解释,行动评估小组也可建议相关案件重新研究。行动评估小组的职权具体包括:接受和评估反贪污委员会接获的所有投诉,以及评估反贪污委员会对该投诉所采取的行动;接受和评估反贪污委员会有关调查期超过12个月的报告;接受反贪污委员会针对保释犯人超过6个月的报告;劝告和建议接受和评估反贪污委员会针对主控官所作出的调查决定的报告;接受和评估反贪污委员会有关提呈给主控官但超过6个月没有作出任何调查决定的报告;针对没有被提控的案件提供意见;评估、检讨及向反贪污顾问团提出提升反贪污委员会的反贪措施效率,以及调查行动效率的建议;以及将有关反贪污委员会调查行动的常年报告和行动评估小组评语提呈给首相。

咨询与防范贪污小组也是通过行政命令成立的,其成员由首相委任,他们代表不同的社会群体,如学者、商会、媒体专家、社会活动家以及其他团队,他们被认为能够帮助反贪污委员会落实其目标,建立一个对各领域的贪污腐败现象感到憎恶的社会。咨询与防范贪污小组的职权范围包括:评估并向反贪污委员会建议公共和私人领域应给予重点或优先关注的作业程序和体制,而有关作业程序和体制可能为贪污犯罪提供空间和机会;评估和改善反贪污委员会就遏制公共和私人领域贪污犯罪空间和机会所提呈的报告;不时针对重点关注项目制定良好的做法(最佳实践);针对公共关系与宣传计划和各项运动的有效实施给予反贪污委员会劝告和建议,以提高公众对贪污犯罪的觉醒,并争取公众的支持;不时监督民众对贪污以及反贪污委员会的肃贪措施的态度和看法,并针对应采取的行动提出建议;成为主要协调成员,协助反贪污委员会获取公众、媒体和相关领域对反贪污委员会的反贪措施的支持;评估、检讨及向反贪污顾问团提出提升反贪污委员会的反贪措施效率的建议;以及将咨询与防范贪污小组就反贪污委员会的活动与计划的表现所作的常年报告、评语及建议提呈给首相。

综合上述,马来西亚对反贪污委员会的制约机制有以下四个特点:一是法治性和行政性兼具,五个监督机构中,根据法律成立的有三个,根据行政命令成立的有两个,各自发挥了不同的作用,根据行政命令成立更具有灵活性;二是监督的全方位性,五个机构有的给予整体上的监督,对法律制度和政策提出意见和建议,也有的开展个案上的监督,对办案流程和结果进行跟踪监督;三是监督制约和工作配合相结合,监督的同时,也为反贪污委员会的工作改善提出建议,协助其做好社会机构的防腐工作;四是防腐和反腐并重,打击腐败的同时,也致力于帮助堵塞腐败漏洞,减少腐败机会。

(二)我国香港特别行政区对廉政公署的制约机制①

我国香港特别行政区廉政公署依法拥有广泛的监督和调查职权,它可以查处一切贪贿行为,不仅包括政府部门和公共机构,甚至还包括一些事关公共利益的私营机构。但香港特别行政区廉政公署并没有因为拥有广泛职权

① 此部分内容参见香港特别行政区廉政公署官方网站:http://www.icac.org.hk/sc/home/,2019年5月11日最后访问。

而出现滥权,自成立以来一直获得香港居民的高度认可,一个重要的原因就是廉署建立了多层次内外部监督机制。

1. 四个咨询委员会

行政长官委任社会贤达,组成四个咨询委员会,监察廉政公署各方面的工作。这些委员会均由官守和非官守委员混合组成,并由非官守委员出任主席,以体现它的独立和公正性。

(1)贪污问题咨询委员会。该委员会负责监察廉政公署的整体工作方针及在政策上提供意见。职权范围包括:就香港的贪污问题向廉政专员提供意见,并负责监察廉政公署在执行职务、人手编制及行政事务上的政策;就廉政专员根据《廉政公署条例》第8(2)条所考虑采取的行动提供意见;听取廉政专员报告廉署对属员所采取的纪律处分;审核廉政公署每年的开支预算;在廉政公署年报呈交行政长官前予以审阅;每年向行政长官提交委员会的工作报告。有需要时,向行政长官反映委员会所关注有关廉署运作或所面对的任何问题。

(2)审查贪污举报咨询委员会。该委员会负责监察廉政公署的调查工作。职权范围包括:听取廉政专员报告廉署接获的所有贪污举报及廉署如何处理这些举报;听取廉政专员报告所有历时超过一年或需要动用大量资源的调查个案之进展;廉政专员须尽早向委员会报告由其授权进行搜查的次数及理由,并解释急需进行搜查的原因;听取廉政专员报告疑犯获廉署保释超过6个月的所有个案;听取廉政专员报告廉署已完成调查的个案,并就律政司决定不予检控或警戒的案件,建议应采取的行动;听取廉政专员报告在廉署管辖范围内所作检控的结果及其后的上诉结果;就廉署管辖范围内进行调查所得到的资料,向廉政专员建议哪些资料应送交有关部门、公共机构、其他机构或个别人士,或在特殊情况下,如有关资料于委员会开会前因有需要而已经递交,则委员会在其后会议中,须就该行动进行审议;就廉政专员向委员会提出的其他事项,或主动就任何事项提供意见;向行政长官反映任何值得关注的执行处运作或该委员会所面对的任何问题;向行政长官提交年报,内容须向公众发表。

审查贪污举报咨询委员会(审咨委)在香港特别行政区的反贪体制中发

挥了关键的监督作用。廉署调查的每宗案件,都要向审咨委交代。任何案件若想终止调查处理,都必须得到审咨委同意。香港特别行政区《防止贿赂条例》规定,所有接获的举报经执行处处长级人员初审后,初分为可追查的举报和不追查的举报两类。对于所有拟不予追查的举报,全部送交审咨委处理;可追查的举报则全部交各调查小组调查。对于在调查过程中显示无贪腐证据、拟不予检控的举报送审咨委;有证据的调查结果交律政司,由律政司司长决定是否检控。案件起诉后若法院认定有关罪名不成立,也要转交审咨委,由其讨论决定后续处理办法,对虽不构成犯罪但构成违规违纪的,移交有关机构或部门进行纪律或行政处分。足可以看出,审咨委在举报案件的处理中,发挥了重要的把关作用,案件往前调查推进自没问题,一旦终止调查或不予追究刑事责任,都须转交审咨委决定,以防止有徇私舞弊、包庇情况发生,这就从根本上杜绝了选择性办案,维护了适用法律和公职纪律的平等原则。

(3)防止贪污咨询委员会。该委员会负责向廉政公署建议防贪研究的优先次序及审阅所有完成的防贪研究报告。职权范围包括:听取及要求廉政公署报告有关政府部门、公共机构及私营机构在工作常规及程序上可能助长贪污的地方,并向廉政专员建议应予以审查的项目及审查的先后次序;研究根据审查结果而作出的各项建议,并就进一步行动向廉政专员提供意见;监察根据该咨询委员会的意见而作出的建议如何实施。

(4)社区关系市民咨询委员会。该委员会负责向廉政公署建议推行倡廉教育及争取社会各界支持廉政工作的策略。职权范围包括:向廉政专员建议如何争取公众支持打击贪污及如何教育公众认识贪污的害处;听取及要求廉政公署社区关系处报告为达致上述目标而进行的工作;监察公众对廉署工作的反应以及对贪污所持的一般态度。

2. 廉政公署事宜投诉委员会

廉政公署事宜投诉委员会独立运作,监察及复检所有涉及廉署及廉署人员的非刑事投诉。委员会成员由行政长官委任,包括立法会议员和社会贤达。独立运作的廉政公署事宜投诉委员负责听取和审议涉及廉署或其职员的非刑事投诉的调查报告,并在有需要时向廉政专员建议应采取的纪律处分或行政上的跟进。当然,负责监察廉署的贪污问题咨询委员会亦会听取和审视由廉政专员报告廉署对职员所采取的纪律处分。对违规的廉署人员会按个别违规情况,采取不同程度的纪律处分,包括口头警告、书面警告等,最严重的会被革职。

3. 内部调查及监察组(L组)

廉署的内部调查及监察组(L组)专责调查涉及廉署人员的违纪行为和贪污指控,以及涉及廉署或其职员的非刑事投诉。有关廉政公署人员的所有刑事投诉,不论是否涉及贪污指控,均须知会律政司司长,由他决定应否由廉政公署或其他执法机构调查。廉政公署必须就所有调查结果向律政司司长及审查贪污举报咨询委员会提交报告。为免受影响,该机构单独在异地办公,不设在廉署总部大楼。

除上述监督机构外,香港特别行政区的廉政公署还受到以下几个方面的监督:一是来自行政长官和行政会议的监督,廉政公署直接向行政长官负责,"负责"就内含了受其监督,廉政专员亦须定期向行政会议汇报工作。二是来自立法会监督,立法会有权赋予或撤销廉政公署的权力,并要求廉政专员出席立法会会议,解答有关廉政公署的政策及经费的问题。三是来自检控权的监督,香港特别行政区实行调查、检控分开的反腐体制,廉政公署调查后不能直接提起公诉,而应将案件转交律政司,由律政司司长决定是否检控,这就使得廉署的调查结论要受到律政司的审查。四是司法监督,香港特别行政区司法权独立行使,在廉署调查程序中和调查程序后都会形成对调查权的强有力制约。调查程序中的监督,包括廉政公署行使某些权力前,必须事先获得法庭的准许;而调查程序之后的监督,就是通过审理对案件作出判决,间接对廉政公署的调查工作给予评判,廉政公署也会谨慎研究法官就调查工作所提出的意见或批评,检讨和优化相关的执法程序。五是传媒的监督。在香港特别行政区,媒体是完全独立的,透过传媒监督,不断提高廉政公署对社会的责任意识。

通过比较我国香港特别行政区廉政公署的制约机制和马来西亚反贪污委员会的制约机制,可以看出,两者的机构设置和功能存在一定的相似性。例如,我国香港特别行政区的"贪污问题咨询委员会"的职能,在马来西亚基本由"反贪污顾问团"和"肃贪特别办公室"来行使,侧重从整体上对反贪肃贪工作方针和政策提供意见,就反贪工作向政府的最高领导人提出意见和建议;马来西亚监督反贪机构的“投诉委员会”行使类似香港特别行政区“廉政公署事宜投诉委员会”行使的职能,对违纪违法的廉政机构工作人员的的处理进行跟踪监督;而马来西亚监督反贪污委员会的“职能运作评估小组”的工作与香港特别行政区的“审查贪污举报咨询委员会”工作有极高的相似度,都是对反贪机构的日常工作的每一起案件进行严格监督,严格把关,防止出现“漏网之鱼”;而马来西亚监督反贪机制中的“咨询与防范小组”综合行使了香港特别行政区“防贪咨询委员会”和“社会关系咨询委员会”的功能,从协助社会机构健全制度、堵塞贪污漏洞和加强反贪社会教育入手,致力于防贪和整个社会廉洁意识的提升。

上述不同国家和地区监督反贪机制的高度契合性充分说明,不管政治体制如何,反贪工作终有一定的规律可循,对反贪机构工作的监督,亦有一定的规律可循,有其共同的特点。这些都是在反贪工作开展和监督反贪机构工作过程中逐渐形成和总结出来的。认清和尊重这些规律,对于我们国家健全和完善对反贪机构的监督机制有重要的借鉴意义。

二、建议设立“纪检监察干部监督咨询委员会”

吸收借鉴以上国家、地区的经验,笔者认为,有必要在目前已有的内外部监督机制的基础上,进一步完善对我国监察机关的监督。当然,这不是说,为了加强监督的实效性,必须要设立一个专门的实体性的外部机构来专门监督监察委员会的工作。因为这不符合我们党和政府“精兵简政”的要求,会陷入无休止设立机构的怪圈之中。任何一个机构理论上都有滥权的可能性,客观上都需要另设一个机构对其进行监督,以至于出现机构设立的无限化。这是不现实的。

笔者认为,在排除了建立实体性的外部监督机构的情况下,为更有效加强对监察机构的监督,增加民主监督成分,尝试建立一种内外部结合的监督机制,是一种较为现实可行的方案。在这方面,我国香港特别行政区对廉政公署的监督做法和经验,为我们提供了重要借鉴。笔者建议,在我国现有的纪检监察系统建立的“纪检监察干部监督室”的基础上,可以考虑设立“纪检监察干部监督咨询委员会”,由当地人大常委会委任纪检监察机关的代表、同级人大代表、政协委员和其他社会贤达组成。之所以要有纪检监察机关的代表,是因为他们更了解纪检监察工作和纪检监察人员的有关情况,可以通报和介绍有关情况,作为被监督一方的利益代表,可以依法为纪检监察干部发声,依法维护纪检监察干部群体利益;委任人大代表、政协委员和其他社会贤达,可以扩大监督的民意基础和民主成分,增强监督的民主性和社会公信力。

从监督的事项和权限来说,“纪检监察干部监督咨询委员会”仅对纪检监察干部的违纪违法问题处理进行监督。凡“纪检监察干部监督室”对纪检监察工作人员违纪违法行为追究责任与不追究责任的任何决定,都必须在作出前征求该咨询委员会意见,咨询委员会的意见应记录在案。“纪检监察干部监督咨询委员会”不对纪检监察机关的日常工作实施监督。一是为了保障纪检监察机关依规依法独立行使监察权,避免不必要的干扰;二是因为对纪检监察机关工作的监督已经有制度化的途径,无须再设置其他途径;三是考虑到该咨询委员会委员主要由人大代表、政协委员和其他社会贤达构成,而这些成员与纪检监察机关的监察对象具有一定的竞合性,如果允许其对纪检监察机关的日常监察工作实施监督,可能会产生利益上的冲突。

至于要否成立类似香港特别行政区廉政公署的贪污问题咨询委员会、审查贪污举报咨询委员会、防止贪污咨询委员会、社区关系市民咨询委员会等机构,笔者认为,没有必要。我国的各级监察委员会和纪委都是集体制决策机构,就反贪防贪的大的方针政策进行把握,实际上已经行使了类似香港特别行政区廉政公署的贪污问题咨询委员会的职能;而鉴于案件在调查阶段的保密性,也不宜成立类似香港特别行政区廉政公署审查贪污举报咨询委员会的机构;至于香港特别行政区廉政公署的防止贪污咨询委员会和社区关系市民咨询委员会,我国监察委员会的相关机构在开展防贪、预防职务犯罪工作时,多听取社会意见即可,无须成立专门机构。

三、特约监察员制度

(一)特约监察员制度的发展

1987 年 7 月监察部正式恢复成立后,随着行政监察工作的逐步展开和深入进行,监察部门在工作实践中越发觉得有必要发挥人民群众的参与作用推动和规范监察工作,于是聘请特邀监察员被摆上议事日程。1991 年 12 月 24 日监察部发布了《监察部聘请特邀监察员办法》,开始了监察机关聘请特邀监察员参与监察工作的探索。随着对实践工作的不断总结,2013 年 10 月 10 日,监察部发布第 32 号令,公布了新的《监察机关特邀监察员工作办法》,逐步规范了特邀监察员的任职条件、职责范围、权利义务、聘任程序、解聘情形、工作保障等事项,特邀监察员制度逐渐成熟。2018 年随着监察体制改革的推进,我国的监察体制和宪制体制都发生了很大的变化,因应新形势发展的需要,中央纪委、国家监委于 2018 年 8 月 24 日印发了《国家监察委员会特约监察员工作办法》,对特约监察员的聘任及其职能发挥有了更科学完备的规定。

(二)特约监察员的职能演变

我国特约监察员制度自 1991 年确立以来,虽一脉相承,但若对此制度进行仔细研究的话,特约监察员的职能还是发生了一些微妙的变化。

1991 年 12 月制定的《监察部聘请特邀监察员办法》第 1 条开宗明义地指出了设立特邀监察员的初衷,“为密切联系人民群众,充分发挥人民群众对国家行政机关及其工作人员的监督作用”,其中的“充分发挥人民群众对国家行政机关及其工作人员的监督作用”一句更是一针见血地道出了特邀监察员的核心职能,即辅助行政监察机关对国家行政机关及其工作人员实施监督。这一点,在该部门规章第 4 条“特邀监察员的主要职责”中得到进一步体现。该条第 1 项规定,特邀监察员“了解并反映国家行政机关及其工作人员和国家行政机关任命的其他人员执行国家法律、法规、政策和决定、命令的情况”;第 2 项规定,特邀监察员“反映、转递人民群众对国家行政机关及其工作人员和国家行政机关任命的其他人员违法违纪行为的检举、控告,以及法律、法规规定的应由监察部受理的申诉”。由上可以看出,特邀监察员主要是辅助行政监察机关对国家行政机关及其工作人员实施监督,拓展监督信息源。该条第 5 项虽然规定,特邀监察员“反映人民群众对监察机关建设和执法情况的意见和要求”,但从该条款放置的位置(“特邀监察员的主要职责”内容除兜底条款之外的最后一个条款)及监督的内容(“监察机关建设和执法情况”)来看,特邀监察员的主要职责并非或主要不是对监察机关自身及其工作人员实施监督。

这种状况随着我国依法治国的推进、法治观念的普及在悄然发生变化。

2013 年 10 月 10 日公布的《监察机关特邀监察员工作办法》，虽然在第 1 条中依然保留了“充分发挥人民群众对国家行政机关及其工作人员的监督作用”的表述，但增加了“规范特邀监察员工作”的表述。第 4 条“特邀监察员的职责”中，虽然在第 3 项中规定，特邀监察员“反映、转递人民群众对监察对象违反行政纪律行为的检举、控告，了解、反映有关行业、领域廉政勤政和作风建设情况”；但在其第 5 项中，明确规定，特邀监察员“对监察机关及其工作人员履行职责情况进行监督，提出加强和改进监察工作的意见、建议”。这意味着，特邀监察员的职能，已经由原来的主要协助行政监察机关监督监察对象转变为监督监察对象和监督监察者自身并重，也就是内外监督并举，且上述条款将监察机关作为整体与监察机关工作人员作为个人分开表述，都作为特邀监察员监督的对象。

2018 年 8 月公布的《国家监察委员会特约监察员工作办法》，第 1 条开门见山地指出该办法的制定宗旨，“推动监察机关依法接受民主监督、社会监督、舆论监督，规范特约监察员工作”，没有了之前发挥人民群众对监察对象的监督作用的有关表述。该办法第 3 条中“着重发挥对监察机关及其工作人员的监督作用”更是直接指出了特约监察员的核心和主要工作。这一点，在第 9 条“特约监察员履行下列职责”中得到了更进一步体现，该条第 1 项即是，“对纪检监察机关及其工作人员履行职责情况进行监督，提出加强和改进纪检监察工作的意见、建议”，而整条当中没有了特约监察员对监察机关监督对象补充监督的内容表述。

上述特约监察员职能的演变，实际上深刻反映了同时期我们国家法治的进步和观念的转变。20 世纪 90 年代至 21 世纪初，正是我们国家市场经济初步确立、法治和人权观念兴起的时期。我国 1993 年修宪时，将“国家实行社会主义市场经济”写进宪法；1999 年修宪时将“中华人民共和国实行依法治国，建设社会主义法治国家”写进宪法；2004 年修宪时更是将“国家尊重和保障人权”写进宪法。与上述历史过程相同步，我国行政法也经历了从“管理法”到“控权法”或“平衡法”的转变。行政法最初更多关注如何加强对公民、法人、其他组织等相对方的管理，提高管理效率，维护管理秩序，而轻视相对方的权益保护。市场经济体制的建立呼唤自由、平等、法治和人权等价值的确立。与我国深化经济体制改革相适应,我国行政法也逐渐由“管理法”向“控权法”或“平衡法”转变,即行政法不仅要确保行政管理秩序,加强社会管控,同时必须要兼顾对被管理方的人权保护,做到两个价值目标之间的平衡(行政法的“平衡论”)或更多强调对公权力的控制(行政法的“控权论”)。

与此相适应,特约监察员的职能,从最初的主要协助监察机关加强对监察对象的监督,特邀监察员充当“交通员”“信息员”的角色;逐步转变到加强监察工作与监督监察主体并重,将监督权也同时置于被监督的地位;到后来主要强调对监察主体的监督,全面规范权力的运行,从而起到保护被监督者权益的作用。所以说,特约监察员职能的演变,与我国深化改革的进程是同步的,与市场经济体制的确立、法治和人权观念的兴起是一脉相承的。

至于“特邀”,还是“特约”,在笔者看来,两者含义是一样的,都是区别于作为监察机关正式工作人员的监察员而提出的称谓,本质上并无区别,其职责和权利义务完全由相应的制度所赋予,并不会因为一字之差而导致其职责和权利义务的根本差异。

(三)特约监察员的选择

特邀监察员的条件,基本上包括政治条件、业务条件和身体条件等,但备选群体也经历了一个发展变化的过程。

1991 年颁布的《监察部聘请特邀监察员办法》规定,特邀监察员“在政府部门、民主党派、人民团体、企业、事业单位中聘请”。2013 年颁布的《监察机关特邀监察员工作办法》规定,“在国家行政机关、企业、事业单位、社会团体中聘请特邀监察员”,比起 1991 年颁布的《监察部聘请特邀监察员办法》,备选群体中少了“民主党派”。2018 年颁布的《国家监察委员会特约监察员工作办法》规定:“特约监察员主要从全国人大代表中优选聘请,也可以从全国政协委员,中央和国家机关有关部门工作人员,各民主党派成员、无党派人士,企业、事业单位和社会团体代表,专家学者,媒体和文艺工作者,以及一线代表和基层群众中优选聘请。”上述规定突出了“特约监察员主要从全国人大代表中优选聘请”的原则。之所以强调这一原则,笔者的理解是,这是由监察体制改革后监察机关的宪制地位决定的。因为,2018 年监察体制改革后,行政监察机关转变为国家监察机关，其不再隶属于行政系统，而是由作为权力机关的人大产生。按照宪法的规定，我国各级监察机关要对人大负责，受其监督。作为首要和主要职责是“对纪检监察机关及其工作人员履行职责情况进行监督”的特约监察员，其主要由人大代表担任，这是人大监督权力的延伸，是最为合适的制度安排。

但与此相关的一个问题是，由人大代表担任特约监察员，会否存在利益冲突？笔者认为，不排除这种可能性。本书前已论及，人大代表若非属法定意义上“公职人员”，则不是国家监察的对象，由其担任特约监察员，自然不存在利益冲突的问题。由于我国人大代表采用兼职的方式担任，且人大代表任职资格并不排斥公职人员（只有人大常委会组成人员不能担任国家行政机关、监察机关、审判机关和检察机关的职务），如果人大代表本身是“公职人员”，由其担任特约监察员，则有可能构成利益冲突。但即便在这种情况下，也仅仅属“有可能”，并不必然存在利益冲突。笔者认为，只有当作为人大代表的“公职人员”，在接受监察调查和处理时，其担任“特约监察员”职务才存在直接的利益冲突，但也不是不可化解，只要回避即可。作为人大代表的“公职人员”，如果不处于接受监察调查和处理过程中，其担任“特约监察员”是不存在直接的利益冲突的，不必回避。对此，2018 年颁布的《国家监察委员会特约监察员工作办法》已有考虑和制度安排。其第 11 条“特约监察员应当履行下列义务”中第 4 项规定，特约监察员“履行特约监察员职责过程中，遇有利益冲突情形时主动申请回避”。当然，如遇到这种情形，监察机关也可以依职权要求存在利益冲突的特约监察员予以回避，待需要回避的情形消失后，特约监察员可恢复履行职务。

（四）特约监察员监督与其他形式监督的关系

1. 特约监察员监督与权力机关监督的关系

特约监察员监督与权力机关监督具有共同点，他们都可以对监察委员会的工作开展监督。不同点是，权力机关对监察机关工作的监督，是间接民主的体现。权力机关由人民直接或间接选举代表组成，权力机关代表人民对监察机关实施监督，这种监督是人民间接地行使监督的权力。而特约监察员对监察机关的监督，则是人民直接行使对国家机关的监督权力，是直接民主的体现。现代民主政治多为代议政治,由人民选举代表组织国家机关行使国家权力,但间接民主往往疏离了本原作为主权权力主体的人民与国家权力的关系。世界各国为了弥补这一缺憾,在间接民主的主体政制框架内纷纷增加了一些直接民主的成分,比如全民公投等,以防止"人民只有在投票时才是主人,投票完毕便成权力的奴隶"[①]情况的发生。我国建立的特约监察员制度,是直接以人民的名义开展的监督,实际上就是人民直接行使民主权利的体现。1945 年,毛泽东邀请民主人士黄炎培到访延安,在谈到"历史周期率"时,毛泽东说:"我们已经找到了新路,我们能跳出这周期率。这条新路,就是民主。只有让人民来监督政府,政府才不敢松懈;只有人人起来负责,才不会人亡政息。"特约监察员制度实际上就是人民监督政府的极好例证,是《宪法》第 41 条规定的人民监督权利的直接落实,体现了我们人民当家做主国家民主制度的极大优越性。

特约监察员的监督有效弥补了权力机关监督的缺憾。前已述及,为了维护监察机关的独立办案权,权力机关不能对监察机关进行个案监督,而只能进行总体上的、整体上的、宏观上的监督,此一点和权力机关与审判机关之间的关系非常相像。而特约监察员的监督不仅可以对监察机关的工作进行总体监督,提出加强和改进纪检监察工作的意见、建议,而且可以从个案的角度对监察机关的工作开展监督,还可以直接实施对监察机关工作人员的监督。特约监察员的监督与权力机关的监督相辅相成,互相补充,使对监察机关的监督既有宏观层面亦有微观层面。

2. 特约监察员监督与"纪检监察干部监督咨询委员会"监督的区别

笔者建议中的"纪检监察干部监督咨询委员会",仅对纪检监察干部的违纪违法问题处理进行监督,并不或主要不是为了监督纪检监察机关的办案工作。而特约监察员主要监督的是纪检监察机关及其工作人员履行职责情况,是对他们工作的监督。

3. 特约监察员监督与律师监督的区别

在前面部分,笔者已经论述了律师监督对于保障当事人权利的重要性。

---

① [法]卢梭:《社会契约论》,何兆武译,商务印书馆 1980 年版,第 125 页。

特约监察员监督与律师监督,两者的共同点是都能够维护被调查人的合法权益。两者的区别,一是监督的目的不完全相同。特约监察员的监督主要是为了通过监督纪检监察机关及其工作人员履行职责情况,达到规范他们合法履职的目的,通过督促纠正监察机关及其工作人员违法违纪行为,间接达到维护被调查人合法权益的目的。而律师的监督主要是为维护其委托人(被调查人)的利益,间接达到规范监察机关及其工作人员合法履职的目的。二是监督的启动程序不同。特约监察员的监督可以依职权主动采取,也可以依当事人及其利害关系人的申请开展监督;而律师监督仅依据当事人的委托。

4. 特约监察员监督与原检察机关人民监督员监督的关系

2018 年国家监察体制改革后,新成立的监察委员会由原隶属于政府的行政监察机构、预防腐败机构和隶属于检察系统的反贪污贿赂机构、反侵权渎职机构和预防腐败机构的人员转隶组成。原行政监察系统和检察系统都设有社会人士监督制度:行政监察系统有特约监察员制度,检察系统有人民监督员制度。

在设立监察委员会之前,公职人员贪污受贿、侵权渎职犯罪案件的查处由检察机关负责。在当时的情况下,检察机关为了加强对自身直接查办案件的监督,消除社会疑虑,提高工作透明度和公信力,逐步探索建立起了人民监督员制度。该种制度探索得到了党的十八届三中全会、十八届四中全会的肯定和支持。2013 年 11 月 12 日中国共产党第十八届中央委员会第三次全体会议通过的《中共中央关于全面深化改革若干重大问题的决定》提出,要广泛实行人民监督员制度,拓宽人民群众有序参与司法渠道。2014 年 10 月 23 日中国共产党第十八届中央委员会第四次全体会议通过的《中共中央关于全面推进依法治国若干重大问题的决定》提出:"完善人民监督员制度,重点监督检察机关查办职务犯罪的立案、羁押、扣押冻结财物、起诉等环节的执法活动。"

从实施人民监督员制度试点以来,人民监督员的监督范围不断扩大。2004 年 7 月 5 日修订的《关于实行人民监督员制度的规定(试行)》,确定了

“三种案件、五种情形”,[①]2010年10月29日发布的《最高人民检察院关于实行人民监督员制度的规定》列举了“七种情形”,[②]这“七种情形”基本上是原“三种案件、五种情形”的整合,去掉了“犯罪嫌疑人不服逮捕决定的”情形。及至2015年3月7日最高人民检察院、司法部印发的《深化人民监督员制度改革方案》和2015年12月21日通过的《最高人民检察院关于人民监督员监督工作的规定》,又确定了“十一种情形”,[③]“十一种情形”在原“七种情形”基础上,恢复了对“犯罪嫌疑人不服逮捕决定的”情形的列举,并新增了“采取指定居所监视居住强制措施违法的”“阻碍律师或其他诉讼参与人依法行使诉讼权利的”和“应当退还取保候审保证金而不退还的”三种情形的列举。

通过对上述规定比较可知,检察系统人民监督员的监督范围在不断扩展,但有一点始终不变:人民监督员监督的对象是检察院“直接受理立案侦查案件”,即原来的职务犯罪案件。随着2018年监察体制改革后,国家公职人员贪污受贿、失职渎职案件的查办权转给监察委员会行使,除法律规定的特

---

① “三种案件”指2004年7月5日修订后的《关于实行人民监督员制度的规定(试行)》第13条规定的三种案件:“人民监督员对人民检察院查办职务犯罪案件的下列情形实施监督:(一)犯罪嫌疑人不服逮捕决定的;(二)拟撤销案件的;(三)拟不起诉的。”“五种情形”指上述规定第14条规定的五种情形:“人民监督员发现人民检察院在查办职务犯罪案件中具有下列情形之一的,可以提出意见:(一)应当立案而不立案或者不应当立案而立案的;(二)超期羁押的;(三)违法搜查、扣押、冻结的;(四)应当给予刑事赔偿而不依法予以确认或者不执行刑事赔偿决定的;(五)检察人员在办案中有徇私舞弊、贪赃枉法、刑讯逼供、暴力取证等违法违纪情况的。”

② “七种情形”指2010年10月29日发布的《最高人民检察院关于实行人民监督员制度的规定》第17条所规定的七种情形:“人民监督员对人民检察院办理直接受理立案侦查案件的下列情形实施监督:(一)应当立案而不立案或者不应当立案而立案的;(二)超期羁押或者检察机关延长羁押期限决定不正确的;(三)违法搜查、扣押、冻结或者违法处理扣押、冻结款物的;(四)拟撤销案件的;(五)拟不起诉的;(六)应当给予刑事赔偿而不依法予以赔偿的;(七)检察人员在办案中有徇私舞弊、贪赃枉法、刑讯逼供、暴力取证等违法违纪情况的。”

③ “十一种情形”指2015年3月7日最高人民检察院、司法部印发的《深化人民监督员制度改革方案》所规定的十一种情形:“人民监督员对人民检察院办理直接受理立案侦查案件的下列情形实施监督:1. 应当立案而不立案或者不应当立案而立案的;2. 超期羁押或者检察机关延长羁押期限决定不正确的;3. 违法搜查、扣押、冻结或者违法处理扣押、冻结款物的;4. 拟撤销案件的;5. 拟不起诉的;6. 应当给予刑事赔偿而不依法予以赔偿的;7. 检察人员在办案中有徇私舞弊、贪赃枉法、刑讯逼供、暴力取证等违法违纪情况的;8. 犯罪嫌疑人不服逮捕决定的;9. 采取指定居所监视居住强制措施违法的;10. 阻碍律师或其他诉讼参与人依法行使诉讼权利的;11. 应当退还取保候审保证金而不退还的。”2015年12月21日通过的《最高人民检察院关于人民监督员监督工作的规定》第2条作了内容几乎相同的规定,但表述稍有差异。

殊情况外,[①]检察院将不再办理职务犯罪侦查案件,是故,建基于原有基础上的人民监督员制度就面临存续或转型的问题。笔者认为,由于新成立的国家监察机构已经采用了原行政监察系统的特约监察员制度,没有必要重复建立针对监察机关及其工作人员的社会人士监督制度,故依存于原检察系统的人民监督员制度若予以保留,应将其监督范围予以调整,修改至检察机关目前的职权范畴。

---

① 例如,2018 年修订后的《刑事诉讼法》第 19 条第 2 款规定:“人民检察院在对诉讼活动实行法律监督中发现的司法工作人员利用职权实施的非法拘禁、刑讯逼供、非法搜查等侵犯公民权利、损害司法公正的犯罪,可以由人民检察院立案侦查。对于公安机关管辖的国家机关工作人员利用职权实施的重大犯罪案件,需要由人民检察院直接受理的时候,经省级以上人民检察院决定,可以由人民检察院立案侦查。”

结　语

我国是一个历史悠久的国家,也是较早就意识到并设立监察制度的国家。监察制度是我国传统制度的重要组成部分,监察文化是我国悠久灿烂文化的重要内容。我国古代的监察制度因为服务于专制体制,有其反动的一面,但其较高的独立性为维护国家的政治清明和社会稳定曾经发挥了重要作用,也为我们今天监察制度的设计提供了历史给养。事实上,无论是孙中山的"五权宪法"将监察权独立设置,还是新中国成立后我国监察体制的改革,历史的制度和经验总是我们挥之不去的历史情愫和重要参考。我们今天设计监察体制和制度,依然不能割裂我国的历史和文化,只有抱着"取其精华,去其糟粕"的科学精神,才能在尊重我国民族性的基础上继往开来。

监察体制是政治体制的重要组成部分。它的能力和工作成效体现了一个国家政治体制设计的科学化水平。各个国家宪制体制不同,文化各异,具体监察体制和制度也有所不同。各种体制无所谓孰优孰劣,只要与本国的宪制体制相适应,能够有效地发挥监察职能,并能够使整个宪制体制有效顺畅运行,且遵循人类社会的基本价值,都是好的体制设计。2018 年设立监察委员会的监察体制改革是牵动我国宪制调整的重大改革,它因我国原来的监察弊端而生,应世界各国监察趋势而立,不仅解决了监察的独立性这一根本性要求,而且与我国以人民代表大会制度为核心的宪制体制巧妙地结合在一起,是适应我国现实需要又能够符合人类社会普世价值目前最好的制度设计。

本书对监察理论进行了阐释,对我国古代监察制度的演进进行了历史扫描,与其他国家(地区)的监察制度进行了比较研究,并对新中国监察体制的发展进行了回顾。在此基础上,怀着强烈的问题意识,对我国原有行政监察体制中存在的问题进行了全面总结,阐述了我国进行监察体制改革的历史必然性、必要性和建立监察委员会的现实可行性，重点对监察委员会的组织和领导体制、职权的行使和制约等内容进行了全面阐述和必要的前瞻性分析研究，特别对我国的监察体制如何与建设法治国家的要求全面对接进行独立思考并提出了完善的建议。

党的十八大以来，我国的反腐力度之大前所未有，效果显著。现今，依照党的十九大报告作出的判断，不敢腐的目标初步实现，不能腐的笼子越扎越牢，不想腐的堤坝正在构筑，反腐败斗争压倒性态势已经形成并巩固发展，我国反腐败斗争正处在从压倒性态势向取得压倒性胜利的转变过程之中。2018年监察体制改革，对我国自党的十八大以来的反腐败斗争经验进行总结，从体制、机制和制度上对反腐败斗争取得的成就进行巩固，从维护我国的政治稳定和社会的长治久安高度进行设计，影响深远。这标志着我们党和国家对法治反腐、制度反腐的极大重视，对监察工作规律的认识不断升华和深化，我们党依法治国的水平不断提升。

当然，实践是不断发展变化的，任何制度和体制的设计都有其历史局限性，制度和体制都要因应社会和时代的变化与时俱进，不断进行调整和优化，只有这样，才能顺应历史发展的潮流，始终立于不败之地。监察体制和制度的发展完善始终在路上，没有终点。

图书在版编目(CIP)数据

法治监察研究 / 郝建臻著. -- 北京 : 法律出版社,
2020(2024.9 重印)
ISBN 978-7-5197-4196-9

Ⅰ. ①法… Ⅱ. ①郝… Ⅲ. ①监察-政治制度-研究
-中国 Ⅳ. ①D630.9

中国版本图书馆 CIP 数据核字(2020)第 013857 号

法治监察研究
FAZHI JIANCHA YANJIU

郝建臻 著

策划编辑 徐 菲
责任编辑 徐 菲 彭 雨
装帧设计 汪奇峰

出版发行 法律出版社
编辑统筹 法律出版社
责任校对 王晓萍
责任印制 胡晓雅
经　　销 新华书店

开本 710 毫米×1000 毫米 1/16
印张 18.25　**字数** 261 千
版本 2020 年 2 月第 1 版
印次 2024 年 9 月第 2 次印刷
印刷 北京建宏印刷有限公司

地址:北京市丰台区莲花池西里 7 号(100073)
网址:www.lawpress.com.cn
投稿邮箱:info@lawpress.com.cn
举报盗版邮箱:jbwq@lawpress.com.cn
销售电话:010-83938349
客服电话:010-83938350
咨询电话:010-63939796
版权所有·侵权必究

书号:ISBN 978-7-5197-4196-9
定价:76.00 元

凡购买本社图书,如有印装错误,我社负责退换。电话:010-83938349